汽车营销实务

王国安　主　编
徐旭升　冉启兰　陈丽君　副主编
梁　昱　主　审

重庆大学出版社

内容提要

本书阐述了汽车市场营销的基本理论、汽车营销实务以及汽车后市场服务等内容。全书共分 11 章，包括汽车市场营销基础，汽车市场营销环境，汽车市场与用户，汽车营销信息系统与市场研究基本方法，市场细分与目标市场，汽车产品及产品策略，汽车定价策略，汽车分销渠道策略与分销体系建设，促销工具与汽车促销策略，整车、配件、二手车营销实务，汽车营销模式等。全书突出理论与实务相结合，营销与服务相结合，实践性强。

本书可作为高职高专汽车类专业的教学用书，也可作为汽车与配件营销、汽车后市场服务领域经营、管理人员的业务参考用书和培训教材。

图书在版编目(CIP)数据

汽车营销实务/王国安主编. --重庆：重庆大学出版社，2020.8

ISBN 978-7-5689-1687-5

Ⅰ.①汽… Ⅱ.①王… Ⅲ.①汽车—市场营销学—高等职业教育—教材 Ⅳ.①F766

中国版本图书馆 CIP 数据核字(2019)第 157590 号

汽车营销实务

王国安 主 编

徐旭升 冉启兰 陈丽君 副主编

梁 昱 主 审

策划编辑：周 立

责任编辑：周 立 李邦静 版式设计：周 立

责任校对：邹 忌 责任印制：张 策

*

重庆大学出版社出版发行

出版人：饶帮华

社址：重庆市沙坪坝区大学城西路 21 号

邮编：401331

电话：(023)88617190 88617185(中小学)

传真：(023)88617186 88617166

网址：http://www.cqup.com.cn

邮箱：fxk@cqup.com.cn (营销中心)

全国新华书店经销

重庆长虹印务有限公司印刷

*

开本：787mm×1092mm 1/16 印张：15.75 字数：386 千

2020 年 8 月第 1 版 2020 年 8 月第 1 次印刷

ISBN 978-7-5689-1687-5 定价：45.00 元

QIANYAN 前　言

汽车产业的发展历史悠久，它由涉及产品贸易领域、投资贸易领域和服务贸易领域的汽车工业（汽车、零部件及汽车用品制造）、汽车流通行业（汽车与配件批零经营）、汽车后市场服务等产业链组成。

1957 年我国第一辆国产汽车在长春汽车制造厂下线，标志着我国汽车产业的开端。60 多年来，我国的汽车工业从无到有、从弱到强，实现了跨越式的发展，现已成为位居全球前列的汽车生产大国，成为世界上最具活力、最具潜力的汽车市场。随着汽车营销和汽车后市场服务的业务领域的迅速扩大，现有的现代汽车营销理念、营销体系、营销手段、售后服务、汽车后市场开发等都相对滞后，特别是汽车营销和后市场服务人员的素质不能适应日益激烈的市场竞争需求。

本书从市场需求的实际出发，在内容上充分体现了理论与实践相结合的原则，以就业为导向，以"应用"为主旨，以全面的素质培养为基础；基础理论以"必需、够用"为度，以能力为本位，注重培养学生的实际操作能力和策划运筹能力，培养满足企业需要的技术技能人才。

本书体现以下几个特点：

——紧扣高职高专的人才目标定位，力求实现"三有"，即："有新意"（思路新、内容新、结构新）；"有特色"（论述方法、策划要点、背景资料）；"有亮点"（实训务实、售后服务、延伸服务）。

——全书由汽车营销基础理论、汽车营销实务、汽车营销服务组成，采用自成篇章的结构，可针对不同相关专业、不同培养方向、不同学习对象（学校学生和岗位培训人员、企业管理人员）、不同学制进行模块化柔性组合。

——本书的内容吸收了前沿营销理论和实践方法，努力拓展学生专业领域的视野，以满足市场营销和后市场服务领域对复合型人才培养的要求。

——注重理论与实践结合、课堂教学与技能实训结合的原则，将汽车营销过程中主要业务的实际做法、业务流程和关键环节融入学习环节，使学生（培训者）直接对接企业的业务和流程，为专业技术技能人才的培养创造条件。

本书由王国安任主编，徐旭升、冉启兰、陈丽君任副主编（第 1 章、第 2 章、第 3 章），杨学易（第 10 章）、敖亚（第 11 章）任参编，其余章节由王国安编写，最后由梁昱教授主审。

本书的编写得到贵州省汽车流通协会周珍芝秘书长和黄成诚、赵亮等行业专家的支持和帮助，在此表示衷心的感谢。

编　者

2020 年 1 月

MULU **目录**

第1章　汽车市场营销基础

学习要点

1. 掌握市场经济的特征和一般规律，明晰市场与市场营销的基本概念。

2. 系统了解汽车产业的基本情况：世界及我国汽车工业的发展历程、产业现状、规律特征及发展趋势。

3. 能系统地把市场营销理论描述的营销活动的普遍规律和汽车产业具有的明显行业特征有机地结合起来，不断总结提炼营销实践的成果，不断进行营销理念和行为方法的创新。

1.1　市场、市场营销的基础知识

市场、市场经济、市场营销是紧密相关的环链，市场经济是市场营销的基础和运作市场营销的充分必要条件，所以，在进入汽车市场营销学习之初，必须对此有一个基本的、完整的了解。

1.1.1　市场经济的一般规律

1. 市场经济的定义

要理解什么是市场经济，首先应清楚市场、市场机制以及市场调节等相关范畴。

狭义的市场是商品交换的场所、渠道和纽带（广义的概念本章本节第二部分讲述）。自从有了商品生产和商品交换，也就有了市场的存在，而市场的发展又反过来促进商品生产和商品交换。当商品生产和商品交换扩展到全社会范围时，市场就会在社会经济生活中起调节生产与交换、供给与需求的作用。

市场机制——是指市场要素之间相互制约而形成的自动协调经济运行的方式，供求机制、价格机制、竞争机制是三个基本的机制。

市场调节——是指通过市场机制的作用调控国民经济运行过程，分配资源和协调供需关系，是一种经济运行调控方式和手段。

市场经济——是商品经济由简单商品经济发展到社会化商品经济阶段的产物，是以市场配置资源或调节经济运行的经济。商品经济是市场经济存在的前提和基础，市场经济是商品经济发展到一定阶段才形成的。它与一个社会的经济制度性质无关,不表明社会的经济性质和特征。这是市场经济体制的共性或一般性,但是,人类物质资料的生产总是在一定的生产关系下进行的,社会资源的配置总是在一定的社会制度下实现的,因而市场经济体制又不能背离一定的社会条件而独立存在,它总是存在于一定社会制度之下并同该社会基础制度结合在一起。实践证明,市场经济可以在不同的社会制度下存在,它可以为资本主义所利用,也可以为社会主义所利用。实行市场经济是我国对外开放,走向世界的需要;发展社会主义市场经济,是振兴中华的必由之路。

2. 市场经济的基本特征

根据世界各国的经验,运行规范、有效的市场经济体制一般具有以下共同特征,即独立的企业制度、有效的市场竞争、规范的政府职能和良好的社会信用。

(1)独立的企业制度

独立的市场主体是市场经济的基石,而企业是最主要的市场主体。

市场经济不同于计划经济的一个重要特点就是通过分散决策和价格机制实现资源配置。分散决策的好处是每个企业都可以利用它们所得到的信息进行决策。要实现分散决策,企业必须要有充分的独立性,否则分散决策无从谈起。从规范的市场经济体制来看,独立的企业制度主要包括三层含义:一是企业拥有明确和独立的产权并受到法律的有效保护;二是企业有充分的决策权,能够根据市场信息的变化自主决策;三是企业对自己的决策和行为负民事责任。这三个方面相互联系,相辅相成,缺一不可。

明确和独立的产权不仅是市场效果得以顺利进行的基础,也是企业进行投资和贸易活动的动力源泉,是形成有效的企业治理结构的前提,否则独立的企业制度就不可能真正确立。同样,企业拥有自主权和对其决策的后果负责是一个问题的两个方面,如果企业的决策常常受到外来干预,它就不可能也不应当对其决策的后果负责。反过来,如果企业不能对自己的行为后果真正负责,拥有决策自主权就是危险的。实践证明,市场机制是一把双刃剑,不仅是一种资源配置手段,更是一种激励和约束手段。

(2)有效的市场竞争

竞争是市场经济有效性的根本保证。市场机制正是通过优胜劣汰的竞争,促使企业不断降低成本、提高质量、改善管理、优化服务、积极创新,从而达到提高效率、优化资源配置的效果。有效的市场竞争主要包括三个方面的内容:一是竞争必须公平;二是竞争必须相对充分;三是竞争必须有序。

从目前我国的市场竞争情况来看,与比较规范的市场经济体制相比,可以说在上述三个方面都还存在较大的差距。各种违法违规的不正当竞争行为大量存在,严重影响市场竞争的有序性。各种或明或暗的行政干预或政策障碍所导致的行业垄断和地方保护主义,不仅严重影响市场的统一性和有效性,也是产生腐败的重要根源之一。

(3)规范的政府职能

现代市场经济的一个突出特点是政府行为与经济活动之间保持一定的距离。市场经济的正常运转离不开政府的作用,但政府的作用不能过大,其行为必须受到法律的约束,否则,如果政府任意对经济活动进行干预,同样会损害社会经济的活力和创造力。能够成功促进市场机制有效发挥作用的、规范的政府行为通常被称为"良政治理"。良政治理主要包括以下几个方面的内容：

①政府的职能通过法律得到明确和恰当的界定。

②民主和透明的政府决策程序。

③政府权力要受到法律的有效约束。

④有效制止政府官员腐败。腐败不仅会大大增加市场经济的效果成本，而且会构成市场准入的壁垒，损害有效竞争环境的形成，败坏政府的声誉，降低政府有效管理市场经济的能力。

(4)良好的社会信用

诚实守信任何时期对于任何国度、任何民族、任何机制都有普遍的价值。不诚实守信，不勤勉敬业，任何一种游戏规则都难以正常运转，即使运转起来，其寿命也是短暂的。对于现代市场经济而言，诚实守信尤为重要。

在规范的市场经济体制下，诚信对于企业来讲不仅意味着信誉，更意味着竞争优势。通过严格履行合同，企业不仅能够赢得客户，而且能够树立良好的品牌(汽车行业尤显重要)。对供应商的诚信能够使企业赢得供应商的信任，从而获得较好的供货条件。而对债权人和投资者的诚信意味着能够以较低的价格获得更多融资的能力，无数经营实践的例证已经证明了这一点。

各国的发展经验还表明，与市场主体的诚实守信相比，政府的诚信更为重要。政府政策的透明和可预见，政府严格履行其对社会的承诺，不仅直接影响社会信用的状况，而且能够增强其他市场主体的信心，为良好社会信用的形成起到示范作用。

(5)健全的法治基础

市场经济是竞争经济，而竞争离不开规则，离不开法治。没有好的法治环境，市场主体的独立性、市场竞争的有效性、政府行为的规范性和市场秩序的有序性都将缺乏根本的保证。换句话说，市场经济是法治经济。只有建立在法治基础上的现代市场经济才是实现资源有效配置和富民强国的有效途径。

作为现代市场经济基础的法治主要包含三层含义：一是法的内容符合基本的或公认的正义，特别是符合市场经济的内在要求；二是法是至高无上的，法律面前人人平等；三是法律得到公正执行。

我国建立完善的社会主义市场经济体制，不仅需要研究和借鉴规范的市场经济体制所具有的共性的东西，更需要根据我国的实际进行不懈的努力和探索创新。

3.市场经济的一般规律

市场，其基本特征就是交换。商品是交换行为的最基本客体，市场是与它的客体同时产生的。市场从其最初意义上讲就是商品市场，商品所有者是市场的原生主体，它表现为不同的角色：生产者和消费者。因此，商品的规律反映到市场经济中，形成了市场经济的内在机制，这些机制，如价格机制、供求机制、竞争机制、决策机制等就是市场经济发展的一般规律。这些规律主要有：

(1)价值规律

价值规律，这是其他规律的前提。价值规律不仅仅是商品经济的基本规律，在市场经济条件下，它依然发挥其作用。其基本内容仍然是商品的价值量决定于生产该产品的社会必要劳动时间，各种商品均以各自的价值量为基础进行等价交换。在社会主义市场经济中，价值规律的作用主要表现在三个方面：

第一个方面，价值规律具有调节社会总劳动在生产和流通各部门之间按比例分配的作用。

第二个方面，价值规律具有刺激生产企业不断改进技术，提高劳动生产率，改善经营管理，从而促进社会生产力发展的作用。

第三个方面，价值规律还具有指导消费，更好地满足需要的作用。为了吸引消费者对某种商品的消费，生产企业可以制定一个较低的价格；相反，如果为了限制某种商品的消费，也可以通过高价格来实现。这种对消费的指导作用，不仅是为更好满足社会消费需要，而且有助于社会资源利用的优化和最大化。

(2)竞争规律

竞争从实质上说就是商品生产中劳动消耗的比较。竞争规律是指商品经济中各个不同的利益主体，为了获得最佳的经济效益，互相争取有利的投资场所和销售条件的客观必然性。在市场经济条件下，价格由市场决定。充分的市场竞争，可以促进资源化配置的实现；可以保证价格变化的灵敏性，使供求关系尽快得到调整，促进资源优化配置的实现。它起着以下作用：

①产品的价值与市场价格趋于一致。

②促使各种商品生产实现优胜劣汰。

③推进社会技术进步，推进企业创新。

(3)供求规律

供求变动引起价格变动，同样，反之亦然。这种商品供求变化与价格变动相互作用，供给与需求相互适应，形成均衡价格的规律性，就是市场的供求规律。供求规律有以下两个作用：

①促进价格围绕价值上下波动，为市场提供不断变动的价格信号。

②直接决定市场总量与结构状况，推动市场在均衡和非均衡的状态中得到发展。

1.1.2　市场与市场营销的基本概念

1.市场的含义

市场是商品经济的产物，哪里有商品生产和商品交换，哪里就会有市场。市场就在我们周围，就在经济活动各行各业的各个领域，因此，“市场”是人们使用非常频繁的术语之一。市场是动态的，其概念也不是一成不变的，它是随着商品经济的发展而不断发展的，以下的归纳和总结代表了人们对市场概念的理解和运用。

市场的概念可以概括为一个“场所”、三个“总和”、一个“整体”。

(1)一个“场所”

市场是商品交换的场所。这是从外在形式上来界定市场。“市”是交易，“场”是场所。市场最初就是买卖双方聚集在一起进行商品交换的场所。市场有狭义市场和广义市场。狭义的市场是指有形的、直观的市场，如建材市场、农贸市场、汽车交易市场等。广义的市场包括有形市场和无形市场。所谓无形市场，是指没有固定场所，靠中间商以及其他交易形式，寻找货源或买主，沟通买卖双方，完成交易行为。比如旅游、运输、服务市场以及通过媒体广告、互联网等方式完成的交易等。很明显,任何一个企业都要考虑本企业的产品销往什么地方、以何种方式销售。

(2)三个“总和”

①市场是各种商品交换关系的总和

这是从本质内容上来界定市场。市场上的各种交易,从形式上看是各种商品之间的交换,但是,商品是不会自己跑到市场上去,也不可能自己去交换的。市场是将无数商品所有者(包括消费者)联系起来的纽带,是他们之间发生交换关系的集结点。所以,从实质上看,市场是各种商品交换的总和。

“总和”的市场概念丰富并发展了前面“场所”的概念,现代交换的实现已经突破了时间和空间的限制,人们可以在任何时候和任何地方完成交易,实现商品交换。因此,现代的市场已不再仅指具体的交换场所,更代表着各种商品交换关系的总和,这一“市场”概念更为深刻地揭示了现代经济生活的实质,不仅包括了“供给”和“需求”两个相互依存的方面,而且还包括了两者在数量上的含义,即供需是否相等。

②市场是人口数量、购买能力和购买欲望以及交换的总和

这一“市场”概念可以用下面的公式表示:

市场 = 人口 + 购买力 + 需求欲望 + 交换

这一概念认为,市场就是指需求,只有那些有购买欲望,而且有购买能力的消费者再加上最终的交换才构成某种商品的市场。这里市场专指买方及其需求,而不包括卖方,买方越多市场就越大。

上述公式所表述的概念存在着两个缺陷:一是人口属于自然人消费者,因而这一概念似乎只适合消费品市场;二是没有强调潜在购买力和购买欲望。而能否正确把握好购买力的变化,激发和引导购买欲望,开拓潜在市场是营销艺术,即市场营销的精髓所在。因而这种观点对“市场”的理解尚需更加充实和贴切。

③市场是现实的和潜在的具有购买能力的总需求

市场营销主要研究卖方的营销活动。对于卖方来说,自己就代表了供给,所以“市场”就只有需求了。因而,市场是某种商品的现实购买者和潜在购买者的总和。但这并不是说企业的营销活动和全部工作仅仅在研究和评估需求的大小,还必须认真研究本企业可以提供的满足量和能够占领的市场量,以及如何与竞争对手竞争,夺取市场份额和策划策略等问题,市场营销就是要研究如何去适应和刺激买方的需要,如何拓展销路,以达到自己的经营目标。“市场”与“营销”是一个问题的两个方面,不可割裂开来。

(3)一个“整体”

市场是卖方、中间交易机构(中间商)和买方组成的有机整体。在这里,市场是指商品多边、多向流通的网络体系,是流通渠道的总称。它的起点是生产者,终点是消费者或最终用户,中间商则包括所有取得商品所有权或协助所有权转移的各类商业性机构(或个人)。通常人们所说的“市场建设”和“市场覆盖面”多是在此意义上讲的。市场营销也经常在销售渠道意义上理解和运用“市场”这一概念。

在现代社会里,市场成为整个社会经济的主宰者,是社会经济的指挥棒和调节器,其作用被大大地加强了,因而人们对“市场”概念的理解和运用也丰富多彩了,其含义不可能是单一所指。

将市场的概念运用到汽车中,将原有市场概念中的商品圈定于汽车以及汽车相关的商品和服务领域,便形成了汽车市场。

2. 市场的类型

(1)按商品形态的分类

①有形商品市场

有形商品市场是指一切能看得见、摸得着的物资所组成的市场,包括生产资料、生活资料。

②无形商品市场

无形商品市场是指能够满足社会生产和人民生活需要的各类无形商品所组成的市场,如服务、知识产权、运输、文化、娱乐市场等。

③生产要素市场

生产要素市场是指社会生产所必需的各类生产要素所组成的市场,如资金、信息、人才、技术市场等。

(2)按物流过程的分类

①批发市场

批发市场是指商品成批交易,买方享受一定利益优惠的环节组成的市场。批发市场的买方一般是各类中间商,最终要通过批发与零售的差价来获得利益。

②零售市场

零售市场是指商品进入最终使用与消费环节组成的市场。零售市场的买方一般是商品的最终用户或消费者。

现在,更多的批零市场,既批发又零售。

3. 市场营销的概念

市场营销理论的发展,已经超过了百年。关于市场营销的定义,不同的时期有不同的表述。20 世纪初叶,市场营销仅指“推销”与“广告”。到了 20 世纪 50 年代,现代市场营销学的理论开始形成,并且许多理论开始用于市场营销的活动中。市场营销方面的专家学者们通过市场调研,分析、预测消费者的需求。随着营销方式的改变,人们对市场营销的表述也改变了。

在市场营销产生的一个较长时期内,很多人都认为市场营销主要指“推销”。其实,“市场营销”早已不再是“推销”的同义语了,推销只是市场营销的一个职能(并且常常不是最主要的)。市场营销的目的在于了解消费者的需求,设计和生产适销对路的产品,同时选择销售渠道,做好定价,有效促销等。

(1)明确市场营销活动的起点

市场营销活动应从消费者开始,而不是从生产过程开始,应由市场营销部门(而不是由生产部门)决定将要生产什么产品。诸如产品开发、设计,包装的策划,定价、赊销及收账政策,产品的销售地点以及广告策划等问题,都应由营销部门来决定。但这并不是说市场营销部门要替代传统的生产、设计、财务等部门,而是说市场营销要为这些部门的活动提供指导。

(2)市场营销的研究对象和主要内容

主要把握四个方面:

①识别未满足的需求和欲望。

②估量和确定需求量的大小。

③选择和决定本企业最好的目标市场。

④决定适合的产品、服务和策划。

(3)完整概念

①美国市场营销协会为市场营销学作了如下描述:市场营销是指对设计、产品和服务的定价、促销和分销进行计划并加以实施的过程,其目的是完成交换并实现个人及组织的目标。这一描述很好地定义了市场营销。

②市场营销是一个全过程,是一个从市场需求出发的管理过程,是一个系统工程,其核心是交换,是一种买卖双方互利的交换。从某种意义上讲,它不仅是一门科学,更是一门艺术。

(4)特点

市场营销学是一个完整的应用性理论,具有综合性和边缘性的特征,归纳起来有以下五个特点:

①市场营销的起点不在产品而在用户。

②决定权在营销部门。

③在领会和应用市场营销理论的同时,要有自身特色,具体到一个行业、一个企业要积极探索并形成适合国情、行情、地情和厂情的市场营销观念和技术。

④不可任意扩大或缩小市场营销的研究内容。

⑤市场营销的基础和前提是市场经济,特别对我国而言,现阶段更要学会研究发育不全和现代企业制度尚未完成情况下的市场营销活动,并不断进行总结、分析、提炼。

1.2 汽车产业发展史

1.2.1 汽车的诞生和世界汽车工业的沿革

现代汽车的发源地是德国。德国人卡尔·奔驰和戈特利布·戴姆勒于1885年发明了各自的汽车。卡尔·奔驰发明的是一辆装有0.85马力汽油机的三轮汽车,戈特利布·戴姆勒发明的是一辆装有1.1马力汽油机的四轮汽车,他们被公认为世界第一辆汽车的发明者,1886年1月29日被公认为世界汽车诞生日,奔驰和戴姆勒也被公认为汽车之父。

汽车在德国的问世,促进了德国机械制造业的飞速发展;美国人继而解决了“大量生产汽车的问题”;日本则在汽车的经济性方面率先占领了先机。

世界汽车工业的发展历程可以分为以下几个阶段:

1.手工生产阶段

汽车问世后的近20年间,汽车工业的重心在欧洲(主要是德国和法国),采用手工方式生产,并使汽车产品具有了基本的使用功能。在这期间,汽车生产成本高、价格昂贵,只有上层人物才能买得起,此时的汽车对人们来说是一种奢侈品。

2. 大量生产阶段

1908 年,福特汽车公司开始生产“T 型车”,直到 1927 年,共生产销售了 1 600 多万辆,创造了世界汽车工业史上的一个神话。福特的成功得益于他在 1913 年发明的流水装配线,使汽车的生产进入了大批量生产时代。

3. 精益生产阶段

这一阶段大约始于 20 世纪 60 年代,以日本本田生产方式的创立为标志。到 80 年代,日本汽车工业的成功,掀起了世界汽车工业的第三个高潮。日本汽车工业的成功除了正确的经营战略和策略外,与其独特的生产管理方式密不可分。这种后来被人们称作精益生产方式的管理模式,旨在“以最少的投入,产出尽可能多和最好的产品”。

1.2.2 世界汽车发展史上的六个里程碑

人类从 20 世纪进入了工业化社会,而制造业则是工业化的龙头,它影响着整个工业化的发展进程。其中汽车工业又是 20 世纪对人类生活影响最大的产业。汽车技术已有近 120 年的历史,一些独具一格的设计在汽车发展史上占有突出的地位,曾经影响甚至决定汽车演变的方向。

★第一个里程碑:“梅塞德斯”开创了汽车时代(1901 年)。

★第二个里程碑:福特汽车公司开始大批量生产汽车(1908 年)。

★第三个里程碑:前轮驱动汽车的创造者雪铁龙(1934 年)。

★第四个里程碑:“甲壳虫”汽车的神话。

★第五个里程碑:难以超越的“迷你”汽车(1959 年)。

★第六个里程碑:风靡 90 年代的多用途厢式车。

一百多年来的汽车发展史表明:汽车诞生于德国,成长于法国,成熟于美国,挑战于日韩。汽车已经从一开始被有些人嘲笑的“没有马的马车”,发展成为多用途、多品种、大功率、高速度、集各种高科技于一身的动力交通工具,而且已经在全球范围内形成了一种浓郁的社会影响和吸引力且经久不衰的汽车文化现象。

1.2.3 中国汽车工业的发展历程

20 世纪初,中国第一辆进口汽车登陆上海。从此,中国开始有了汽车的概念。

严格地说,旧中国没有汽车业,几次尝试建立汽车业都以失败而告终。最先提出这一想法的是孙中山先生。1920 年,他把这一想法写进了《建国方略》,还邀请亨利 · 福特来华发展汽车工业,但都因战乱、国难和民不聊生,“未出娘胎,当即夭亡”。

中国的汽车工业发展历程,可以概括为两个时期六个阶段。

1. 第一个时期

中华人民共和国成立前,我国处于半殖民地半封建社会时期,只有少量的供维修用的汽车零部件生产厂,曾经出现过 20 世纪 30 年代的“晋人造车”(董寿亭造出“山西牌”汽车)的辉煌瞬间和辽宁试制成功“民生牌”75 型 1.8 t 载重汽车。但无论是张学良“化兵为工”造车,还是阎锡山“造产救国,开发实业”,都没有把“造车”坚持下去,即使动用当时旧政府的力量也无济于事。如沈阳的“民生”牌、太原的“山西”牌、长沙的“衡岳”牌,上海的“中国”牌、云南的“资源”牌、天津的“飞鹰”牌等,都仅仅是昙花一现,但在中国汽车的发展史上开了造车的先河。

2. 第二个时期和六个阶段

中华人民共和国成立以后,直至改革开放的今天,我国的汽车工业发展可以用六个阶段来概述:

(1)第一阶段(20 世纪 50 年代至 70 年代):实现零的突破

1957 年建成第一汽车制造厂,先后开发生产出红旗轿车(一汽)、凤凰轿车(上海),圆了中国人的造车梦,实现了中国汽车工业零的突破。1958 年我国汽车产量首次突破了万辆大关,到 70 年代,年产量突破了 10 万辆。

(2)第二阶段(20 世纪 80 年代初期至 80 年代中期):空前扩展阶段

这个阶段初步克服了汽车工业结构性缺陷。进入 20 世纪 80 年代,我国汽车市场进入空前扩展阶段。产品结构由载货车——产品单一转向载货车与乘用车并举的格局。我国汽车工业长期存在的“缺重少轻,近乎没有轿车”的产品结构开始改变

(3)第三阶段(20 世纪 80 年代中后期至 90 年代初期):“散、乱、差”局面的治理阶段

在此期,国家通过行政和非行政的手段,加大了调控力度,形成了中汽、一汽、二汽、重汽、上汽、北汽、天汽等一批主要汽车企业集团以及主要总成、零总成、零部件企业。建立起高水平、专业化、大批量和集团化的汽车生产体系,初步改变了“散、乱、差”的局面。于 1994 年出台了我国第一部产业政策《中国汽车工业产业政策》。

(4)第四阶段(20 世纪 90 年代中期至 2001 年):提高竞争力阶段

1992 年,我国汽车产量首次突破百万辆大关,从我国第一辆汽车到第一百万辆汽车,用了 34 年的时间。而从 1992 年再到 2000 年,仅仅用了 8 年的时间,就完成了从 100 万到 200 万辆的增长。2001 年年产量达到 233.4 万辆。国家将汽车工业列为支柱产业,开始迈向汽车工业大国。由于竞争力不足,特别是国际竞争力不足,我国汽车工业和汽车市场面临重大的国际挑战。

(5)第五阶段(2002—2006 年):入世后的过渡阶段

我国于 2002 年成为世界贸易组织的正式成员国。汽车年产量一年一个台阶:2002 年年产量达到 325 万辆,2003 年年产量达到 444 万辆。入世以后,为了适应更加激烈的国际竞争,我国汽车企业重新组合并持续不断,大大加快了和国际大集团的合作步伐。

根据入世协议,我国以 2002—2006 年为过渡期,关税逐渐降低,中国汽车工业面临着经济全球化和汽车市场国际化的挑战。入世后,汽车工业出现了高速增长的形势,2002 年,我国汽车总产量突破了 200 万辆,此后,每年上一个百万辆的大台阶,2006 年突破 700 万辆。2004 年国家出台了新的汽车产业发展政策。

(6)第六阶段(2006 年至今):自主创新阶段

根据我国汽车工业“十一五”发展纲要,我国汽车工业将重点培育以自主创新为主的核心竞争力,使我国由汽车生产大国迈向汽车强国。

总之,经过多年的发展,目前我国汽车业的企业结构、产品品种、质量和技术水平通过技术引进、消化、吸收、合资合作和“六五”以来的历次技术改造,在很大程度上得到了改善

和提高，初步形成了一个大中小企业相结合，整车与零部件相结合，生产与科研教育相结合的，产品门类比较齐全、品种基本完善的工业体系。产品基本覆盖了整个国内市场，有些甚至达到或接近国际先进水平，不仅满足了国内需求，而且还有少量出口。随着经济全球化的进一步加快，我国汽车业将得到快速、持续和健康的发展，汽车工业将真正成为国民经济的支柱产业。

1.2.4 我国汽车市场的形成与发展

以改革开放为分界线，改革开放前（计划经济时期），汽车整车由国家垄断经营，计划性指标调拨；汽车配件由国家和省级配件公司专营，大总成件计划分配；汽车修理由国家认可的少数修理厂和国营运输公司中的修理厂承担。改革开放以来，随着购买对象的不断变化，私人购买的比重不断扩大。先后经历了三分天下、遍地开花、多种经济成分的企业参与经营，民营经济企业所占比重不断扩大的演变过程。现在整车销售中，民营企业占到80%以上，除轿车经营权仍由国家调控外，其余整车与配件的经营，随着入世后，服务贸易领域的全方位开放，国内外汽车企业只要符合工商登记条件，均在我国照章纳税经营。

1. 孕育阶段

从1978年宏观经济体制开始转轨，到1984年着手实施城市经济体制改革，这7年是我国汽车市场的孕育阶段。在这一阶段，指令性计划对汽车的生产和流通处于主导地位，而企业自销与市场机制处于补充地位，计划体制没有根本改变，汽车市场尚未形成。

2. 诞生阶段

从1985年开始，市场机制在汽车产品流通中的作用日益扩大，并逐步代替了传统的计划流通体制，汽车流通的双轨制向以市场为主的单轨制靠拢，市场机制开始成为汽车产品流通的主要机制。这一阶段，市场机制对汽车生产、流通和使用的作用越来越大，并上升到主导地位，我国的汽车市场已经全面形成。

3. 多元化成长阶段

1994年我国开始全面培育社会主义市场经济，市场机制进一步被尊重，影响和制约汽车市场发育的不和谐因素逐渐减少，甚至得以消除；市场需求的规模迅速扩大，市场需求主体由过去比较单一的公费购买，向公务需求、商务需求和私人需求转变，并且呈现私人需求的份额逐步增加至主导地位的趋势；进口汽车和国产汽车的竞争逐步加剧，原先价格坚挺的进口汽车也不得不在降价之战中做出让步，无论从数量上还是到深层次的竞争都更为明显。

4. 开始融入国际市场阶段

2002年从我国入世开始，经历了从2002年到2006年6月30日前的过渡期后，我国汽车整车和零部件的关税与世界正式接轨，我国汽车服务贸易领域于2006年7月1日起全方位开放，标志着我国汽车市场融入国际汽车市场。

综上所述，我国汽车市场的形成与发展，必将为我国的汽车企业提供更大的市场营销空间，同时又搭建更为激烈的竞争舞台。汽车企业必须对此有足够的清醒的认识，并充分重视研究新形势下的汽车市场营销。

1.2.5 世界汽车工业发展趋势

现代化的汽车产品，出自现代化的设计手段和生产手段。目前，在汽车工业上已广泛应用全球信息网络、计算机辅助造型（CAS）、计算机辅助设计（CAD）、计算机辅助制造（CAM）、计算机辅助测试（CAT）、计算机集成制造系统、虚拟现实（VR）系统等一大批先进技术，促成了并行工程（SE）的实施，真正做到技术数据和信息在网络中准确地传输与管理，实现无图样生产和制造柔性化，不但大大提高了运行效率，缩短了开发周期，而且提高了产品的精度和质量，降低了生产成本。

近年来，随着设计理论、测试手段、新型材料、工艺技术、人工智能、大数据等诸方面的成就，不仅改变了汽车工业的面貌，而且也使汽车产品的结构和性能焕然一新。汽车产品的现代化，首先是汽车操纵控制的电子化。在20世纪80年代初，电子设备还只占汽车成本的2%，而目前，在一些先进的汽车上，这个指标已超过15%。汽车上几乎每一个系统都可采用电子装置改善性能和实现自动化。例如，发动机电控燃油喷射和点火系统、电控自动变速器（ECT）、防抱死制动系统（ABS）、电子防盗系统、卫星导航系统（GPS）等。其次，汽车产品现代化还表现在汽车结构的变革上。例如，双顶置凸轮轴（DOHC）、多气门、涡轮增压、分层充气等新结构。汽车底盘趋于采用多挡位变速器，以利于按照汽车各种工况选择最佳传动比，从而提高汽车的性能和进一步降低燃料消耗。先进的轮胎结构主要表现在子午化、扁平化和无内胎化等方面。先进的车身结构轻巧并具有优良的防撞安全性。最后，汽车产品的现代化还体现在汽车整车的轻量化。整车的轻量化除了运用先进的设计方法使汽车尺寸更紧凑而合理外，更重要的是采用了新型材料。

随着新工艺、新材料、新技术与新装备在汽车工业中投入使用，全球经济一体化日趋明显，市场竞争日趋激烈，世界汽车工业也必然发生深刻变革，其表现主要体现在以下几个方面：

1. 厂商并购联合化

长期以来，国际上汽车跨国兼并从未停止过，各大厂商都致力于不断地谋求竞争优势，并以挫败或兼并竞争对手为目标。但在20世纪后期，随着各大集团竞争实力的接近，国际汽车工业的竞争观念发生了一些变化。其竞争目标已不再是击败对手，而是谋求强强联合、优势互补、合作共赢，比如，奔驰（德）与克莱斯勒（美）的合并，吉利收购沃尔沃（瑞典）汽车公司，雷诺以出让商用车公司（RVI）为代价而取得沃尔沃集团公司20%的股份，雷诺与日产（日）以交叉持股（前者在后者占有44%的股份，后者在前者拥有15%的股份）的方式结成战略联盟等。合作厂家之间追求的是达到分摊开发汽车高新技术的巨大研究费用，以降低自己独立开发的投资风险；绕开出口贸易壁垒，以争取目标市场的政府支持；利用对方已有的厂房设备以及市场网络，以降低生产、销售和储运成本，提高产品市场竞争力，从而最终达到发展和壮大自己的竞争实力的目的。

2. 生产装配模块化

所谓模块，是指按汽车的组成结构将零部件或子系统进行集成，从而形成一个个大部件或大总成。而生产装配模块化，即汽车零部件厂商生产模块化的系统产品，整车厂商只需对采购的模块化产品进行简单装配即可完成整车生产。生产装配模块化将导致汽车生产方式发生重大变革，大大减少汽车制造企业生产零部件的数目，降低管理成本和生产费用，并有望提高产品的可靠性等。

3. 汽车产品环保化

“环境保护”与“可持续发展”已被世界上越来越多的国家所认识和重视。不可回避的现实是，城市中大气污染源 70% 以上来自汽车的尾气排放，新的世纪汽车产品开发将以环保为首务，在新型动力研制、原材料选用、零部件模块生产、整车装配以及汽车使用等环节中充分体现汽车与环境的和谐。为达到汽车使用中大幅度降低有害气体排放的要求，同时也为更好地节约不可再生的自然资源，可以预见，未来的混合动力汽车、煤基液体燃料汽车、燃料电池汽车、可再生能源燃料汽车等新型替代燃料清洁汽车将得到极大发展。与此同时，绿色设计、产品的全寿命设计等先进设计思想也将得以广泛应用。

4. 汽车技术数字化

随着好产品的不断升级和广泛应用，汽车工业正在掀起一场数字化革命，以适应汽车智能化与数字化时代的发展需要。日臻完善的车载多媒体系统、汽车智能安全系统、舒适性管理系统、汽车语音识别系统等数字技术都将在汽车上得到应用。数字技术也将改变汽车的设计开发和生产制造方式，例如计算机虚拟设计技术，使得样车的试制成为过去，虚拟样车将在虚拟检测环境中进行一系列严格的检测；而新的厂房设备与流水线也会在虚拟技术下生成，从而将使生产过程可控化、精确化，并实现汽车的目标成本大幅下降。

5. 汽车服务创新化

随着汽车工业竞争的日趋激烈，汽车产业的利润点已经移向汽车后市场服务领域，各大厂商在努力降低成本、增加效益和实现技术创新的同时，已开始展开全新理念的汽车营销和汽车服务。营销服务的全面化和不断创新将是汽车业内厂商争夺目标顾客、赢得竞争主动权的经营战略重点和发展方向，它将使汽车服务业成为第三产业中最富有活力的广阔领域之一，直接促使汽车服务不断创新和跨越发展。

1.3 汽车行业的产业特征及汽车市场营销观念的演变

1.3.1 汽车市场营销观念的演变

汽车市场营销观念是业内企业一切营销活动的起点和归宿，在周而复始的循环过程中，提升着企业的管理水平，使企业的经营规模不断扩大。同行业若干企业的实力提升，促进了我国汽车工业竞争力的不断增强，这正是我们学习市场营销理论的主要目的之一。由于汽车产业是一个全球一体化的产业，因此，首先应当从世界汽车工业的发展角度来审视这个问题。

世界汽车营销观念是随着汽车市场的形成而产生的。它的发展大致经历了以下五个阶段：

1. 生产观念阶段——生产中心观念

时段:工业革命至20世纪20年代。

特征:以产定销。

企业的一切活动以生产为中心,企业生产什么,市场上就卖什么,企业的主要任务是扩大生产,增加产量产值,降低产品成本,很少研究甚至不去研究消费者的需求和欲望。在企业的经营活动中逐步形成以生产为中心的指导思想,即生产观念,也称作生产导向。

在这一阶段,基本经营理念是:扩大产量,形成适度规模就会降低成本和价格,就会吸引更多的消费者,反过来需求量大了,又会促进产量的再扩大,从而形成良性循环。例如,早期的福特汽车公司,不管消费者需不需要其他颜色的汽车,它当时只生产黑色的汽车,因为它不愁销路。再比如我国计划经济的20世纪60—70年代,单一色彩和款式的中吨位载货车"解放"牌、"东风"牌汽车供不应求,工厂只管集中精力生产,不必关注市场。

这一阶段的市场是短缺经济条件下的卖方市场。

2. 产品观念阶段——产品中心观念

时段:生产观念末期(我国计划经济中后期)。

特征:注重质量,忽视消费者的具体愿望和意见。

在生产观念阶段末期,供不应求的现象得到了缓解,"产品观念"应运而生。产品观念认为,消费者在对市场上的商品有选择的情况下,质量好、性能优、特色强的商品才会受欢迎。因此,企业应该致力于生产优质产品,并不断加以改造和提高。但事实上,这种观念仍然同生产观念一样,忽视消费者的需求和欲望。

只有当消费者觉得一个产品或服务的价值与自己的预期相吻合甚至超过预期时,才会做出购买决定。所以,产品观念在市场营销上至少有两个缺陷:第一,工程师们设计出的产品很可能不符合或低于消费者的预期价值;第二,一味追求高质量多功能往往会导致产品质量和功能的过剩,如果产品质量过高(用上好些年都该淘汰了,它还不坏),功能过多(有些功能可能很少甚至不会被用到),消费者就会拒绝承担为这些额外的成本而导致的额外价格付出,从而造成产品滞销。

3. 销售观念阶段

时段:20世纪30年代以来。

特征:以卖方为中心,通过大量的推销活动,吸引用户购买,卖掉生产的产品,以在竞争中取胜,促销努力与销售总量成正比关系。

自20世纪30年代以来,科技的进步以及科学管理和在生产观念驱动下产生的大规模生产,产品产量迅速增加,市场开始由供不应求的卖方市场向买方市场过渡。越来越多的企业逐渐意识到,在日益激烈的市场竞争中为求得生存和发展,就必须重视和加强产品销售工作。企业的管理思想开始从"生产观念"或"产品观念"向"销售观念"转变。销售观念认为:企业必须通过进行大量的销售(推销)活动,才能激起消费者购买自己产品的兴趣和欲望;消费者有了购买产品的兴趣和欲望,企业才能卖掉自己生产的产品。他们认为,企业产品的销售量总是和企业所做的促销努力成正比的。企业开始把部分精力用于销售,运用广告等方式促销,以压倒竞争者,提高市场占有率,获得较高利润回报。

销售观念以抓推销为重点,提高了销售在企业经营管理中的地位,但它仍然没有脱离"以产定销"的范畴。只是强调对既定产品的推销,至于消费者需要什么,购买产品后是否满意等问题，则未给予足够的重视。事实上，推销只是市场营销策略中的一小部分。一个企业要想达到预定的销售目标，还需要营销策略的其他部分充分配合。时至今日，业内仍有许多企业，将销售与市场营销混为一谈，而没有市场营销部门。

4. 市场营销观念阶段

时段：20 世纪 50 年代中期。

特征：以买方需求为中心（消费者需求是一切市场营销活动的起点和中心）；用户至上（消费者是中心）；竞争是基础；协调是手段；利润是追求（目的或结果）。

市场营销观念产生于20 世纪 50 年代中期。第二次世界大战以后，欧美各国的军用工业很快地转向民用工业，工业品和消费品生产的总量剧增，造成了生产相对过剩，生产与消费的矛盾在市场上日趋尖锐，随之导致了市场的激烈竞争。在这一竞争过程中，许多企业开始认识到传统销售观念已经不再适应市场的发展，开始注意消费者的需求和欲望，并研究其购买心理和购买行为。这一观念的转变是市场营销学理论上的一次重大变革，企业开始从以生产者为中心转向以消费者为中心，在企业的经营活动中逐步形成以“消费者为中心”的指导思想，从此结束了以产定销的局面。

推销观念以卖方产品为中心，市场营销观念以买方需要为中心；市场营销考虑的是如何通过产品研制、传送以及最终产品的消费等有关的所有活动，来满足消费者的需要。

消费者的需要是市场营销活动的起点和中心。以市场营销观念为自己的策略导向的企业遵循以下几条基本原则：

（1）消费者是中心

企业的努力在于满足、维持及吸引消费者。

（2）竞争是基础

企业必须不断地分析竞争对手，把握竞争信息，充分建立和发挥本企业的竞争优势，以最好的产品或服务来满足消费者的需要。

（3）协调是手段

市场营销的功能主要在于确认消费者的需要及欲望，把和消费者有关的市场信息有效地与企业其他部门相沟通，并通过与其他部门的有机协作，努力达到满足和服务于消费者的目的。

（4）利润是结果

企业运作的目的是尽可能地满足消费者的需要，而利润是在满足消费者的需要后所产生的结果。

5. 社会营销观念阶段

时段：近二十年。

特征：组成决策链：用户的需求→用户的利益→企业利益→社会利益。企业短期行为和长期利益统筹兼顾；企业利益、用户利益和社会利益兼收并蓄，成为一体。汽车在极大地改变着人类的生活方式和运输效率的同时，汽车保有量迅速增长以来的环境污染、交通事故也成为越来越突出的社会问题。

社会营销观念的决策主要有四个组成部分：用户的需求、用户的利益、企业利益和社会利益。社会营销观念不是对市场营销观念的否定，而是一种修正和完善。这种观念要求企业将自己的经营活动与满足消费者需求、维护社会公众利益和长远利益保持经济可持续发展作为一个整体来对待，不急功近利，自觉限制和纠正营销活动的副作用，并以此为企业应承担的社会责任。

纵观市场营销观念的演变过程，从总体上分析，可归纳为新旧两大类：生产观念、产品观念、销售观念属旧观念，市场营销、社会营销属新观念。这两大类观念的主要区别在于：

(1)企业营销出发点不同

旧观念下，企业以产品为出发点；新观念下，企业以消费者需要为出发点。

(2)方法手段不同

旧观念下，企业主要用各种推销方式推销制成的产品；新观念下，企业围绕消费者需要出发，利用整体市场营销组合策略，占领目标市场。

(3)战略眼光不同

旧观念目光短浅，计较每项或短期交易的盈亏，急功近利；新观念下，企业除了考虑现实的消费者需要外，还考虑潜在的需要，谋求企业长期、稳定的发展和综合效益。

1.3.2 汽车行业的产业特征

1.汽车行业内涵

汽车行业概括起来由三个领域支撑的两大方面组成：

三大领域为：产品贸易领域、投资贸易领域和服务贸易领域。

两大方面，一是汽车工业方面：包括汽车整车、汽车零部件、汽车相关产品及汽车饰品、用品的研发、生产等；二是汽车流通方面：包括整车销售、配件经营、维护修理、后市场服务的延伸与开发。

2.汽车行业的产业特征

(1)技术密集型

技术密集型是汽车行业的最大特征。汽车是高新技术的结晶，汽车业所涉及的新技术范围之广、数量之多、规模之大是其他产业难以相比的。由于汽车工业的发展，推动了原材料的革命，原材料品种不断增多，质量不断提高。许多新型材料，包括新型钢材、工程塑料、合成橡胶等，都在汽车工业的推动下发展起来，又反过来促进了汽车技术的进步。各种高性能、自动化设备、数控机床、自动生产线、机器人、电子计算机技术在汽车上获得了广泛的应用。

现代汽车产业市场竞争实质上是先进科技的较量，是技术创新的角逐。世界各大汽车公司已把主攻方向从实施精益生产、提高规模效益转向以微电子技术和信息技术等高新技术对汽车工业的开发、生产、销售、服务和回收的全过程进行提升。围绕安全、环保、节能等重点领域，采用新能源、新材料、新工艺开发研制全新概念的新车型，占领技术制高点。

(2)投资密集型

建一个汽车厂所需的投资是以亿为单位来计算的，2004 年 6 月 1 日颁布的《汽车产业发展政策》规定：新建汽车生产企业的投资项目，项目投资总额不得低于 20 亿元人民币；新建车用发动机生产企业的投资项目，项目投资总额不得低于 15 亿元人民币。

汽车工业是投资密集型工业，汽车企业在产品开发、生产、营销的整个过程中都需要投入巨额的资金,其中,技术创新、产品开发所需资金投入尤为庞大,必须以强大的经济实力为基础。国外汽车企业对一种新车型的开发投入往往几亿、几十亿甚至上百亿美元,同时国际上汽车的绝对过剩导致汽车以技术性能的换代为标志的换代周期不断加快,而汽车技术开发资金巨大投入和技术更新周期日益缩短。如果资金跟不上,产品开发的速度就会减缓,时间差将会造成生产和需求的脱节,直接影响到企业的生存。

(3)市场波动性

汽车作为社会经济生活的一种重要的工业产品,其市场行情总是随着国民经济运行的波动而波动,二者具有高度的相关性。这一特征在我国尤为明显。

市场格局的变化、消费结构的变化、消费观念的变化、农村市场的变化、市场环境的变化、国家宏观调控政策的变化都会带来汽车市场的波动。

汽车市场的波动性呈现出明显的周期性特点,即每一波动周期在理论上都包括“衰退、萧条、复苏、高涨”四个阶段。

(4)产销变化同步性

我国的汽车工业,特别是改革开放以来的汽车工业,一直呈现出产销变化的同起同优的经济运行态势,换句话说,与我国宏观调控政策的实施基本上是同步变化,这在世界汽车工业发展史上也是一个具有中国特色的经济现象。

(5)利益驱动性

为什么各地对生产汽车有如此大的热情呢?根本的原因就在于利益驱动。我国汽车业长期以来的相对垄断,造成了该行业的高额利润。上海市 1984 年至 1999 年累计生产轿车 155 万辆,实现销售收入 4 842 亿元,利税 804 亿元,其中利润 442 亿元。汽车业地位并不算突出的安徽,2001 年汽车业利润总额 16.81 亿元,同比增长 99.4%。至于汽车的巨大关联效应,在带动相关产业发展以及提供就业方面,其好处自不必多言。

(6)政策导向性

1994 年《汽车工业产业政策》颁布以来,国家对汽车工业的扶持政策向重点骨干企业倾斜,80%以上的投资集中于前 13 家骨干企业,促进了我国汽车工业组织结构的优化,大企业对行业发展的主导作用不断加强。2000 年,前 13 家骨干企业汽车生产集中度超过 90%,其中一汽、东风、上汽 3 家企业集团汽车生产集中度达到 44%,轿车生产集中度超过 70%。

在国家政策扶持及“一条龙”“双加工程”等专项技改的支持下,我国汽车零部件工业加大投资力度,积极调整产品结构,不断提高技术水平,加快国产化步伐,形成了一批初具规模,能面向多种车型配套并开始进入国际市场的重要产品和骨干企业,零部件生产实力有所增强。批量生产的主导车型国产化率已达 80%以上,轿车达到 80%国产化率所需时间已从过去 6 ~ 8 年减少到现在 3 ~ 4 年。2004 年再度出台的《汽车产业发展政策》进一步明确了入世后汽车产业发展的导向性政策,进一步促进了新形势下我国汽车产业的健康发展。

同时,国家为扩大内需、刺激消费、规范市场,出台了一系列积极的财政、金融等配套政策。这些政策的实施有力地推动了汽车市场的全方位发展。

随着《公路法》的实施,特别是燃油费改税改革必将使乱收费现象逐步得到遏制,使汽车消费环境更加宽松,从而进一步刺激私人消费。

为减轻对环境的污染,政策制订的尾气排放标准越来越严格,谁能率先推出适合环保要求的新产品,谁就将赢得市场的主动权,如此等等,不再一一列举。

(7)高风险性

汽车是专业化、大投入、大产出的产业,对开发、规模、服务、配套的要求都很高。高风险性是汽车产业的又一产业特征。第一,汽车投资以前是由产业政策来控制的,政策对产业投资有导向作用,但将来起主要作用的将是市场,在新一轮的竞争中,没有自主研发能力,没有核心技术的企业将会被淘汰;第二,没有好产品的企业也将被淘汰;第三,新一轮投资的汽车企业利润率不会再像以前那么高了,比如现在有的微车利润仅仅只有几百元,如果形不成规模,将很难保持企业的长期运转。

(8)国际市场的竞争激烈性

20 世纪 90 年代以来,由于全球汽车生产能力过剩,安全、环保和节能法规的日趋严格,产品开发成本、销售成本大幅度提高,汽车工业全球性产业结构调整步伐明显加快,汽车跨国联盟成为世界汽车工业发展的潮流。年产 400 万辆以上的六大汽车集团(通用、福特、戴姆勒-克莱斯勒、丰田、大众、雷诺-日产),其产量已占世界汽车产量 80% 以上。这种"强强联合"使汽车技术、产品和企业国际化的特征更加明显,使汽车大企业更具实力和竞争力。当前行业中,缺乏核心竞争力的企业将难逃淘汰或成为并购对象的命运。美国通用汽车公司具有百年历史的六大品牌之一的奥兹莫比尔从 1901 年第一辆车的问世,到 2000 年退出历史舞台的事实说明:市场是无情而残酷的,它不以人的意志为转移,只要在竞争中失败,就难逃被淘汰的厄运。

思考题

1. 什么是汽车市场?什么是汽车市场营销?
2. 市场经济有哪些一般规律?
3. 简述汽车市场营销观念的演变过程。
4. 汽车行业有哪些产业特征?
5. 汽车市场营销的组合要素有哪些?

第2章　汽车市场营销环境

学习要点

1. 汽车市场营销环境分析是汽车企业开展市场营销活动的立足点。

2. 企业的各种内外部要素构成了影响企业营销活动的市场营销环境，全面了解企业市场营销环境的基本内容，对企业捕捉商机、转化风险、趋利避害，有效开展营销活动具有重要意义。

3. 本章重点分析营销环境对企业营销活动的影响，掌握企业应对营销环境变化的策略。

2.1　汽车市场营销环境与企业营销活动的基本内容

任何事物的存在和发展都离不开特定环境的影响，汽车市场营销活动也是如此。任何企业的市场营销活动总是在一定的环境下进行的。因此，认识和分析营销环境是学习和运用市场营销理论的工作基础和重要前提条件，而对环境由浅入深的逐步认识过程和由表及里的分析过程也就是不断地发现市场机会和识别威胁，以选择达到市场营销目标最佳途径的过程。

2.1.1　市场营销环境的基本内容

1. 市场营销环境的概念

企业的市场营销环境是指一切影响、制约企业营销活动的要素。企业的市场营销环境是企业生存与发展的前提条件。

2. 汽车市场营销环境要素框图

从图2.1可以看出，构成汽车企业营销环境的要素是多方面的，每一个要素又随着社会经济的发展而不断变化。

3. 市场营销环境的特征

(1)客观性

市场营销环境的存在不以营销者的意志为转移，是客观存在的。

(2)差异性(不等力性)

差异性包括两个方面:其一,不同汽车企业(营销者)受不同营销环境的影响;其二,同一营销环境对不同汽车企业产生不同影响。

(3)多变性

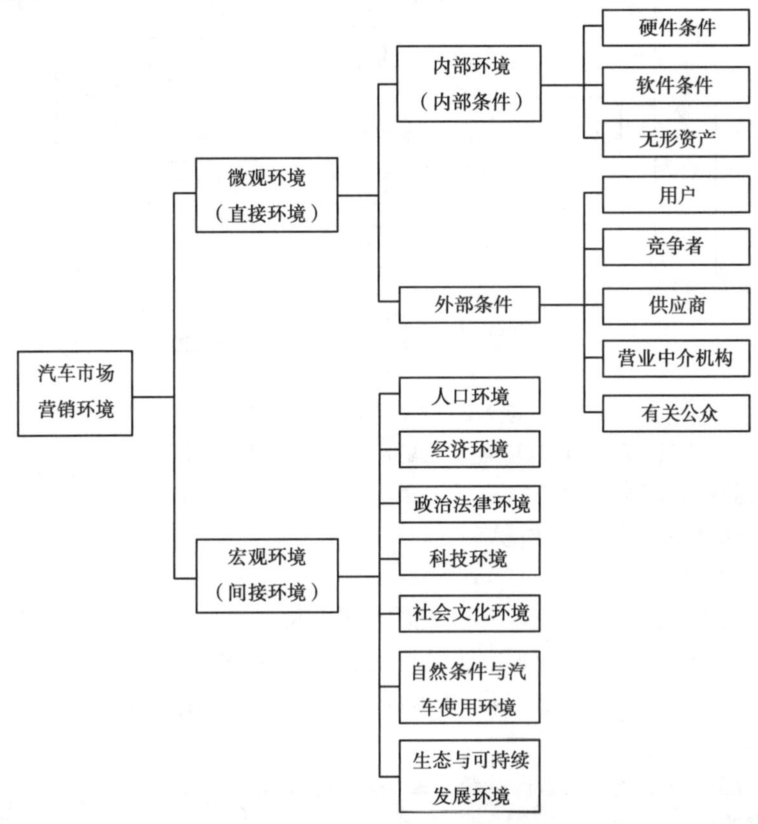

图 2.1　汽车市场营销环境要素

市场营销环境始终处于动态变化中,呈现一定周期性,这就要求汽车企业根据环境要素和条件的变化,以变应变,不断调整营销策略。

(4)相关性(复杂性)

影响企业(营销者)的不是任何单一要素,而是相关要素组成的综合体共同影响企业(营销者)的营销活动。

(5)不可控性

市场环境的变化对于企业(营销者)来说总体上是不可控制的,但企业(营销者)可以通过采取及时的措施,削弱、强化或改变环境要素带来的影响。

(6)目的性

研究各种环境要素→适应环境要素的变化→求得企业生存和发展。

2.1.2　营销环境的分类

1. 按影响程度和范围的大小分类

根据营销环境对企业市场营销活动发生影响的方式和程度,可以分为直接营销环境和间接营销环境,也称微观营销环境和宏观营销环境。

市场营销环境构成,见图2.2。

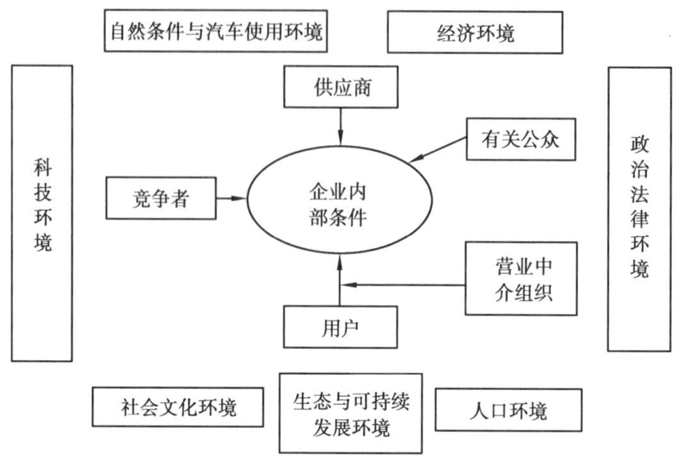

图2.2　市场营销环境构成

图中:外圈部分为宏观环境(间接环境),内圈部分为微观环境(直接环境)。

2. 按可控制性的难易分类

可分为可控环境和不可控环境。

(1)可控环境

可控环境是指可由企业(营销者)支配的市场营销环境要素。一般指由最高管理层支配的要素,如企业的内部的资金使用、人员调配、机构设置等。

可由营销部门控制的要素,如目标市场的选定、营销计划的编制等。

(2)不可控环境

除企业内部环境要素外,其他要素大多是不可控制的。

3. 按环境的性质分类

(1)广义的自然环境

包括矿产等自然资源(如石油储量)、气候、生态系统等。

(2)广义的社会环境

包括人的社会价值观和信念;人口增长、购买力变化;经济和竞争要素、科学技术要素、政治和法律要素等。

尽管有以上三种分类方法,但我们在分析市场营销环境时以第一种分类方法为主。

2.1.3　企业(营销者)营销活动与市场营销环境的关系

企业的市场营销活动过程就是适应市场营销环境变化,并对动态变化的环境做出积极反应和有效行为的过程。

1. 企业营销活动必须积极主动适应环境

企业开展营销活动,首先要掌握市场营销环境的六个特征。

市场营销环境是不断变化的,其变化规律呈现“万花筒效应”——一动则变,而且很难出现要素结构完全一样的重复现象。企业(营销者)不可能从根本上控制这种变化,只能不断适应环境的变化，主动地调整营销策略，并随着环境的变化不断摸索规律，做出适应环境变化的积极反应，以争取营销活动处于相对主动的地位。

2. 企业应发挥自己的主观能动性

汽车行业是一个典型的波动性发展的产业，企业应该积极主动地预测、发现和分析环境变化的趋势和变化规律，从中捕捉和利用好市场环境机会，通过科学的实务，充分发挥企业在营销活动中的能动性和主动性。

在此，提及一下菲利普·科特勒的“大市场营销”理论，该理论的核心是：虽然有世界贸易组织的游戏规则，但世界范围的贸易保护主义及各种新异各目的贸易壁垒不断增加，使得市场营销环境不断恶化，在这种情况下，企业（营销者）必须综合利用各种可控手段及公共关系、消除、弱化、转化各种环境威胁性质的影响要素，通过实务和服务的不断创新，积极、主动地适应环境，改善环境，改变环境和利用环境。

2.2 汽车微观市场营销的环境分析

由图2.1和图2.2可以看出，微观市场营销环境是直接对汽车企业在其目标市场的营销能力构成影响的要素。主要包括目标用户、竞争者、有关公众、营销中介机构、供应商、企业内部环境六大要素。

2.2.1 企业内部环境

汽车企业的市场营销内部环境即内部条件，可用图2.3描述。

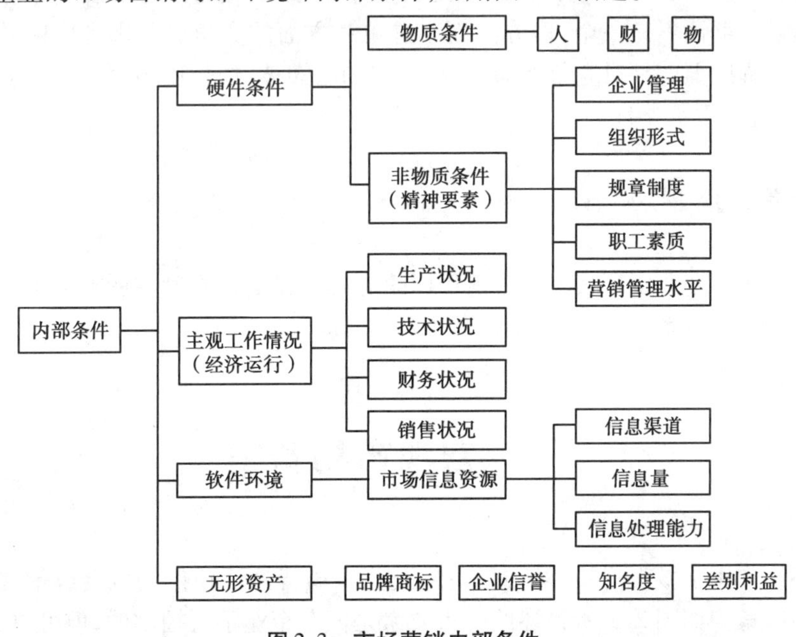

图2.3 市场营销内部条件

2.2.2 供应商

供应商为企业提供原材料、配套件,水、电、气等能源,劳动力等,是对企业的经营活动产生巨大影响的要素。

2.2.3 营业中介

营业中介对企业市场营销的影响很大,影响到市场范围、营销效率、经营风险、资金周转等。它包括中间商、物流机构(实体分配公司)、营销服务机构、金融机构等。

在市场经济条件下,企业通过各种市场营销中介来进行市场营销过程中的各种活动。这是营销活动社会化的主要标志之一,是不可缺少的要素,是企业价值和产品价值传递系统中的主要渠道。

2.2.4 消费者(目标用户)

企业产品的顾客,即企业的目标市场,这是最重要的环境要素。一般包括五大目标市场:消费者市场、生产者市场、中间商市场、政府市场和国际市场。

2.2.5 竞争者

与本企业争夺同一目标市场的产品和力量都是企业的竞争者。

竞争者包括四个层次,即欲望竞争、类别竞争、产品形式竞争和品牌竞争。企业的营销系统总是被一群而不是一个,多方向而不是单一方面的竞争者包围和影响着。学习市场营销在很大程度上就是对竞争者的研究,只有知己知彼,扬长避短,争取主动,占领市场"制高点",才能获取战略优势。

2.2.6 有关公众

有关公众指对企业实现其市场营销目标的能力有着实际或潜在影响的群体。它包括金融界、新闻界、政府系统、社区公众和企业内部公众。

2.3 宏观市场营销

宏观环境作用于微观营销环境,是造成企业市场营销活动市场机会或带来环境威胁的主要社会因素。如图 2.1 所表述的七大要素是汽车企业不可控制的,但可以通过"以变应变"调整营销策略和加强内部管理来适应其变化。

2.3.1 人口环境

人口环境指一个国家和地区(具体到汽车行业指企业的目标市场的人口数量、人口质量、家庭结构、人口分布、年龄分布及地域分布等因素现状及其变化趋势),人的需求是企业营销活动的基础,人的需求变化始终是市场营销活动跟踪的主题。所以,对人口环境的观察是把握需求动态的关键。其子要素包括:

第一要素:人口总量的增长和人口质量的提高。

第二要素:人口结构(人口自然结构和社会结构)。家庭是社会结构的细胞,家庭结构的变化,特别是家庭小型化的趋势和非家庭户的出现,对汽车市场消费需求的潜量和需求结构都有十分重要的影响。学习市场营销要关注“轿车进入家庭”“汽车进入家庭”。

第三要素:人口分布、地理分布及区间流动等三个方面。亚洲特别是东亚、东南亚是世界人口最集中的地区,随着亚洲特别是以中国为主的东亚的经济发展、迅速崛起和对外开放,亚洲汽车市场成了全球汽车商争夺的主要目标市场。

总之,人口环境是基数经济的首要影响因素。

2.3.2 经济环境

人的需求只有在具备经济能力时才是现实的。对汽车市场营销活动影响较大的是宏观要素,主要有国民生产总值(GDP)、经济周期和市场模式等三大方面。贴近目标市场的市场需求主要子要素包括:

(1)消费者实际收入水平。

(2)消费者支出模式。

(3)消费者购买行为变化。

2.3.3 科学技术环境

科学技术与生产的结合、统一是新技术革命的特征之一。当今世界汽车市场的竞争实际是一场现代科技的较量,是技术创新的竞争。世界汽车技术进步、技术创新的步伐加快,围绕环保安全、节能、防盗等领域,新能源、新材料、新工艺、新结构、新产品不断出现,整车产品向平台化、系列化、轻量化、小型化、节能化、能源替代化、洁净化、电子化、柴油化、智能化、安全化的方向发展。科技进步带来了汽车营销策略的革新,即营销组合不断创新。科技是推动社会生产力发展的主导力量,科学转化为社会生产力的周期日趋缩短,科技在社会化大生产中的作用呈几何级数递增。在这方面,我们应当主要关注以下三个子要素:

(1)新技术的发展运用形成新的市场细分,促成新的市场机会,催生新的汽车产品,拓展出新的后市场服务领域。

(2)赋予了企业改善和提升管理、提高生产效率和产品质量、降低成本的能力。

(3)缩短了由产品向商品的转化周期,不断优化分销渠道,改变了零售业的结构和消费者的购买习惯,更大程度上减少了购车的后顾之忧。

2.3.4 社会文化环境

社会文化是一个涵盖面非常广泛的概念,对人们的生活方式和行为模式影响深远。汽车市场营销的社会文化环境包括教育水平、价值观念、宗教信仰、消费习俗、消费流行、审美观念等与汽车消费有关的文化环境。近几年来,国内外开发的新车型、新品种在中国市场大量上市,"闪亮登场"使我国的消费群体发生了如下变化:一是消费观念更加理性、成熟,不单单以价格便宜权衡;二是消费群体向更细的亚文化群分化。每一种文化内部都包含若干亚文化群,这些亚文化群的信念、价值观和风俗习惯既与整体社会文化相符合,又表现出因生活经历和环境不同表现出不同的特点来。营销者在进行社会文化环境分析时,还要着重研究亚文化群的特点,可以选择这些亚文化群作为他们的目标市场。

2.3.5 政治法律环境

企业的市场营销决策,在很大程度上受政治法律环境的影响,汽车产业表现得尤为明显。激励与约束兼备的政策导向和政府对汽车工业发展的跟踪管理。汽车营销的政治法律环境包括:政治局势及走势、经济管理体制、经济政策和法律法规等方面。相关主要子要素有:

1. 政策法规的完善程度

我国汽车工业产业政策方面,陆续出台了涉及投资、品牌经营、排放控制、强制检测的一系列政策法规,从而保证了我国汽车工业由散乱到集中,实现了跨越式健康发展。

2. 关税和汇率变化

汽车市场是一个典型的国际化市场,关税和人民币对美元的汇率变化对汽车的进出口价格有很大影响。随着市场的开放,国内汽车市场国产车、合资车和进口车已处于同样的市场环境,有利于用户的购买选择,同时刺激培育具有国际竞争力的自主研发能力。

3. 公众利益集团的发展程度

国家出台一系列鼓励私人购车的政策和公务用车制度改革的政策,都为汽车营销创造了越来越好的政策环境。短短几年,我国轿车的年产、销量逼近了 2 000 万辆,并呈继续增长的势头。

2.3.6 自然环境

汽车市场营销的自然环境是由一个国家和地区的全部资源,特别是自然资源构成的,是客观存在的自然状态,包括水、土、矿产、森林等物质资源和地理位置、地貌条件以及由于地理环境所造成的工农业布局等,不同的自然环境条件对汽车市场营销活动起着不同的促进或制约作用,自然环境是汽车企业从事经营活动的基础。从另一个方面看,自然环境(包括气候、地理区位、道路交通、城市建设、车用燃料、停车设施等)是汽车的使用环境。

2.3.7 生态与可持续发展环境

环境问题、能源问题带来的人口、自然资源与生态的可持续发展问题已成为人类面临的最严重挑战。汽车市场在这方面表现得最为典型。一是汽车尾气排放构成了对大气环境的严重污染，这已经成为汽车保有量多的城市的主要大气污染源，目前，国家已经把节能、发展替代燃料的清洁汽车提到了战略高度，提上具体的议事日程；二是燃油的消耗量日益增大，导致石油资源的加速枯竭、油价的剧烈震荡，对国家能源安全和社会稳定造成严重的威胁；三是汽车产业的汽车文化特征日益完善。

思考题

1. 什么是汽车市场营销环境？它有哪些特点？
2. 汽车市场微观和宏观营销环境包括哪些方面？

第3章 汽车市场与用户

学习要点

1. 市场营销理论明确提出企业开展营销活动的目的是在让消费者(目标顾客)的需要和欲望得到满足和满意的过程中,使企业获得利益,而目标顾客从需求的产生到得到满足,期间需要一个复杂的购买过程,为此,必须认真对其购买过程进行双向(市场和消费者)研究。一方面研究汽车市场的运行特征,另一方面研究各类目标顾客的购买心理和购买行为的特点,并有针对性地实施有效的市场营销策划。

2. 系统、全面了解我国汽车市场(整车及零部件、售后服务)市场的分类特征和运行规律,分析掌握影响目标顾客(个人消费者、组织机构业务购买)的各种因素。

3. 研究和分析消费者心理及其特点,可以了解消费者的情趣,生产或提供适销对路的多样化产品,有针对性地诱导消费者的购买行为,以提高企业营销活动的质量和效率。现代商战的利用,不在于你占据多少个商场,而在于你占据了多少个消费者的心,占据了消费者的心,你就拥有了市场。

3.1 我国汽车整车市场的运行规律

3.1.1 汽车市场的基本规律

1. 汽车市场的波动性是其最基本的规律

汽车市场作为社会生活中一个愈来愈活跃的、备受各界关注的领域,其运行的基本规律随着市场环境的变化而变化,随着国民经济运行的波动而波动,并呈明显的周期性波动规律。每一个波动周期都包括以下四个的周而复始阶段:衰退阶段→萧条阶段→复苏阶段→高涨阶段。

下面分别简要表述:

衰退阶段——主要特征:宏观经济运行速度明显下降,固定资产投资和信贷规模也呈压缩趋势,经济运行处于结构性调整之中;汽车销售量和销售增长率均为负增长;大多数品牌汽车产品品种处于滞销状态,整个汽车市场买方市场特征明显。

萧条阶段——主要特征:宏观经济低速运行,固定资产投资和信贷规模相对较小、增长缓慢；进入谷底运行，汽车销售量和销售增长率下降趋势得以停止；汽车库存量较多，大多数品牌汽车产品品种仍呈现买方市场特征。

复苏阶段——主要特征：国民经济运行速度明显加快，固定资产投资和信贷规模明显增加；汽车销售量和销售增长率同步增长；大多数产品的生产回升，库存下降。

高涨阶段——主要特征：国民经济处于高速运行状态，固定资产投资和信贷规模达本次经济周期的最高水平；汽车销售量保持增长态势，呈现产销两旺局面；汽车库存较少，但销售增长率经过一段时间的持续增长后开始出现拐点，之后，汽车市场又进入下一周期的衰退阶段。

2. 市场波动的主要形态

汽车市场行情经常处于波动之中，而且波动形态各异。市场波动形态归纳起来，主要有以下 4 种：

(1)周期性波动

它是以数年为周期，与国民经济周期性波动进展大致相符的一种循环波动。正如上面提到的我国汽车工业的四次大的波动。

(2)季节性波动

它是以一年为周期，一再发生于某个季节或某个月的循环波动。也就是说，由于季节关系而使汽车市场发生的数量上的波动，这种现象总是在每年的特定时期有规律地出现。比如，我国的整车市场在每年的第一、第三季度中后期，第四季度末为高峰期，而每年的十一月份通常都是销售淡季。零部件的季节性波动和整车趋势基本相同，在月份上略为超前，其中最高峰是每年车辆"年检"之前。

(3)长期趋势增长性波动

它是指在一个较长时期内，整个汽车市场呈现出一种倾向性的发展态势。我国的汽车市场在一个较长时期内，总体上仍将继续保持增长态势，市场容量将会进一步扩大。汽车市场在每一个波动周期结束时，市场规模都要比该周期起点时的规模大。

(4)偶然性波动

它是指由于外部环境以及内部环境的变化而引起的汽车市场不定期、不规则的波动。比如，1990 年第一季节，由于受当时工业生产负增长的影响，汽车市场相对疲软；而在 2002 年，由于入世带来汽车价格战的打响，汽车销售空前增长。

在现实生活中，上述四种波动形态相互交织、综合出现。市场营销人员要对汽车市场的实际波动形态进行科学划分，善于由表及里、系统分析，正确把握各种形态的发展变化规律，从而有利于主动开展各种营销活动。

3.1.2 各类整车市场的运行特征

1. 轿车(乘用车)市场

近 20 年来，中国汽车市场发生了巨大变化，轿车(乘用车)占全部汽车产量的比重不断上升，随着国人生活水平和购买能力的不断提升，轿车市场的需求得以迅速释放，轿车越来越贴近寻常百姓家。轿车产销量的同步快速增长，使得轿车逐步成为我国汽车工业和汽车市场文化的主体。

轿车需求持续保持高增长速度，使轿车市场由最大的潜在市场转变为极具吸引力的现实市场。这种发展速度在全世界也是绝无仅有的。跨国公司近两年大量增加在我国的投资，以扩大汽车生产能力和迅速增加新产品，这与需求的快速增长有着直接的关系。轿车市场成了国际竞争的焦点，国产车、合资车、进口车激烈竞争中国汽车市场。一个品牌独霸天下的时代早已成为历史，轿车市场的洗牌正急剧加速。激烈的市场竞争将给轿车市场带来全方位的变革。在轿车主要技术源自国外的前提下，在高档轿车领域，国产轿车缺乏竞争的实力。在低成本的经济型轿车方面，国产轿车成功的关键在于能否有效利用市场的潜力，扩大规模，占据相当的市场份额。国外公司在大力进行品牌宣传的同时，开始建立独资的品牌专卖的营销体系，汽车融资公司也已获准开展汽车消费信贷服务，这必然会对我国轿车市场产生极大的影响。

汽车产业对相关产业的关联程度很强。汽车工业产值与相关产业的直接关联度是1∶2，间接关联度则达到1∶5。汽车产业的产值可以带动相关产值增长2.5倍。汽车产业每增加1元，就会给上游产业带来0.65元的增值，给下游产业带来2.63元的增值。汽车工业对机械、冶金、电子、橡胶、石化等行业都具有很强的拉动作用。轿车产业极大地推动了IT产业、材料、制造业和交通服务贸易领域的发展，对GDP的贡献最为明显。

我国工业化进程的不断加快和人民生活的不断提高，必将不断扩大轿车的购买能力和群体规模，轿车将成为汽车需求增长的主力，轿车占汽车需求的比例将稳步上升，轿车进入家庭会是依次渐进的一个过程。中、高级轿车将保持稳定的需求，但市场占有率将有一定的下降；普通级轿车，特别是节能、环保、安全、防盗、人性化的经济型轿车将成为市场主导产品，品种将趋向多样化、个性化，市场占有率将逐年提高。

2. 商用车市场

商用车指不包括轿车在内的所有整车，分为载货车和客车两大类，也可分为重型、中型、轻型和微型四大类。

(1)主要特征

①按照目前我国对整车生产、销售的管理规定，轿车的生产和销售有准入门槛，而商用车没有。

②车型种类不断细化。车型种类的细化在专用车方面表现得最明显，世界上的专用车到现在已经有2 000多个品种，我国生产的有800多个品种。随着汽车市场内部结构的调整，轿车市场份额在不断增加；与此同时，商用车的相对市场份额和市场地位正逐渐下降。

③柴油动力的比重逐步提高。由于商用车用户对汽车的经济性、可靠性的追求超过对舒适性的追求，加之日趋严格的环保要求和发动机技术(如高压共轨技术)的进步，柴油车在商用车中的比重不断提高。

④两极分化明显(重型、微型)。最初，我国生产的货车长期以中型载重汽车为主，缺重少轻，近年来，这种局面得以大大改观，以2000年数据为例，重、中、轻、微载货车产量占货车总产量的比重为10.7%、20.2%、51.1%、18.0%。

(2)载货汽车市场分类特征

载货车分为4个细分市场：

①重型载货汽车市场

重型载货汽车市场由载重量不小于 8 t 的重型载货汽车及其各种变型车市场构成。我国重型载货汽车市场的主要特点如下:

第一,生产集中度高、相对市场规模小。生产重型载货汽车的只有为数较少的企业。

第二,需求价格弹性小,用户更注重非价格因素。重型汽车属于一种大型生产资料,购买者十分注意其使用价值,因而对其价格波动的反应一般不太敏感,而对其性能、质量、维修、配件供应等却非常关心,这些非价格因素是影响重型汽车购买者的重要因素。

第三,专用、特种车型品种不断加宽。由于重型汽车主要作为大吨位、远距离公路运输用车和作为工程机械使用,为了提高工作效率,装备专用、特殊“上装”的重型汽车比例在逐步增加。

第四,市场波动存在“惯性效应”和“时差效应”。也就是说,市场影响程度相对较小,市场波动周期相对滞后。

②中型载货汽车市场

中型载货汽车市场由载重量大于 3 t,小于 8 t 的普通载货汽车及其各种变型车市场构成。我国中型载货汽车市场的主要特点如下:

第一,中型载货汽车是我国汽车工业中生产历史最长的产品,成本方面占有较强的优势。

第二,生产集中度高,主要集中在一汽和东风两大汽车集团。

第三,目前,载货车保有量最大。20 世纪 90 年代以来,随着重型和微型汽车的发展,中型汽车的销售增长率不断下降。

第四,我国具有中型载货汽车较强的自主研发能力。

③轻型载货汽车市场

轻型载货汽车市场由载重量大于 1 t ,小于 3 t 的轻型载货汽车及其各种变型车市场构成。我国轻型载货汽车市场的主要特点如下:

第一,市场空间大。由于轻型车能满足运距短、批量小、时间性强、出车频率高的运输需求,因此适用于各类企业单位、乡镇运输用户、商业服务部门等,使轻型汽车的市场规模较大。

第二,生产集中度差。

第三,由于轻型汽车价格较低,购买者一般需要自己解决购车资金,因而需求价格弹性大。

第四,市场竞争能力相对较弱。

④微型载货汽车市场

微型载货汽车市场由载重量在 1 t 以下的微型载货汽车及其各种变型车市场构成。微型载货汽车的市场特征与轻型载货汽车的市场特征相似,不同之处是:

第一,市场大部分集中在城市城区及城乡接合部。

第二,消费群明确。微型车因为结构简单、机动灵活、使用方便、价格便宜,消费群体主要是私人。

交通状况的改善和消费结构的变化,将促进载货汽车需求结构的变化,载货汽车向重型和轻、微型发展的趋势更加明显。随着公路,尤其是高速公路的快速发展,治超限载的日益严格,环保要求的不断提高,计重收费和燃油税的开征,重型汽车需求将会显著增长,中型载货汽车的总需求将不断萎缩,轻型货车市场需求将稳定增长。随着农村经济的快速发展，轻、微型货车将有较大的市场空间。

(3)客车市场分类特征

客车可分为4个细分市场：微型、轻型、中型及大型，一般以轻微、大中两类归类。

①轻微型客车市场

轻型、微型客车市场的主要特点有：

第一，载客量适中、机动灵活、实用性强、价格相对便宜，特别适合多人次、短距离、往返频率高和点多分散的客运。

第二，适用于改造专用车，体现功能多元化。该类车型经过适当变型，可为公安、医疗、科研、消防、邮电、电信等部门提供各种专用车辆，并且在需要时可以作为客货两用。

第三，成为公路运输中补充和衔接长途客运的主要交通工具。

②大中型客车市场

大中型客车市场的主要特点有：

第一，由于大中型客车一次可运送的旅客人数较多，因而其经济性好。

第二，大中型客车市场是一个多品种，多用途，低、中、高档客车并存的市场。

第三，大中型客车是我国整车出口的先行者。

第四，高档客车是客车先进技术引进、消化、运用的主要车种。

西部大开发及高等级公路的快速建设为公路客车提供了新的市场空间。大中型客车仍将是长途客运的主力车型，需求将逐步增长。随着假日经济、旅游业的发展，中高档客车需求将稳步增长。城市建设的加快、城市道路的不断延伸，使城市公交运输愈加繁忙，大、中、轻型城市客车需求稳步增长。“村村通公路，村村通客车”城镇化战略的实施将促进轻、微型客车尤其是微型客车的市场进一步扩大。

总之，在一个潜力巨大的市场上，每一个企业都有生存的理由，都有生存的空间。商机的每一次出现，对所有企业来说都是公平的，消费者的消费选择也日趋理性。大浪淘沙，留下来的永远是强者，物竞天择，适者生存，这就给我们提出了一个不可回避的课题，在不断提高产品研发创新能力和整车质量的同时，还必须迅速建立国际标准的、现代化的、不断创新的市场营销体系。

3.2 汽车零部件市场运行特征

3.2.1 我国汽车零部件工业的发展过程

我国汽车零部件工业是随着汽车工业的发展逐步成长起来的，其发展过程大致可划分为4个阶段：

1.兴起阶段

此阶段为新中国成立后到改革开放前，这一时期的主要特点是以整车带动零部件发展。1956年我国在建立第一汽车制造厂的同时，建立了与其配套的若干汽车配件生产厂，从此开始了汽车配件行业的发展。后来国内主要汽车制造厂的配套厂等相继建立。当时,绝大多数零部件企业生产水平很低,生产规模很小,无产品开发能力,从而导致零部件企业的产品质量差、价格高,并且只能与上游整车厂家配套,不能任意销售到别的整车企业。

2. 波动阶段

这一阶段为20世纪从改革开放开始到90年代中期。这一时期零部件发展的主要特点仍然是以围绕整车配套为主。80年代中后期,随着国民经济的高速发展,卖方市场出现,国家布置了“三大、三小、二微”的生产格局,决定把汽车工业建设成为国民经济的支柱产业。供不应求的局面和支柱产业的发展前景吸引了各地政府投资进入汽车零部件生产领域,一大批中小零部件企业涌现出来。这些企业规模小,80%以上的销售额在1亿元以下;重复建设严重;数量庞大,全国定点零部件生产厂家2 000家之多,实际达5 000家以上;技术力量薄弱;生产设备简陋。排他性的采购原则迫使一些零部件企业依附于某家整车生产企业而生存。

3. 过渡阶段

这一阶段为20世纪90年代中期到2000年左右。这一时期的主要特点是零部件开始与技术水平平行发展。近十年来,我国汽车零部件工业无论从生产能力、产品品种上,还是从管理水平、技术水平、技术创新能力上都取得了长足的发展。通过一些为轿车配套零部件企业的技术引进和改造,建立了一批零部件合资、合作、独资企业,汽车零部件企业已开始从生产载货汽车零部件向生产轿车零部件转变,从机械加工产品向机电一体化产品转变,从简单仿制向消化吸收引进技术、自行设计和开发转变,从单一面向国内市场开始向进入国际市场转变。

4. 融入阶段

自2000以来,我国汽车零部件生产企业从优势产品切入,开始战略性进入国际汽车大市场,参与全球采购的激烈竞争。优势零部件的出口品种、出口数量迅速扩大。

3.2.2 汽车零部件的供应和营销体系

1. 汽车零部件供应体系

汽车零部件供应有3个层次:

第一协作层以总成配套厂为主,厂家总量少,规模大,包括配套额较大的汽车零件厂、原料厂、工艺厂以及相关厂商;

第二协作层以汽车零件配套厂为主,围绕各自的总成厂形成较小区域配套网,厂家可多可少,规模可大可小;

第三协作层以原料厂和工艺厂为主,为零件厂、总成厂以及总装厂提供原料和工艺加工。

2. 汽车零部件销售体系

主要有三大流动批发渠道:

第一流通批发渠道:原计划经济体制下运作了几十年的省、地、市汽车配件公司。随着经济体制改革的深入,目前经营规模和网点大大缩小。只有少数公司机制转换快,仍存在并尚保持着一定的经营规模。

第二流通批发渠道:各大汽车生产企业在各地设立的汽车配件供应网络。目前,各大汽车企业为了扩大市场占有率,均在全国各地建立了四位一体的销售以及技术服务中心。在这些服务中心中,设立了专门的汽车配件供应部门,负责集中调配、供应其配套厂家的优质配件。采取在整车生产地建立配件供应总汇,在其整车拥有量较多的地区设立配件分汇,在全国建立专门的营销网络的方式。

第三流通批发渠道:一批经济实力强、经营规模较大的个体或股份制社会经营网点。改革开放以来的二十几年,汽车配件因其需求量大、获利稳定、经营风险较小,许多投资者将资金投向了汽车配件销售业,他们或几家联合或以家庭为中心,搞股份制公司或家庭公司,采用灵活的经营方式,很快发展壮大了起来,有的甚至成为汽车配件生产厂家的总经销商或特约经销商。

3.2.3 汽车零部件市场分类

汽车零部件市场分为原装件市场和维修市场。

原装件市场是由整车厂家向其配套的零部件企业采购汽车零部件而构成的产业市场,又常称作主机配套市场;维修市场是由社会车辆在使用过程中因为维修而产生的对汽车零部件的需要所构成的市场,又常称作社会维修配件市场。其中配件市场在汽车市场中占有重要地位。

3.2.4 原装件市场

某配套零部优年生产企业的原装件市场的规模和其配套的整车产量是如下函数关系:

$$Q = \sum_{i=1}^{k} p_i x_i$$

式中 Q——某配套零部件企业的原装件市场规模;

p_i——第 i 种车型平均每辆汽车使用本厂零部件的价值和数量;

x_i——第 i 种车型的年产量;

k——需要本企业配套的车型数目。

从上面的公式可以看出,某一个企业的原装件市场规模与需要本企业零部件配套的车型数、每种车型的年产量、每辆车的配套量(与价值)直接关联,是整个函数式的因变量。

3.2.5 配件市场

随着汽车保有量的持续增长,配件市场对汽车工业的发展具有越来越重要的作用。我国平均每辆汽车年消耗汽车配件在 4 000 ~ 6 000 元。对于汽车配件市场营销来讲,了解汽车配件的使用和消耗规律以及认清这一市场的用户购买特点是一个重要的前提。

1. 单车配件消耗规律

每一辆汽车从新车投入使用到报废的全过程中,都要经历多个阶段,单车配件消耗规律见图3.1。

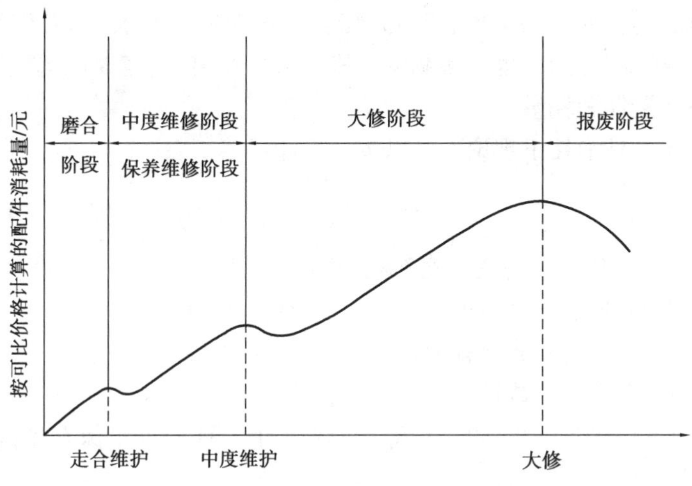

图3.1 单车配件消耗规律图

新车投入使用到磨合期结束,配件消耗达到第一个峰值;之后,由于部分零件失效及部分总成的早期损坏,汽车进入中度维修期,配件消耗达到第二个峰值;再之后,随着行驶里程的不断增加、车况的逐渐下降,配件消耗呈现平稳上升态势,至大修期,配件消耗达到第三个峰值;再往后,由于汽车已进入报废前期,除了更换一些低值易损件以外,一般不再更换大型零部件,因此配件消耗呈平稳下降态势,直至报废。

所有的汽车在使用过程中,配件消耗大体按图3.1所示的规律发展,曲线的基本走势不会发生变化。

2.汽车品种的配件消耗规律

具体到汽车的某个品种,其所有汽车的配件消耗与其社会保有量之间密切相关,规律如图3.2。

早期OA段,由于汽车的使用时间不长,车况较好,配件消耗与保有量大体呈线性增长;后期AB段,随着保有量进一步增加,这时保有量中既有新车又有旧车,新旧车车况不一,平均每辆汽车的配件消耗较早期增加,曲线呈加速上升态势;B为最大保有量,同时是最大消耗量;再往后,换代新品种上市,原品种不断减少,保有量不断减少至零,曲线按BCO返回,而不是按BAO返回。

配件消耗与时间的关系,如图3.3所示。

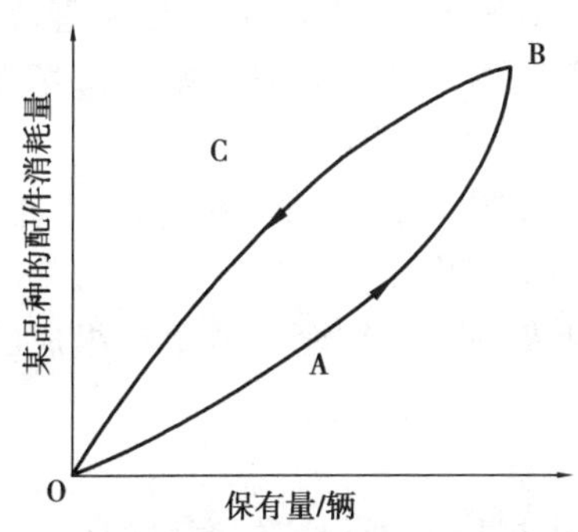

图3.2 配件消耗与保有量的关系

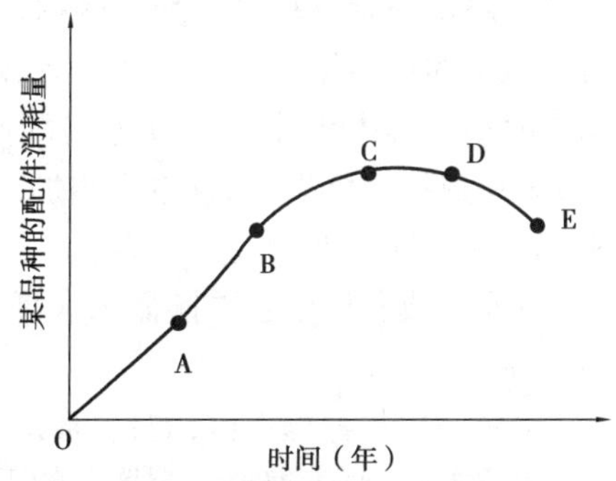

图3.3 配件消耗与时间的关系

早期 OA 段,配件消耗大体呈线性增长;AB 段,随着产量和社会保有量的增加,配件消耗加速增长;C 点,为消耗量最大值;CD 段,维持一段时间;DE 段,随着该品种的减产、停产,保有量不断减少,配件消耗也不断减少。整个曲线 OC 的持续时间远大于 DE 段。

3. 全社会汽车配件消耗量

全社会的汽车配件消耗量理论上可以按下式计算:

$$Q = \sum_{i=1}^{n} p_i x_i$$

式中 Q——全社会每年消耗的汽车配件额,元;

p_i——第 i 个品种平均每辆车消耗的配件价值,元/辆;

x_i——第 i 个品种的社会保有量;

n——全部汽车品种的数目。

如果设 X_0 表示全社会汽车保有量,R_i 表示第 i 个品种的汽车保有量占全部汽车保有量的比重,那么上式可以转化为:

$$Q = X_0 \sum_{i=1}^{n} P_i R_i$$

实际应用中 $P_i R_i$ 可视为常数,并用 K 表示,则上式演变为:

$$Q = X_0 K$$

全社会汽车配件消耗规模可近似做汽车保有量的线性函数,其变化规律可用图 3.4 表示。

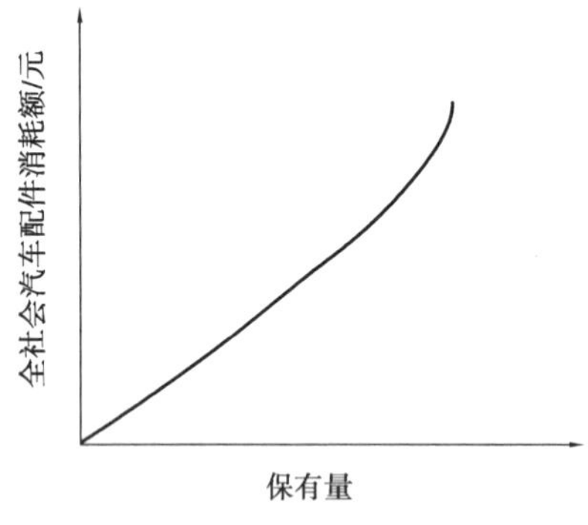

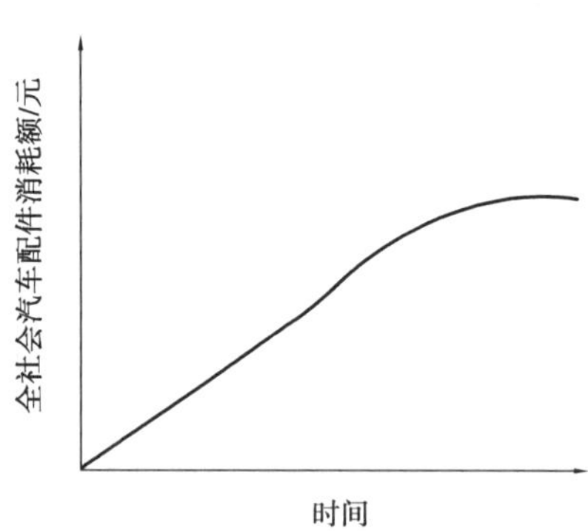

图 3.4 全社会汽车配件消耗与保有量及时间的关系

4. 汽车维修对配件需求的变化

社会维修市场对汽车维修配件的需求的特点是:相对平衡,一般不会大起大落;需求规模与其整车的社会保有量有密切关系,增减线性呈正比例;与整车相比,配件市场需求的波动幅度小。具体地讲,汽车维修对配件的需求表现出以下变化:

(1)小总成换件修理、总成更换增加,组成总成的零件需求下降,如:分电器、空压机、起动机、发动机、发电机、水泵、汽油泵、制动蹄片、离合器摩擦片等。

(2)组成体成套件成套更换需求大增,如:活塞 + 活塞环 + 气缸套 + 活塞销组成的四配套组合件。

(3)大量使用各种修理包,如:各种密封件、垫片。

(4)加注方便,便于携带的容器包的需求增加,如:小规格容器包装的润滑油(脂)、特种液等。

3.3 用户及其购买心理分析

3.3.1 用户及其分类

1. 用户的概念

用户相对企业营销活动的客体，是指企业产品的购买者和消费群体，统称目标顾客。

开展市场营销活动的过程就是一个让目标顾客的需求或欲望能够得到满足和满意的过程。

2. 用户的分类

根据购买者的特点及其购买商品的目标，将市场分为消费者市场和组织市场两种形态：个人消费者一般简称用户或消费者；组织机构一般称为集团购买者或业务用户。

具体到汽车市场而言，集团购买者指将购买涉及汽车的各种产品作为集团（组织机构）购买并体现以下三种功能之一：其一，消费自用；其二，业务运转；其三，履行专项职责的用户。这里所要提醒的是，集团购买者不仅仅是常说的"机关团体、企事业单位"。

3.3.2 用户购买行为的分类

1. 个人消费者的购买行为

个人消费者的购买行为一般归纳为 4 种。复杂的购买行为：如果产品价值高，购买不频繁，购买有风险，并且有很高的自我表现作用时，一般的购买要经过一个过程，即首先产生对产品的信念，然后逐步在比较中形成态度，接着对产品产生喜好，最后做出慎重的购买决策，汽车整车的购买过程大多如此。

寻求平衡的购买行为：通过营销人员对目标顾客提供产品信息与评价，消除消费者不平衡的心理感觉，促成购买行为。汽车特别是轿车的购买过程，大多就是这样的。

以上两种购买行为，消费者的参与程度较高，这也是汽车市场营销活动，特别是整车销售的一个购买过程特点。

另外，还有两种购买行为用户的参与程度较低，即习惯性的购买行为和寻求变化的购买行为。这里不再赘述。

2. 组织机构购买行为

组织机构购买行为一般分为 5 类。生产者组织购买也称产业市场或企业市场，产业组织（农业、林业、水利、矿业、制造业、建筑业、通信业、社会公用事业、金融保险业等）购买的汽车及零部件，保修机具以销售、出租或供应给自身产品配套和其他组织。

中间商组织购买也称转卖者市场，转卖者由汽车流通领域各层次、各渠道、各种批发商和零售商组成，他们不提供形式效用，而是提供时间效用、地点效用和占用效用。

非营利组织购买，大多数是"机关团体、事业单位"。非营利组织市场指仅为了维持履行职能而购买汽车及零部件的购买行为的正常运作。

政府组织购买即政府采购。我们在开展营销活动时,对此要区别对待。对非营利组织用户和政府采购的营销应“少营利、多营名”。

互联网上的产业购买随着科技进步,信息技术的快速发展正在改变着企业的营销模式,产业购买者可以通过电子数据交换(EDI)或通过互联网等电子化手段,即“数码采购”。这是汽车行业,特别在汽车后市场服务领域日渐扩大的一种方式。

3.3.3 影响用户购买行为的因素

用户的购买行为不是一成不变的,受各种外在因素和内在心理活动影响,它不断地变化着,各种相关因素在交织中变化,是一个很复杂的问题,没有理论的系统认识是不行的,但仅仅靠理论学习是远远不够的,需要营销者在实践活动中不断总结摸索。

下面分为个人消费者和组织机构用户两部分阐述。

1. 个人消费者(见图3.5)

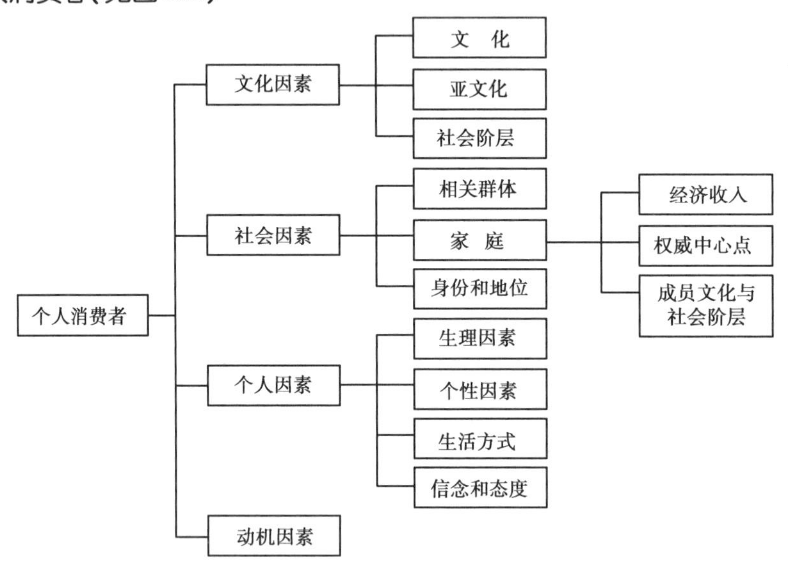

图3.5　个人消费者

动机是购买行为发生的主要原因和直接原因,它推动和激励消费者选择方案或完成购买行为。

2. 组织机构用户(见图3.6)

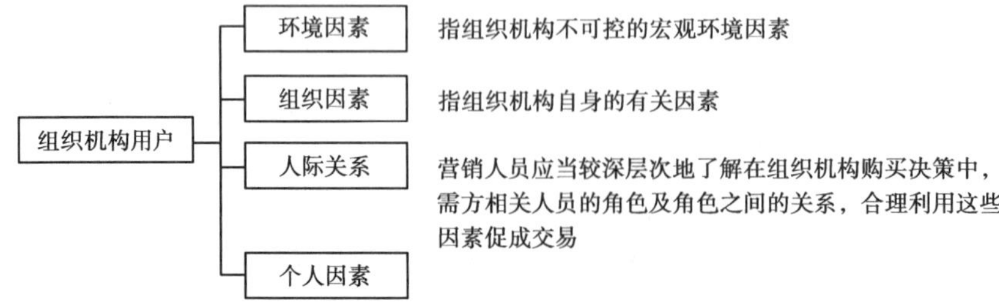

图3.6　组织机构用户

3.3.4 购买心理分析

个人消费者在整车购买量中已占到六成,且呈持续增长之势,研究消费者的购买心理显得尤其重要。即使是组织机构购买,看似一个群体的事情,但也是要靠相关决策人和专职供应人员来完成,研究和掌握这些角色的购买心理同样很重要。

用户的购买行为同常会受到 4 种心理因素的影响,包括动机、知觉、学习、信念和态度。

1. 动机因素

心理学的观点认为,人的行为是由动机支配的,而动机是由需要引起的。从心理学的含义看,需要是一种条件反射活动即外界或内在的刺激作用于感觉器官,引起神经活动,传达到效应器官所引起的反应。人类的需要分为两类:生理需要和心理需要。

生理需要是人们的生命活动所必需的,如吃饭、睡觉等需要。心理需要是由于心理状态紧张而引起的需要,如对某事物的关注等。一种需要必须达到足够的强度才能发展成为动机。所以,可以说动机就是一种推动人们为达到特定目的而采取行动的迫切需要,是行为的直接原因。弄清消费者动机生成的机理,对于企业市场营销具有重要意义。

第二次世界大战以后,美国著名心理学家马斯洛(Abraham Maslow)提出了"需要层次论",这一理论在分析心理动机中有着重要的地位。马斯洛将人的需要按迫切程度分为五个层次:第一为生理需要,即吃饭、穿衣、居住等基本的生存需要。第二为安全需要,即保护人身安全、财产安全的需要。第三为社会需要,即希望被群体接受从而有所归属,得到友谊、爱情等的需要。第四为尊重需要,即实现自尊,获得承认、地位等的需要。第五为自我价值实现需要,即充分发挥个人能力,实现理想,取得成就的需要。图 3.7 表示马斯洛的需要层次论。

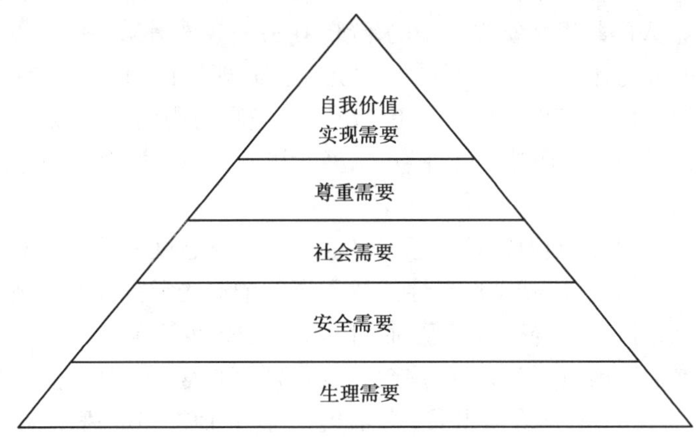

图 3.7 马斯洛需要层次

图中,由下至上为由低层到高层的需要。一般来说,这些需要的层次越低,越不可缺少。只有低层次的需要得到基本满足后,才会产生强烈的高层次需要,也才具有高层次需要的条件。比如,人只有在能吃饱穿暖、有房住的情况下,才会考虑买辆汽车,否则只能是一种不现实的需要。为什么越发达的国家和地区,汽车保有量越大? 用需要层次论是非常容易解释的。

人的需要分为不同的层次，这对企业市场营销是很有价值的。因为消费者在一定的收入条件下，总要分清消费项目的先后，这一理论可以帮助营销者了解各种产品和服务怎样才能适合潜在消费者的生活水准、目标和计划，从而避免营销管理中的盲目性。

消费者的购买动机一般有以下三种类型：

（1）感情动机

消费者的需要是否能得到满足，会引起对事物的好恶态度，从而产生肯定或否定的感情体验，而这些不同的感情体验反映在不同消费者身上，就会体现出不同的购买动机。

（2）理智动机

理智动机是建立在消费者对商品的客观认识基础上，经过充分的分析比较后产生的购买动机。在具体购买活动中表现为求实和求廉心理。

（3）惠顾动机

惠顾动机是指消费者由于对特定的品牌商品产生特殊的信任和偏好而形成的习惯性的、重复光顾的购买动机。这类动机具有经常性和习惯性等特点。国际上跨国大汽车公司提供的汽车信贷方式正好顺应和满足了消费者的这种需求。

消费者购买商品都有其相应的动机。二手车之所以有它的市场，主要就是购买者的“求廉动机+惠顾动机”的融合；有人就要买著名品牌价值上百万的名车，也是一种求名动机；还有人买的车造型比较奇特，这又是一种求奇动机。

2. 知觉因素

知觉是个人通过各种感官对外界的刺激所产生的信息进行选择的过程。具有相同动机的消费者，购买行为不一定相同。比如，两个人都想买一辆汽车，同时进入一家汽车销售中心，受到同一位销售人员的接待。但结果可能完全不同，原因就是他们在同样的情况下的知觉不同。

人们对某种事物的看法不同是一种正常现象，这源于人们对同一事物知觉的不同。“凯迪拉克”在一些人的眼里是富贵豪华的象征，在另一些人看来，则是一种炫耀。同一刺激物作用于不同的人为什么会产生不同的知觉呢？心理学认为，知觉是一个有选择的心理过程，知觉不仅取决于刺激物的特征，还取决于刺激物与周围环境以及个人的关系。人们的知觉过程通常是一个经历选择性注意、选择性扭曲和选择性保留的心理过程。

（1）选择性注意

在人们的生活当中，人们通常只注意与自己的看法或态度一致的信息，而不关心其他那些与自己不一致的信息，这就是选择性注意。当一个消费者打算买一辆汽车时，就对汽车方面的内容特别是汽车广告很感兴趣，而对其他内容较少注意。

各汽车企业参加车展时，将自己的展台布置得别出心裁、各具特色，并辅以“香车+美女”的模特表演、知识问答等活动项目，力求突出企业形象和品牌形象，吸引人们的注意力。

（2）选择性扭曲

人们面对客观事物，不一定都能够客观、正确地去认识。一般来讲，当信息进入大脑并且和原有认识一致时，就会加深原有认识；而进入大脑的信息和原有认识不一致时，就会排斥外界信息，或者将信息加以扭曲使之符合自己原有的认识，然后加以接受，这就是选择性扭曲。

(3)选择性保留

由于人们普遍存在的选择性保留,消费者往往会牢记自己喜爱品牌的优势,忽视其他竞争品牌的长处。

选择性保留和选择性扭曲从某种意义上讲,也就是人们常说的“先入为主”。因此,对于汽车新产品来说,“第一印象”至关重要。大多数企业都在推出新车时花费大量的精力和资金以及举办一些大型的公关活动或促销活动,正是基于这方面的考虑。

3. 学习因素

人的许多行为表现都是通过学习形成的,购买行为也是如此。通过学习,人们知道通过哪些方法和渠道去获得产品的信息。学习过程是在驱动力、刺激物、诱因、反应和强化等因素的相互作用下完成的。

驱动力是指存在于人体内驱使人们产生行动的刺激力,即内在需要。比如,饿了就想找吃的。

刺激物指可以满足内在驱动力的物品。比如,人们在感到饥渴时,食物和水就是刺激物。

诱因是指刺激物所具有的能够吸引消费者购买的因素。产品的质量、包装、服务、价格、广告等都可以成为诱因。比如,广告和包装是儿童购买小食品的最大诱因,近几年价格的不断下调是消费者购买汽车的主要诱因。

反应是指驱动力对具有一定诱因的刺激物所做出的反射行为。比如是否购买、何时购买、如何购买等。

强化是指驱动力对具有一定诱因的刺激物做出反应后的效果。如果效果良好,则反应被增强,以后对具有相同诱因的刺激物就会做出相同的反应;如果效果不佳则反应被削弱,以后对具有相同诱因的刺激物就不会做出反应。

对于营销人员来说,可以将学习和强烈的驱动力联系起来,运用刺激性暗示以及强化等手段,既给消费者创造一个学习的机会,又可以促进消费者对产品的需求。

4. 信念和态度

信念:指人们对事物所持有的描述性思想。信念是从实践和学习中得来的,对购买行为有着非常重要的影响。在人们心中,名牌高档车是一种身份、地位的象征,这种象征事实上就是消费者对这些汽车品牌的信念。信念决定了企业和产品在消费者心目中的形象,引导着消费者的购买行为。营销人员要高度重视消费者对本企业或本品牌的信念,如果发现消费者的信念是错误的,就应当运用有效的促销活动来纠正这些错误信念,以促进产品销售。

态度:指人们对事物或观念长期持有的好与坏的认识评价、情感感受和行为倾向。态度导致人们对某一事物产生好或坏、亲近或疏远的感情。态度使人们对相似的事物产生相当一致的行为。人们的态度一般呈现为稳定一致的模式,改变态度是比较困难的。企业最好是使自己的产品、服务和营销策略符合消费者的既有态度,而一般不要试图去改变消费者的态度。只有当改变一种态度带来的利润大于为此而消耗的成本时,才值得去尝试。从另一个角度讲,当消费者已经对自己的产品产生良好印象时,企业一定要注意维持并提升这个印象,绝不能出现有损企业形象的事件;否则,一旦消费者的态度出现逆转,再想改变回来,那就非常难了。

3.3.5 消费者购买动机的主要表现形式

1. 生存型购买

生存型购买动机是指人们出于生存的需要而产生的购买动机,不太注意商标、品牌。

2. 理智型购买

理智型购买动机指人们在对欲购商品的品牌、质量、特点、使用等多个方面进行广泛了解的基础上,经过深思熟虑才形成的理性化购买动机。大部分汽车消费者都属于这一类型的购买动机。

3. 自信型购买

自信型购买动机是指人们对欲购商品有着更加充分的了解,具有很强的自信心,有自我确定的标准和理由,不容易受外界因素影响的情况下形成的购买动机。这类消费者容易成为某一种品牌的忠实用户,也容易成为消费品牌的义务宣传员。对于营销人员来讲,这类消费者应当是我们的稳定客户。

4. 冲动型购买

该动机在购买低价促销的商品时最容易出现,比如,某一位汽车拥有者逛街时突然看到一件既便宜又好看的小装饰品,便不假思索地买了下来。

5. 诱导型购买

诱导型购买动机指人们是在商家的诱导下,对商品或其某些特征产生兴趣而形成的购买动机。这类消费者需要营销人员给予商品知识方面的帮助和在他们选择真正所需的商品时作好参谋。营销者对第一次购车的用户必须在这方面下足功夫。

6. 保守型购买

具有这类动机的消费者,有的是思想的保守,喜欢购买老牌子的产品,特别是自己和周围亲朋用过的好产品,信得过、可靠的产品;有的则是由于经济上的考虑,往往乐于购买处于市场更新换代下来的产品,追求的是实惠。二手车市场的商机也正在这里。

7. 习惯型购买

习惯型购买动机指人们由于习惯于使用某些商品,对其有着深厚的信任感而产生的购买动机。在汽车消费领域这类消费者居多,其习惯还会灌输给周围的亲朋好友,所以营销者要十分关注,积极地培养这部分消费群。

8. 时尚型购买

时尚型购买动机指由于外界环境的影响或社会风尚的变化而引起的购买动机。这类消费者渴望通过所购得的时尚商品来显示自己的身份地位和观念的新潮,这种购买动机带有强烈的炫耀和自我提高目的。在不少购买汽车的年轻人和女士当中,大多兼有这种动机。

汽车企业在营销活动中一定要对消费者购买动机、消费心理进行认真的分析,结合企业产品自身的产品特点,积极引导消费者的消费思想,从而制订合适的营销策略,尽量扩大产品的消费空间。

3.4 汽车用户的购买决策过程

汽车产品具有生活资料和生产资料的双重性，在上一节研究分析用户购买心理的基础上，继续观察用户的购买决策全过程，分别了解和掌握消费者市场和组织(业务)市场两大类用户的购买行为特征和购买行为过程，在相关过程中对应采取必要的营销策略。

3.4.1 两类市场购买行为的特征

1. 消费者市场行为的六个特征

(1)多样性

不同的消费者其收入水平、文化程度、职业、年龄、爱好、所处的地域等存在着诸多差异，这些差异必然会形成不同的消费需求，从而使消费者市场呈现出多样性。从这个意义上讲，汽车企业只有为消费者提供多样化的汽车产品，才能满足消费者多样化的需求，同时给企业带来新的市场机会。

(2)发展性

人们的消费需求是随着实际情况的变化而变化的，一般从简单到复杂、低级向高级发展。人们对汽车产品的需求也是一个不断发展的过程，随着社会的发展，消费者对汽车的安全、环保、节能、人性化的要求将越来越高。

(3)层次性

人们在社会中由于经济收入、职业、道德观念等的不同，潜移默化地就存在着人的层次性。人与人层次的不同也就带来了不同层次的需求。另一方面，从马斯洛的需求层次论理论上讲，人们总是先满足低层次的需求，再满足高层次的需求。这两个方面就构成了消费需求的层次性。我们通常也把汽车分为不同类型、不同品种、不同用途，以适应不同的目标市场，供不同的消费者使用。

(4)时代性

人们的消费需求是紧跟时代变化的。汽车是一种体现高新技术的商品，在科技加速进步的今天，人们对汽车的需求越来越关注其与时代的同步性和对社会生活的导向作用。

(5)可诱导性

消费者市场的购买掺杂着许多情感型的、冲动型的购买，汽车品牌、品种、型号繁多，质量性能各异，大多数消费者对于想购买的汽车并没有掌握多少专业知识，所以企业的广告宣传等促销活动就显得特别重要。企业可以通过积极的营销活动来引导人们的消费，将潜在消费者变成现实消费者，将其他竞争者的用户变成本企业的用户。

(6)联系性和替代性

许多消费品之间有着一定的联系，有的是一种互补关系，有的甚至可相互替代。互补型的商品具"一荣俱荣、一损俱损"的特点，而对于替代型的商品，一旦某种商品的销量上升，则必然使得相关商品的销量下降。汽车产业和机械、冶金、电子、石油化工、纺织等行业的联系是非常紧密的，汽车产业的兴旺一定会不同程度推动这些行业的发展，高速铁路、城市轻轨和城市公交的高速发展将会影响汽车个人消费群体。

2. 业务市场行为的六个特征

(1)购买者少，但影响购买的人多

一家汽车营销机构在业务市场上的潜在客户是所处地区的所有企业和组织，而在消费者市场上的潜在客户则是所处地区的所有人，可见业务市场营销人员比消费者市场营销人员接触的顾客要少得多。比如美国固特异轮胎公司的命运在很大程度上，是看其能否从全美三大汽车制造商那里拿到订单。

虽然业务市场的购买者少，但业务购买中的影响者要比消费者购买中的影响者多。大多数企业除了专门的采购组织之外，重要的购买决策往往还要由技术专家和高级管理人员共同做出，其他人也直接或间接地参与购买决策。

(2)购买量大

业务市场的顾客每次购买数量都比较大，一次购买几辆、几十辆甚至几百辆汽车都是很正常的，比如一个运输公司或一家出租车公司批量更换新车。

(3)供需关系密切

汽车生产企业既是汽车的卖主，又是大量原材料的买主。从卖主的角度来讲，需要与业务市场上的大客户保持密切的供需关系；从买主的角度来讲，需要与原材料供应商保持密切的合作关系。这种供需双方的密切关系有利于共同发展，供应商应经常与购买者沟通，详细了解并尽力满足他们的需求。

(4)采购的专业性强、选购半径大

业务市场上的采购人员基本上都接受过专业培训，具有丰富的专业知识和法律知识，有着非常专业的购买能力，同时扩大了选择余地。

(5)衍生需求的关联度高

组织(业务)市场的顾客购买商品或服务是为了给自己的服务对象提供所需的商品或服务，因此，业务品需求是由消费品需求衍生出来的，当消费品市场的需求状况出现变动时，相应的业务品市场需求也会发生变化。这一特点要求汽车营销人员不但要关注自己产品的销售，还要重视研究组织机构购买者的用途。

(6)购买方式的替代性

为了谋求共同的利益，有的业务购买方式由直接购买转向其他非直接购买方式，比如租赁的方式。近年来，租赁作为企业融资的一种非常有效的方式，越来越受到人们的重视。对于机器设备、车辆等昂贵产品，许多企业无力一次性大批量购买，这时采用租赁的方式既可以满足需要又可以节约成本。现在的许多汽车租赁公司顺之应运而生。

3.4.2 购买行为过程

1. 消费者购买行为过程

消费者的购买行为过程一般可以分为以下五个阶段：

产生需求→收集信息→判断选择→购买决策→购后评价

(1)产生需求

消费者认识到自己有某种需求，是其购买活动的起点，产生需求的刺激因素有三：一是人体内部刺激；二是人体外部社会环境的刺激；三是企业销售环境的刺激。需求上升到一定程度就会变成一种驱动力，即“动机”。来自内部的和外部的刺激都可能引起需求进而诱发购买动机，如饥饿使人们会产生对食物的需求，要购买食物；看到同事有车开了，自己也想购买。

积极的营销活动可以唤起和强化消费者需求。企业应了解消费者产生了哪些需求，它们是由什么引起的，程度如何，比较迫切的需求怎样被引导到特定的商品上从而成为购买动机。然后，企业可以制订适当的市场营销策略，引起消费者的某些需求并诱发购买动机。比如，经过各生产厂家积极的宣传，人们已经认识到安全气囊和 ABS 装置对行车安全的重要性，两者均已成为轿车的标配，而不再是原来的选装件。

(2)收集信息

消费者一旦产生了需求，同时他又具备满足这个需求的能力，接下来就会转入信息收集阶段。常见的信息来源有公众传媒(如电视、广播、杂志、报纸等)、个人来源(如亲朋好友、邻里同事等)、商业来源(如产品展销、售货人员推荐、推销等)、经验来源(如对产品的触摸、观察、试驾、使用等)。通过信息的收集，了解欲购商品的性能、特点、价格、品牌等各方面的情况，逐步缩小对将要购买的商品进行选择的范围。

(3)判断选择

消费者掌握了一定的相关信息后，就会形成一套备选方案，对此加以对比和评价，从中做出选择，一般而言，判断的标准是多元的、综合的，很少是单一的，消费者判断的评估行为涉及三个方面：

①产品属性

指产品所具有的能够满足消费者需要的特性。在价格不变的条件下，一个具有更多属性的产品将更能吸引消费者购买。

②品牌信念

指消费者对某种品牌优劣程度的总的看法。汽车品牌在消费者判断评估中的加权比重很大。

③效用要求

指消费者对该品牌每一属性的效用功能应当达到何种水准的要求。

在明确了产品属性、品牌信念、效用要求后，消费者就会有意或无意地运用一些评价方法对不同的品牌进行评估和选择。这时营销者不能忽视的是掌握消费者做出最终选择的理由。必须注意掌握这些信息，并不断积累和分析，这将有利于后继营销活动的开展。

(4)购买决策

购买决策是消费者购买过程中的关键性阶段，因为只有做出购买决策后，才会产生实际的购买行为。消费者经过判断选择后，会形成一种购买意向。比如，某人想购买一种品牌汽车，但他的妻子坚决不同意，他的购买意向就会降低，甚至放弃。

消费者一旦决定实现购买意向，必须做出以下决策(见图 3.8)：

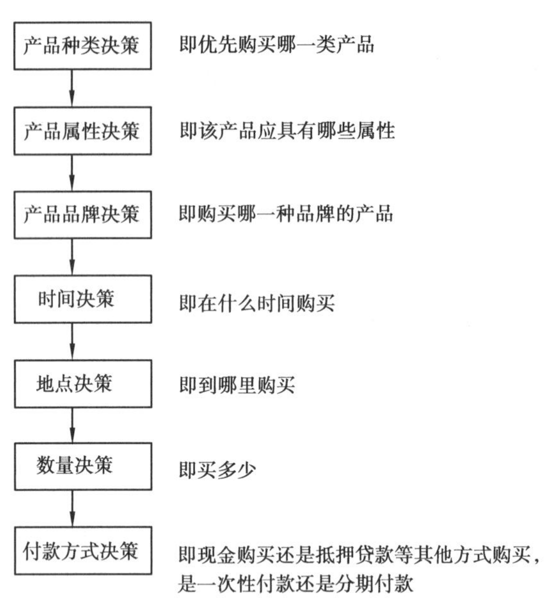

图 3.8　购买决策

(5)购后评价

消费者购买产品的最终目的是要投入使用,购买之后的行为主要有两种:一是购后的评价;二是购后的活动。

购后评价是指消费者在购买和使用后,对商品所表示的态度,是满意还是不满意,满意或不满意的程度如何。如果购后的使用达到预期的效果,则感到满意,超预期的效果会感到非常满意;达不到预期的效果,则感到不满意甚至可能是失望。

消费者对产品的购后评价对企业来讲是非常重要的,因为它对消费者本人的下一次购买和其他人的购买有直接的影响。每一位消费者都是一个活广告,有口皆碑,他的满意或不满意会传播给身边的人并通过他们继续进行传播。

消费者购买和使用商品后,根据满意程度的不同会进行不同的有关活动。如果感到满意,他下次就很可能还会购买同一牌子的产品,并常对其他人称赞这种产品;如果感到不满意,他就会采取公开或私人的行动发泄不满,这势必会抵消企业为使顾客满意所做的许多工作。营销者对此要高度重视,通过售后跟踪服务把可能出现的苗头防患于未然。

长期忠诚的顾客是企业创造利润的巨大源泉。据统计,开发一个新客户的成本是留住一个老客户所花费成本的 5 倍,各大汽车企业都逐步学会了通过对客户的奖励、发现并满足客户的需要,来不断提高客户满意度。其营销部门都逐步建立了客户管理系统 CRM(Customer Relationship Management),要求销售人员定期与已完成购买的消费者以书面、电话询问等方式进行沟通,了解消费者对产品的感受和意见,并主动帮助解决问题。而且,定期为消费者提供相关资料,提醒消费者到期进行车辆维护。CRM 管理既是搞好公共关系,树立企业良好形象的重要途径,又是巩固市场的重要手段。

2. 组织机构(业务)购买行为过程

业务购买一般包括以下 8 个阶段:

认识需求→确定需求→说明需求→寻找供应商→征求供应建议书→选择供应商→签订合同→绩效评估

(1)认识需求

指组织机构用户认识自己的需要,明确所要解决的问题。需求的提出可能是出于自身的需要,也可能是由于市场上技术的进步和新产品的出现。

(2)确定需求

通过价值分析,确定所需商品的品种、性能、数量和服务。在这个阶段,汽车营销人员就应该有效介入,向用户介绍商品,协助用户确定需求。

(3)说明需求

即确定所需产品的特性以及需要量。如产品的可靠性、耐用程度、价格和其他必要的属性和服务事项,并按其重要性进行排序。

在此基础上须进一步对所需购买的产品的规格型号等作详细的技术说明,并形成书面材料,作为采购人员采购时的依据。如确定所需购买的汽车的种类、排量、价格范围等。

(4)寻找供应商

可以通过工商名录、商情广告、网上查询和发出采购招标公告等方式,也可通过其他人员或单位介绍来寻找一些供应商。然后,对这些供应商的生产、供货、人员配备以及信誉等进行调研,从中选择几家较为理想的供应商。

(5)征求供应建议书

在一些复杂或大宗采购项目中,采购方往往会采用招标的方法,尤其是在政府采购中,这种情况更为常见。这时,供应商就必须按照招标的要求,提供一系列书面材料以及准备标书,以备采购方选择。

(6)选择供应商

采购中心成员在掌握了供应商们比较丰富的信息后,通过专家评估,做出选择,从中选出最为合适的供应商。

(7)签订合同

指组织机构用户根据所购商品与供应商签订内容规范、完整、表述清晰的合同。

(8)绩效评价

产品购进、使用后,采购部门将与使用部门保持联系,了解该产品的使用情况,满意与否,并考查比较各供应商的履约情况,以决定后继经营活动中维持、修正、强化或中止供货关系。

3. 两种购买过程的比较

(1)共同点

第一阶段为产生需求和认识需求;最后阶段均为购后评价或绩效评价。

购后评价,这是消费者对自己购买决策的检验过程,通过使用感受"满意"或"不满意",从而重新判断自己的购买决策是否正确,并有可能出现重购行为。

绩效评价和购后评价一样,组织机构用户业务购买完成后,采购部门也会根据最终的使用情况对自己实施的采购行为做出评价,如果绩效好,采购方和供应方可能由此建立长期的供货关系,并签订长期供货合同。

(2)不同点

消费者市场上的购买方式较简单,大多是现金现货交易,通过零售或批发商购买,组织机构业务市场的购买过程就要比消费者市场复杂得多,特别是一些大宗采购项目。相比之下，业务市场的购买有以下不同之处：

①直接购买

指供应商直接派员上门推销，并签订购销合同。直接购买的程度比较复杂，因为业务购买需要一些必要的文件，如报价表、建议方案、购买合同等。

②互惠购买

只要有可能，业务购买者往往选择那些购买自己产品的企业作为供应商，即相互购买对方的产品并相互给予优惠。这样，有利于双方建立更为稳固的产销关系。

③租赁

在设备的购买上，业务购买者日益转向租赁，以代替完全购买。租赁可以帮助购买者节省一次性投入的资金量，及时租到最新产品，提高设备有效利用率。

思考题

1. 汽车市场的波动周期包括哪几个阶段？
2. 简述轿车、货车、客车市场的运行特征。
3. 说出汽车零部件销售的三大流通批发渠道。
4. 影响消费者购买行为的心理因素有哪些？
5. 对比分析消费者市场和业务市场行为的特征。

第4章 汽车营销信息系统与市场研究基本方法

学习要点

1. 市场营销信息是市场营销活动的依据,市场营销调研是获取市场营销信息的主要手段。

2. 市场营销信息及信息系统针对的是企业主体。

3. 了解市场营销调研的三项任务:

一是全方位立体扫描汽车市场,发现、识别和分析市场机会;

二是建立营销信息系统,跟踪、监控环境变化趋势;

三是为制订营销战略提供建议和方案,对设计的营销组合进行可行性检验。

4. 系统理解汽车营销信息系统;学会市场研究的基本方法,重点掌握市场调研的内容和调研步骤;能够熟练应用市场预测常用的定性和定量预测方法。

在营销活动中,企业的营销决策要以市场需求为核心,这就要求企业保持对市场变化的灵敏反应,这也就要求企业实现内外环境的信息传递,如图 4.1 所示。

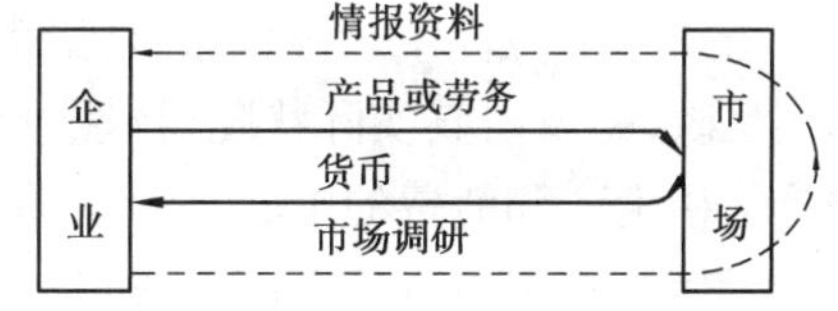

图 4.1 企业与市场信息传递路线图

企业通过促销活动与市场发生关系,即提供产品或劳务,通过交换,返回货币,同时通过市场调查研究搜集市场信息,将市场脉搏及时传达到企业。这两方面的循环缺一不可。企业正是通过市场调查研究和促销活动这两项职能,使企业与消费者之间信息互动,实现用户需求和企业效益的双赢。信息的来源绝不是单一和单向的。在现代经济条件下,信息涉及相关领域的方方面面,搜集和分析这些信息是市场调查研究的主要内容。

要想从大量信息中提炼有价值的部分,就需要有一套有效的信息管理办法,有一套系统的程序来搜集、整理和分析这些信息,这套系统通常叫营销信息系统。

在市场经济条件下,在激烈的竞争环境中,市场营销预测是企业活动中很重要的内容。市场预测就是根据在市场调研中掌握的过去和现在的数据资料、推测未来的发展,并通过分析研究,对市场需求、营销预期效果等进行走向、走势、有效量化的估计,特别是要准确、超前把握“拐点”的出现。

只有形成具有自身特色的市场营销信息系统,保证营销信息的时效性、适用性和准确性,才能为企业的正确决策、动态管理、经营调度提出依据。

4.1 市场营销信息系统

信息以其量大、面广、变化快、相关要素交叉互动的特点渗透到了社会的每一层面每一个角落。现代企业经营管理不仅仅把注意力集中在资金、材料、设备和人力这四大资源上，同时已越来越认识到第五种资源——信息的重要性。掌握及时、全面、准确的信息，是企业在瞬息万变的市场经济中能够处乱不惊、积极应对的重要前提。

在市场营销领域，信息同样也起着举足轻重的作用。汽车生产经营、服务企业在认识市场环境、制订营销战略时，都需要收集广泛、系统、准确的市场信息，并对其进行全面的分析。只有做到这一条，才可能进一步寻找、发现市场机会。

可见，市场信息是市场营销活动的前提。首先得做好信息的收集与分析。市场营销潜力的发现和挖掘，都必须建立在有效利用市场信息的基础之上。为此，企业必须建立和完善市场营销信息系统，才可以科学地制订产品策略、价格策略、渠道策略、促销策略等营销策略，并进行动态优化组合。

4.1.1 市场营销信息的概念

信息是客观、动态存在的。

信息、物质和能量是构成客观世界的三大要素。

信息是与资金、原料、设备、人力同等重要的企业第五资源。

概括起来讲，市场营销信息是指市场经济运行过程中，各种事物发展变化及其特征的真实反映，是反映其实际状况、特性、相关关系等的各种消息、资料、数据和情报等的总和，它是连接生产和消费的中心环节。市场信息按其来源渠道可分为企业内部信息的收集、消费者信息收集与竞争者信息收集。市场信息可通过资料调研和直接调研来收集。

市场营销信息的作用主要表现在以下四个方面：

首先，它是发展市场经济，扩大商品流通的重要手段；

其次，它是企业战略规划和编制经营计划的基础；

再次，它是企业监督、控制和调节经营活动的依据；

最后，它是发展外向型经济，参与和开拓国际市场的必备武器。

4.1.2 市场营销信息的分类

第一种，原始市场营销信息和加工处理的市场营销信息。

第二种，静态信息（历史的）、动态信息（现实的）和预测信息。其中，我们要掌握的是预测市场营销信息，即运用科学的方法对“动”“静”两种信息进行综合分析，反映“当前和今后”经济活动现状和发展趋势的信息。

第三种，常规性信息和偶然性信息。特别要掌握对偶然性信息的应急处置能力。

第四种,正式渠道传递的市场营销信息和非正式渠道传递的市场营销信息。

第五种,企业内部信息和企业外部信息。

4.1.3 市场营销信息工作的基本程序

市场营销信息工作的基本程序,见图4.2。

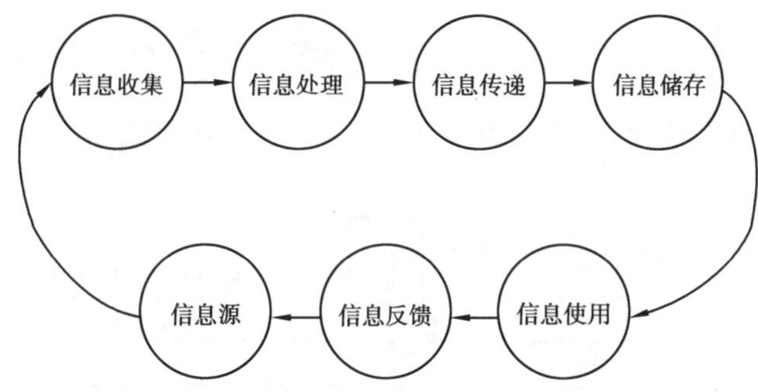

图4.2 市场营销信息工作的基本程序

4.1.4 市场营销信息系统(MIS)

良好的信息支持是正确进行营销决策的基础。为了使营销决策科学化、合理化,企业需要建立营销管理信息系统来支持营销决策。建立完善有效的市场营销信息系统,企业可以有效地利用市场信息,为市场营销环境分析与研究和规划、组织、控制营销过程提供支持。

1. 市场营销信息系统(Marketing Information System,简称MIS)

包括三个层次:

第一个层次,它是人员、机器和计算机程序组成并相互作用的结构系统复合体;

第二个层次,提供恰当、及时和准确的信息;

第三个层次,营销决策是市场营销活动的核心,本系统主要服务对象——市场营销决策者。

2. 市场营销信息系统的组成体系

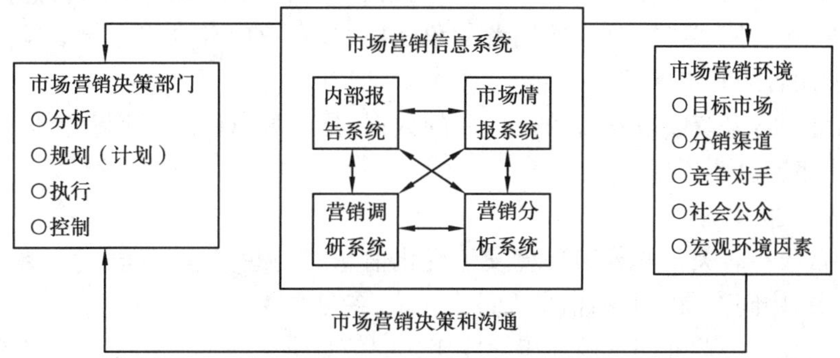

图4.3 市场营销信息决策组成框图

如图 4.3，该图右半部分列出了营销环境的构成因素，包括目标市场、分销渠道、竞争对手、社会公众和宏观环境因素等。中间双方框表示市场营销系统的组成要素。由市场营销信息系统来承担研究和分析营销环境因素发展变化趋势的任务。市场营销信息系统由四个子系统来承担，它们是内部报告系统、市场情报系统、营销调研系统（前三项又可统称信息收集系统）、营销分析系统。该图左半部分说明营销决策部门根据他们掌握的营销理论并从信息系统中提取有关信息，并根据这些信息进行营销分析，制订和执行计划以及进行营销控制。

(1)内部报告系统

以企业内部会计系统为主，销售系统为辅组成，是营销系统中最基本的子系统，参见图 4.4。

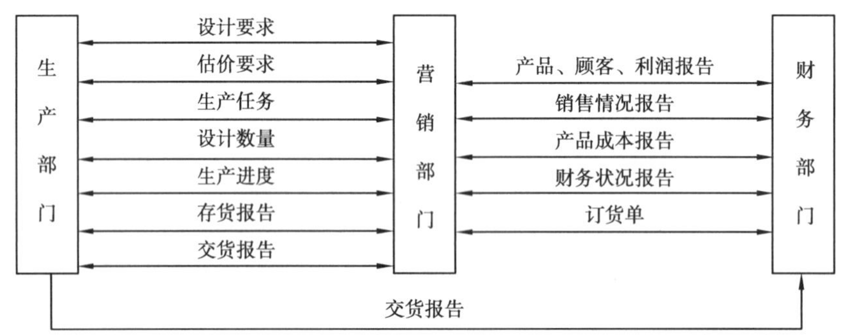

图 4.4　市场营销内部报告子系统信息流框图

营销部门要想在瞬息万变的市场上充分发挥自己的作用，做到眼观六路，耳听八方，则必须首先了解企业内部的信息。而要了解企业内部的信息，则必须建立企业内部报告系统。

目前，许多有实力或有眼光的企业都在企业内部建立了 Intranet 网，即企业内部网。Intranet 的本质是在有限范围内，利用 Intranet 成熟的标准构建企业内部的网络系统。它不仅是企业内部信息收集和发布系统，具有严格的网络安全保障机制，同时又具有良好的开放性，从而有效地解决了系统内部信息的共享和交流问题。

在建立企业内部报告系统时，要注意以下几个方面的问题：第一，从企业的管理目标出发，建立一套规范化、科学化、系统化的指标体系，使业务人员明白什么信息应该收集，什么信息不应该收集，避免信息过多做出一些错误的决策和判断；第二，信息的收集渠道应该稳定、规范、可靠；第三，要从使用者的角度出发，企业内部报告系统必须实用、易学、易用，满足使用者的基本要求。

企业内部报告系统收集发布的是事后的数据，是市场营销经理们获得信息的最基本的方式，是决策的重要依据。

(2)市场情报系统

企业日常收集有关企业营销环境发生变化信息的一些来源和程序，主要通过企业的各级营销人员、中间商及专职的信息人员来完成，参见图 4.5。

此系统对反映企业外部营销环境发展变化的信息进行收集。营销环境监视系统通过对企业外部环境要素的观察、跟踪以及信息收集，为企业识别市场机会与环境威胁提供第一手资料。

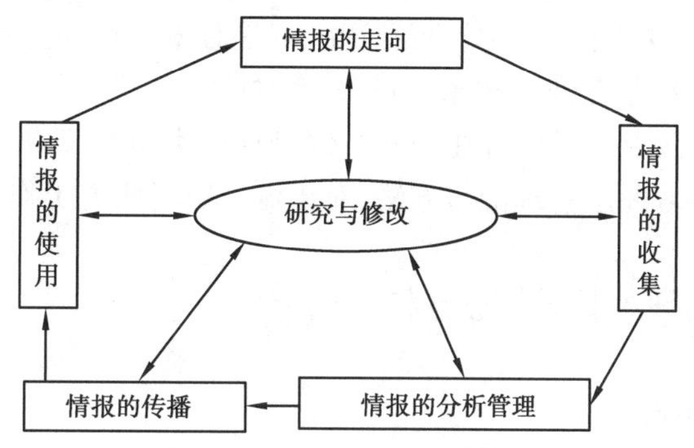

图 4.5　企业营销环境信息循环图

(3)营销调研系统

营销调研系统是对企业面对的特定营销环境的有关资料及研究结果,作系统的设计、收集、分析和报告的活动。

其调研步骤为:确定(提出)问题→研究问题→收集信息→分析信息→提出结论

内部报告系统和市场情报系统的信息收集一般是常规性的。营销调研系统的信息收集则是有目的的,是非常规的,其过程是企业营销人员主动去收集关于某特定问题的信息。营销调研系统是按照营销需要有目的、有针对性地收集某些特定方面的信息。营销调研系统作为营销信息系统的一个子系统在整个营销活动中尤显重要。

(4)营销分析系统

营销分析系统由科学的统计步骤和统计数学模型构成,如图 4.6 所示。

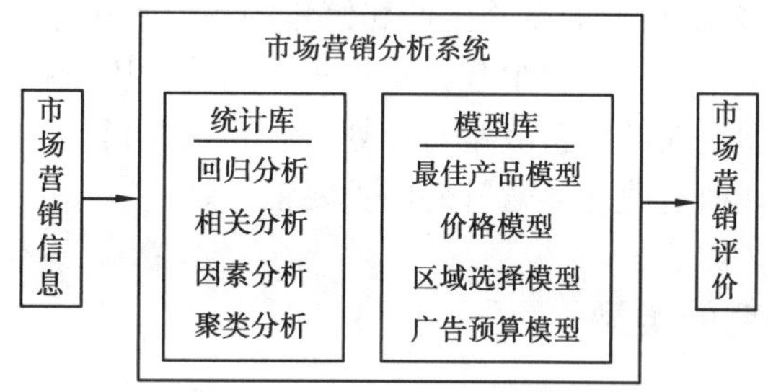

图 4.6　市场营销分析系统框图

营销分析系统的任务是将营销信息系统收集到多而复杂的原始信息进行整理、加工,使其成为可以被营销人员直接使用的信息。它接收营销人员某种形式的信息需求,并向营销人员输出必要的信息。

营销分析系统两个重要组成部分是上图中的统计库和模型库。前者为企业收集、分析情报资料,后者在研究分析的基础上进行决策。

4.2　市场调研及方法

市场调研与预测也被称为市场研究。从时间角度看,市场调研着重研究市场现状,市场预测着重研究市场未来的变化。在实际工作中市场调研和预测是分不开的。因为市场研究的目的在于为经营决策提供依据,而经营决策是对未来行动计划的选择,既要以现实条件和情况为基础,又要考虑到事物未来的发展,两者缺一不可。为了避免决策失误,把握成功的机会,必须把两者有机结合在一起。但是这两类研究又有一定差别,各自有其专门的方法和理论基础,掌握这些理论与方法,对于做好市场研究工作,是十分必要的。

4.2.1 市场营销调研的概念、任务和作用

1. 市场营销调研的概念

市场营销调查研究就是运用科学的方法,有计划、有目的、系统地收集整理和研究分析有关市场营销方面的信息并提出调研报告,总结有关结论,提出机遇与挑战,以便帮助管理人员了解营销环境,发现问题和机会,并为市场预测与营销决策提供依据。

2. 市场营销调研的主要任务

市场营销调研的主要任务是搞清楚涉及企业生存和发展的市场运行特征、规律、动向以及本企业现有竞争对手同类产品在市场上的产、供、销状况及有关的影响因素和影响程度。

3. 市场营销调研的作用

市场调查研究对企业经营的作用,概括起来主要表现在四个方面:第一,市场营销调研是认识产业发展和市场全貌(历史、现状及发展变化)的重要手段,是一个“知彼”的必要过程。第二,市场调查研究是企业经营预测和决策的基础。只有市场调研搜集的情报资料比较齐全,分析比较客观,企业的有关生产和销售的预测和决策才切实可靠。这种作用是预防性的。第三,在决策实施过程中起调整矫正作用。在决策执行过程中,市场调研取得的情报资料,可以检验企业的经营战略与计划是否合理、可行。这种作用可以说是治疗性的。第四,市场营销调研是改善经营管理的重要工具。

4.2.2 市场调查研究的类型

根据调查研究的目的和性质的不同,调查研究可以分为四种类型。

1. 探测性调研

探测性调研是企业对发生的问题缺乏认识甚至一无所知的情况下,为弄清问题的范围、性质、原因而进行的小规模调研。

探测性研究通常用一些比较简便的调查方法,不必制订周密的计划,可以根据研究的进展和发现的问题适时进行调整。它能够有效地识别和筛选问题的疑点,缩小研究范围,明确现有研究的方案以及主要困难,这类调研一般要在短时间内进行完毕。

2. 描述性调研

描述性调研是通过详细的调查和分析客观地反映市场情况,描述市场特征。描述性研究的任务是寻找问题的答案。因此人们在进行这类研究之前对问题应该有相当程度的认识,最后根据决策的内容将问题分解为若干项更具体的针对性强的假设。比如我们要知道购买汽车的顾客是哪些人?年轻人还是年长者?他们通过什么渠道来购买汽车?通过什么途径了解到关于车的信息的?然后通过描述性研究验证这些假设,从而对研究的

问题做出回答。此类调研,需要事先周密地策划调研方案,要体现调研的完整性和系统性,需要一定的时间,但应该尽量快。

3. 因果性调研

这类调研是在描述性调研的基础上,进一步分析问题发生的因果关系,并弄清原因和结果之间的数量关系。这种研究以搜集有关市场变量的数据资料为主,用统计分析方法和逻辑推理,找出它们之间的关系。为了确定有关市场变量之间的因果关系,还可以采用实验法,创造一个可控制的环境来进行模拟调查。因果性调研又可以分为定性研究和定量研究两类。

4. 预测性调研

预测性调研是为了推断和测量市场的未来变化而进行的研究。可根据决策性质和资料条件灵活多变。它可以通过综合专家和有经验人士的意见,对事物的发展趋势做出判断,可以在描述性调研和因果性调研的基础上进行分析和计算,预测未来变化的量值。预测性调研对经营决策有重要的意义。一般调研完成后应提出两至三种方案,供决策时比较选用。

5. 四种调研类型的关系框图(图 4.7)

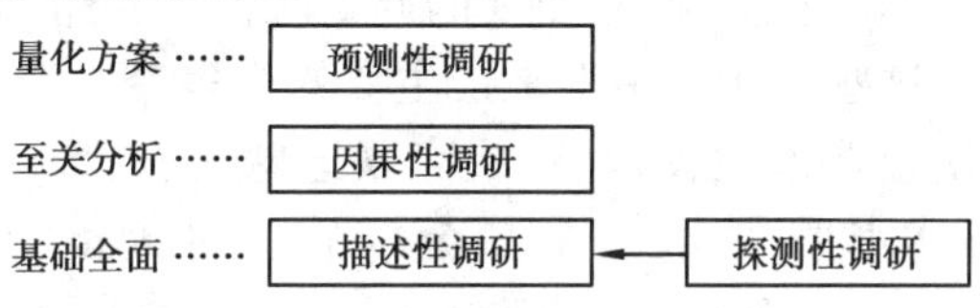

图 4.7　四种调研类型的关系框图

4.2.3　市场调查的内容

市场调查研究的内容非常广泛,凡是直接和间接影响市场营销的情报资料,都要广泛搜集和研究(见图 4.8)。

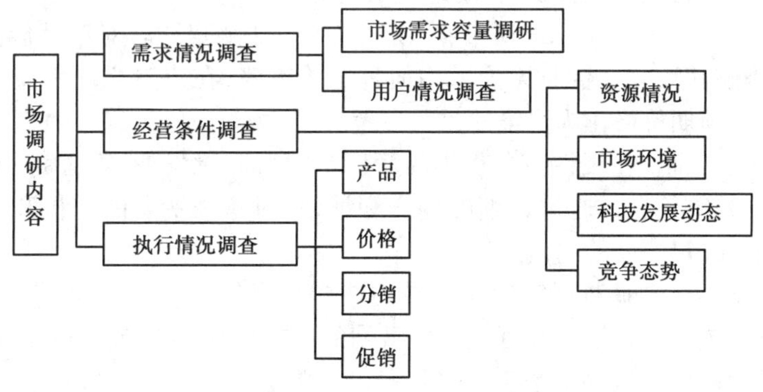

图 4.8　市场调研分类图

1. 市场需求情况的调查

这是市场调查的重点,包括两方面的内容:

(1)市场需求容量调查。市场需求容量是指市场占有率。汽车产品在一定时期内可以达到的销售量,即市场需求总量。它决定市场的规模和结构,是市场调查和预测的主要内容。这类研究主要使用定量分析的方法，如企业的销售量在该地区销售总量中的比重，即市场占有率，用公式表示如式(4.1)所示：

$$\text{市场占有率} = \frac{\text{本企业某汽车产品销售额}}{\text{该地区某汽车产品销售总额}} \times 100\% \tag{4.1}$$

(2)用户情况。用户的需求是一切营销活动的出发点，只有满足消费者的需求，消费者所购买和使用的商品和劳务才能实现价值。这一研究中经常使用医学、心理学和社会学的方法。

2. 经营条件的调查

(1)资源状况。包括本企业内部的经营管理水平、人才结构、职工素质及物资设备、经营场所等，以及资金商品资源、商品的竞争力情况。特别要了解开发新产品的可能性。

(2)市场环境。企业是整个经济和社会发展有机整体的一部分，所以企业必须首先对宏观营销环境进行调查。

(3)科学技术发展动态的调查。主要是与本企业生产的产品有关的科技现状和发展趋势。具体内容是新技术、新工艺、新材料的发展趋势和发展速度；新产品的技术现状和发展趋势；新产品的国内外先进水平等。

(4)市场竞争情况调查。这是一个很重要的调查内容，尽可能全面了解。在全国或本地区有哪些同类型企业？这些企业当中谁是最主要的竞争者？谁是潜在的竞争者(对潜在竞争对手的调查，会使企业产生警惕感、提高紧迫感，变成推动本企业奋发图强的力量)？主要竞争对手在技术水平、技术装备、资金占用、人才配备、产品质量、产品品种、服务水平、市场占有率等方面与本企业相比较的优劣？竞争对手的营销策略？竞争的未来发展趋势等？这应该作为一条主线贯穿于全部市场调研之中，使企业管理者能够随时知己知彼，采取相应的对策。

3. 本企业市场营销策略执行情况调查

(1)产品方面。包括在产品开发过程中，测定消费者对新产品用途、性能、包装的认可程度；在产品上市以后通过跟踪调查、产品对比的方法测定消费者对品牌的忠实程度；产品的经济寿命周期状况以及老产品新用途的研究等。

(2)价格方面。主要是用态度测量、广场试验等方法测定顾客对产品价值的认知及其对价格变化的理解和反应。企业无论采用何种定价策略，在决策之前都应该了解顾客的态度，并将顾客的预期价格作为决策的重要参考。

(3)销售渠道方面。主要调查分析中间商(如代理商、批发商、零售商)和直接用户的需求量、资金、信誉等信息。通过详细的调查和评估、对营销费用的分析和对各地区市场零售网点的分析，决定商品的物流路线。

(4)促销方面。主要调查研究销售人员的选择和配备、销售人员的业务水平、实绩评价和报酬制度；本企业广告策划和营业推广策划的实施情况和效果；企业在社会公众中的形象如何，以及如何更好地提高企业的知名度和美誉度等。

4.2.4 市场营销调研的工作程序

根据各项工作的时间顺序和逻辑关系，市场调研一般可分为三个阶段八个步骤(图4.9)进行。

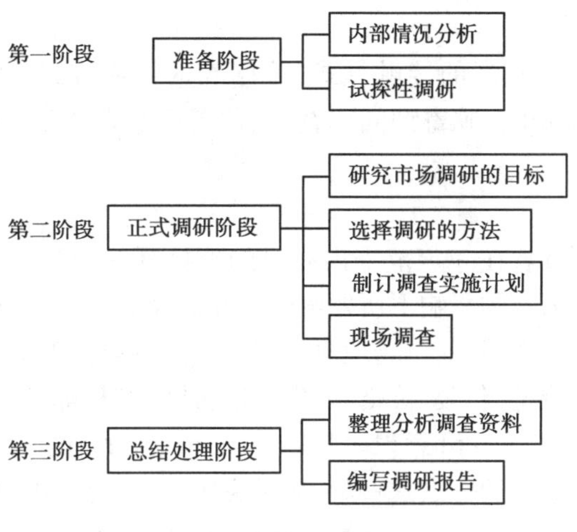

图 4.9　市场营销调研的工作程序

4.2.5　市场营销调查的方法

市场调研的常用方法有四大类,即固定样本连续调查法、询问法、观察法和实验法。

1. 固定样本连续调查法

固定样本连续调查法又称固定样本小组调查法,是指用抽样的方法,从总体中抽出若干样本组成固定的样本小组,在一段时期内通过对样本小组的反复调查来取得资料的方法。固定样本连续调查法能取得同一对象的连续的调查资料,掌握事态的变化动态,分析事态的发展趋势,解决一次性调查所不能解决的问题。由于这种方法持续时间长,如处置不当,被调查者往往会失去兴趣,敷衍配合,因此使资料失真。

2. 观察调查法

观察调查法是由调查人员到调查现场直接进行观察以收集资料的方法。观察调查法又可分为:

(1)直接观察法,就是由市场调查人员直接到现场观察顾客的购买活动,以取得市场信息。

(2)实际测定法,就是通过对某项市场营销活动的效果进行实际的测定,以取得市场信息。

(3)行为记录法,是由调查人员用特定的仪器或方法,把被调查者在一定时间内的行为记录下来,再从记录中找出所需的市场信息。

观察调查法中,被调查者未觉察到自己的行动被观察,因此能保持正常的活动规律,使调查资料真实可靠。观察者到现场进行观察,不仅能了解到事态发生、发展的全过程,而且能观察到当时的特殊环境和气氛,取得其他方法无法得到的宝贵资料。但观察调查法对表象了解多,对成因掌握少。

3. 询问调查法

询问调查法是最常用最基本的一种调查方法,它是调查员用询问的方式向被调查者了解市场情况的一种方法。其特点是通过直接或间接的回答方式来了解被调查者(消费者、用户、企业)的看法和意见,询问的主要内容一般是要求被询问者回答有关具体事实、态度、动机及意见和建议等。

根据调查人员与被调查者的接触方式(或问卷的传递方式)不同,询问调查又可分为:面谈法、电话询问调查法、邮寄询问调查法、留置问卷调查法、网络调查法、日记调查法等。

4. 实验调查法

实验调查法是指调查者在一定范围内有目的地控制一个或几个市场因素的变化,来研究某市场现象在这些因素的影响下所发生的变化的调查方法。它是将自然科学中的实验求证法用于市场调查之中,是对市场现象的实验。这种方法的适用范围很广,凡是某一种商品改变品种、花色、造型、包装、价格、广告等销售因素时,都可以先做一个小规模的实验,高歌消费者购买行为的变化和意识。此外,在展销会、试销会、交易会、订货会中,均可进行这种调查。这种调查法的优点是科学,显示灵敏,结果比较准确。其缺点是实验时间拉得较长、成本较高。

4.2.6 市场营销调查实用技术

1. 问卷调查技术路线(图 4.10)

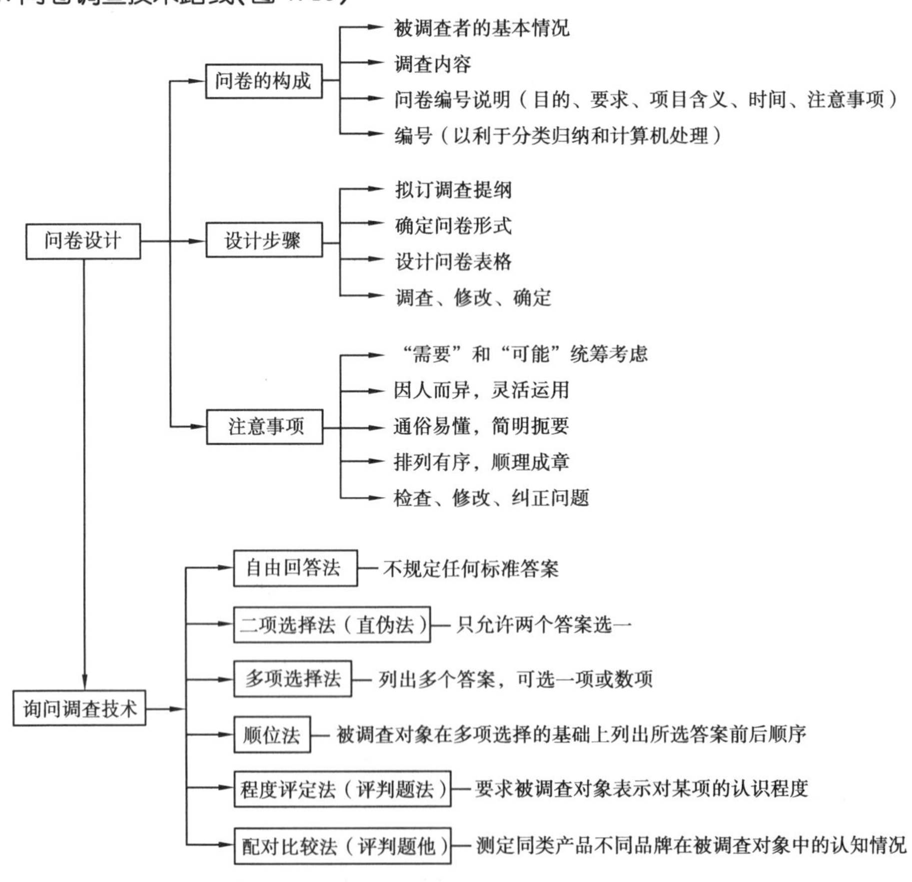

图 4.10 问卷调查技术路线图

2. 抽样调查技术

抽样调查是根据一定的原则,从调查对象的总体中抽出一部分对象(或称样本)进行调查,从而推断总体情况的方法。抽样调查在市场营销调查中使用得最为广泛。

抽样调查应注意以下三点:一是合理确定抽样方法;二是合理确定样本的大小;三是判断抽样调查的误差。

抽样调查分两大类:随机抽样,在总体中按随机原则抽取样本;非随机抽样,在总体中不按随机原则,调查者主观设定某个标准抽取样本。

抽样调查技术路线(图 4.11):

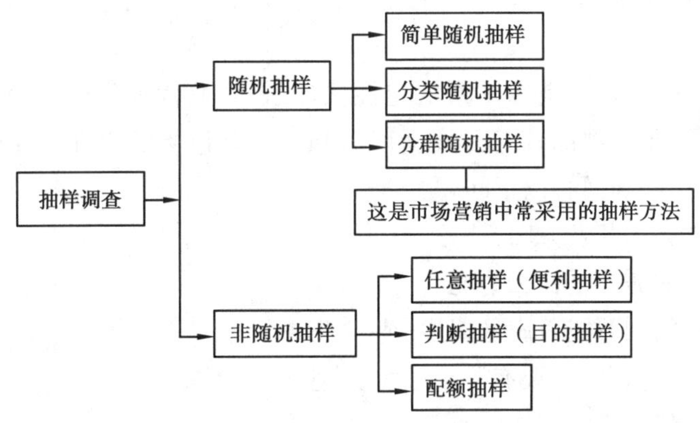

图 4.11　抽样调查技术路线图

3. 电子商务调查技术

网络作为一种现代的高效调查工具已伴随着信息与网络技术的进步被企业广泛应用,从而形成了电子商务调查技术。

与传统调查技术相比,电子商务技术具有目标明、覆盖广、周期短、费用省、不受限等特点。

电子商务调查技术路线(图 4.12):

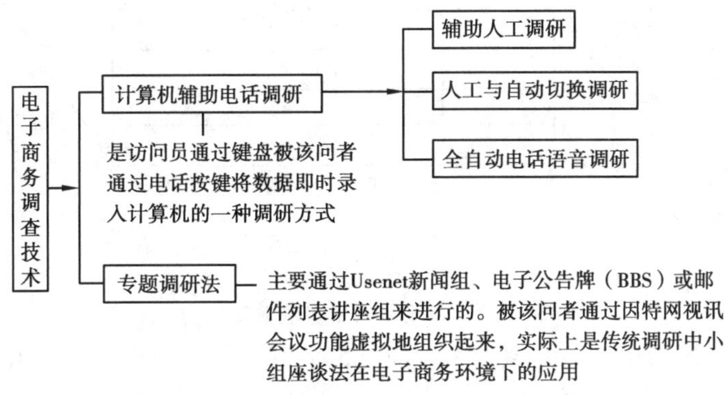

图 4.12　电子商务调查技术框图

4.3 汽车市场需求的测量

市场需求测量在企业营销分析、计划控制活动中可以帮助企业实现三种管理功能:一是分析市场机会;二是制订营销计划;三是市场营销效益的管理。

4.3.1 市场需求测量的含义

市场需求测量是市场当前需求量的定性估计,是企业营销分析活动的重要措施。面对激烈的市场竞争,企业都面临着开发新产品和开发新市场的重任。在面临着一系列不确定因素的情况下,必须回答以下问题:

①下一步新产品的开发方向?

②拟开发产品的需求是什么情况?

③给企业带来的利益能否满足期望值?

④新市场容量规模多大(要有一个最大、最小限值范围)?

⑤需求发展趋势及其状态如何?

⑥影响需求的因素有哪些,特别是关键因素、敏感因素是什么?

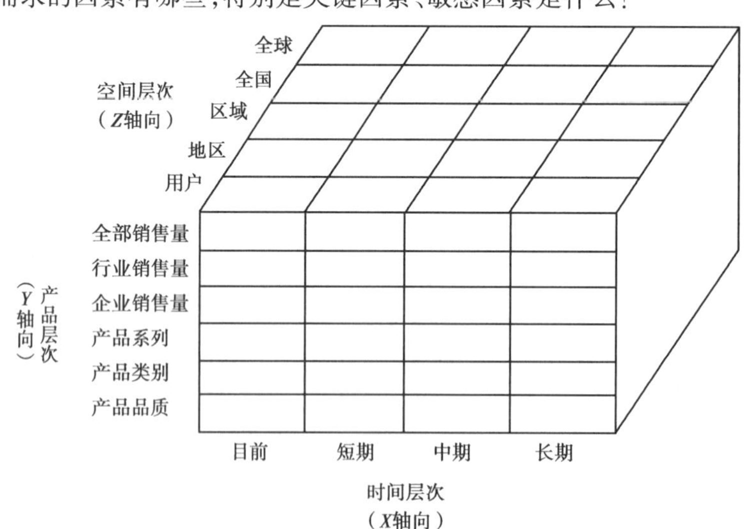

图 4.13 市场需求测量的典型内容

由图可见:6 个不同的产品层次(Y 轴向),5 个不同的空间层次(Z 轴向),4 个不同的时间层次(X 轴向)。6 ×5 ×4 =120 共展示了需求测定的 120 种需求。

4.3.2　市场需求测量的相关要素(图 4.14)

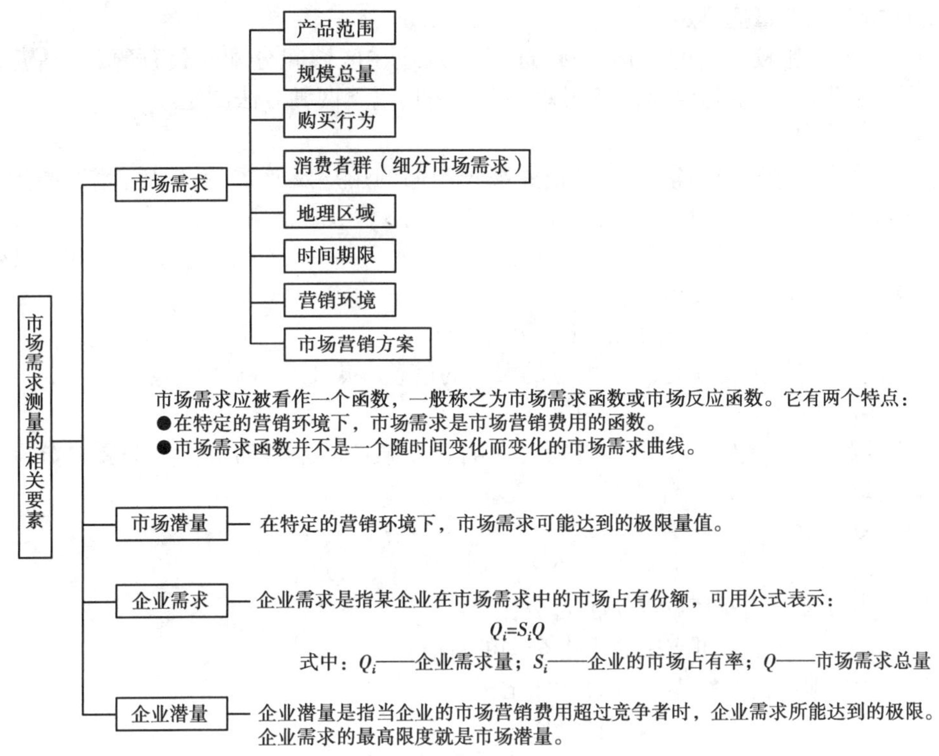

图 4.14　市场需求测量的相关要素

4.3.3　市场目前需求的测量方法

1. 全部市场潜量的测量方法

全部市场潜量是指“三特一最大”，即特定时间、特定行业的市场营销费用及特定环境下，该行业内所有企业可能达到的最大销售量或最高销售额(元)。汽车整车销售就是典型的此类例证。

测定公式如式(4.2)所示：

$$Q = nqp \tag{4.2}$$

式中　Q——全部市场潜量；

n——假定条件下，特定产品或市场的购买者数量；

q——每个购买者的平均购买量；

p——单位产品的平均价格。

使用上式需把握三点：

(1)对 n 的估算，大多采用从人口总数逐一排除的办法；

(2)可先估计各细分市场的需求潜量，然后汇总为全部市场潜量；

(3)如果当前和近期市场的潜量太小，则不必冒投入风险，转投其他产品开发。

所以，在竞争者众多、市场潜量有限的情况下，能否较准确估算全部市场潜量就显得相当重要。企业可以从其他信息渠道收集到的“全部市场潜量”资讯和自己的测算结果相比较，慎重做出判断。

2. 区域市场潜量的测定方法

只有选择好比较恰当的市场区域，同时有效地在区域间分配营销预算，评估营销结果，才能从起步开始，取得经营的务实效果。可采用以下两种方法测定：

(1)市场累加法

首先，确定每个市场可能购买本企业某种产品的用户及其数量；然后，将这些用户可能购买的数量累加起来，其计算公式为式(4.3)所示：

$$Q_y = Q_{1y} + Q_{2y} + Q_{3y} + \cdots + Q_{xy} + \cdots + Q_{ny} \tag{4.3}$$

式中 Q_y——y 市场的市场潜量；

Q_{xy}——y 市场中 i 个用户的可能购买量。

上式的有效使用，必须建立在大量的繁杂的信息收集工作基础之上。

(2)购买力指数法

运用这种方法，关键的一点是必须将影响企业某产品销售的每一相关要素分别给予一个特定权数，然后加以综合计算。

其计算公式为式(4.4)所示：

$$B_i = 0.5y_i + 0.3r_i + 0.2p_i \tag{4.4}$$

式中 B_i——i 地区占全国购买力的百分比；

y_i——i 地区个人可支配收入占全国的百分比；

r_i——i 地区占全国零售额的百分比；

p_i——i 地区占全国人口的百分比。

从上式中权数大小可知，可支配收入是影响购买力的最重要因素，其余次之。

以上三个系数是动态变化的，是依据一定时期各国的实际情况而测定的。我们在使用中可以从行业年鉴或国家统计资料中获得。

4.3.4 “需求测量”和“市场预测”的区分和相互关系

需求测量是对现实市场当前数据的分析计算；市场预测是对未来市场需求的测算。

需求测算要尽可能量化，而市场预测既可以定量测算，也可以定性测算，主要追求准确，预测发展趋势。需求测算是市场预测的数量基础，市场预测是需求测算的必然延续。

4.4 汽车市场的预测方法

4.4.1 市场需求预测的概念

市场需求预测，是预测学科的一个重要组成部分，是在市场营销调研的基础上，运用科学的方法和手段，测算未来一个时间段内市场的需求变化及其发展趋势，从而为正确的经营决策提供依据。

4.4.2　汽车市场预测方法(图4.15)

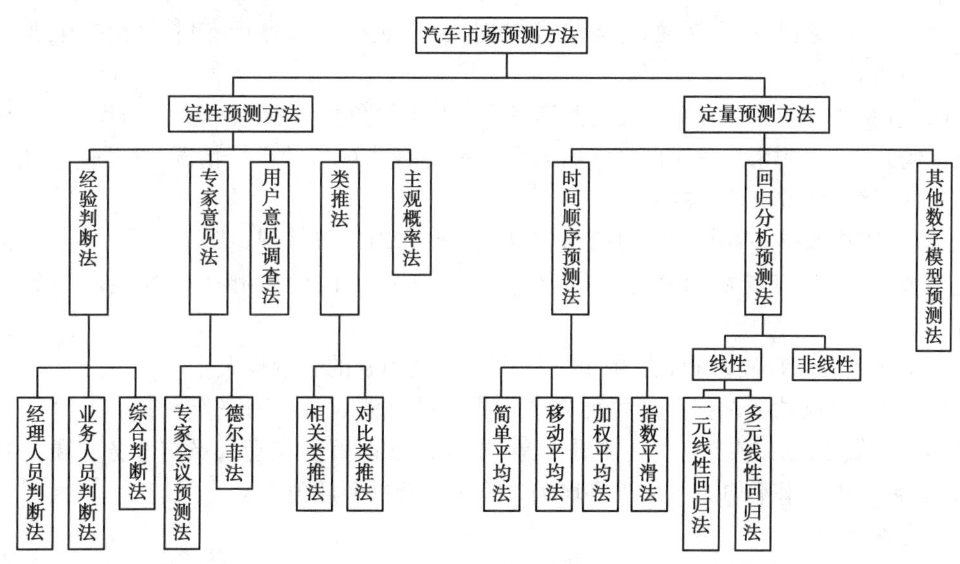

图4.15　汽车市场预测方法

4.4.3　定性预测方法

定性预测方法,也叫判断分析法,是依据人们在市场活动中获得的经验和分析能力,通过对影响市场变化的各种因素的分析、判断推理,来预测市场未来的发展变化、基本走向和可能出现拐点的敏感段。

它的特点:简便易行,不需要经过复杂的运算过程。

不足之处:不能提供以精确数据为依据的市场预测值,而只能提供市场未来发展的大致趋势。

在市场预测中,定性预测方法是一种传统、不可缺少的方法。特别是当不具备定量分析的条件时就需要通过市场发展变化进行质的分析,对未来的市场作出判断,推测市场未来的发展趋势。某些因素,例如消费者的心理变化、党和国家方针政策的变化等对市场的影响,是无法或不容易使用定量预测的,只能通过定性分析的方法来预测。因此,即便在现代科学技术条件下,定性预测方法仍是一种有效的预测方法。

常用的定性预测方法有:

1. 经验判断法

经验判断法也称主观估计预测法,是以一部分熟悉业务,具有经验和综合分析能力的人所做出的判断为基础,来进行预测的一类方法。这种方法比较简单、省时、省力,由于参加预测者都有丰富的经验,熟悉情况,对预测项目能作比较客观的判断。但是,预测的准确度容易受主观因素的影响,为克服此缺点,预测时往往在经验判断基础上进行统计处理,再做出最终预测。经验判断预测方法很多,一般包括以下三种:经理人员判断法、销售人员判断法、专家意见法等。

(1)经理人员判断法。由企业的决策者把与市场有关和熟悉市场情况的产品销售、市场研究、生产管理、财务管理等职能部门的负责人召集在一起,请他们对未来市场的发展形势或某一重大市场变化发表意见,先做出初步的判断和估计,然后在此基础上作针对性的预测。经理人员判断法简便易行,花费的时间短,企业不必另行支付预测费用,是一种常用的预测方法。

(2)业务人员判断法(专业人员判断法)。由主管负责人召集有关的销售人员(推销员或代销商等)预测未来一定时期内各自负责的地区或项目的市场情况,然后由企业主管负责人加以综合,做出预测的方法。

优点:销售人员一直与市场打交道,最接近顾客,对市场情况,特别是对所在地区的市场情况很熟悉,对市场发展趋势看得比较清楚,所提供的信息和所作的预测比较接近实际。

不足之处:具有经验判断法的局限性,即受主观因素的影响较大。

(3)综合判断法。根据上述两种方法收集到的预测意见,经过综合分析后,对市场需求变动趋势做出的预测结论。具体做法是,先分别征询贸易经理人员与业务人员的预期数值,然后采用算术平均法或加权平均法计算出综合的预测值。

2. 专家意见法

专家意见法是由有关专家对市场趋势集体做出预测的方法。专家意见法既可以发挥专家与企业经理人员的作用,又可以克服经理人员判断法和销售人员判断法的主观片面性,其应用范围十分广泛。这种预测方法,分为专家会议法、德尔菲法等。

(1)专家会议预测法,又称为头脑风暴法。一般是由预测组织者邀请有关专家参加座谈会,由专家们针对面临课题进行讨论,找出问题的关键,并得到比较接近实际的预测结果。专家会议预测法的预测结果受参加会议人数、与会者的心理因素等的影响,面对面的意见交换容易受权威者意见的影响,容易形成“一边倒”,使预测组织者最后综合的意见不一定能完全反映与会专家的全部意见。(注意:个性化的“另类”意见往往不能忽视,真理往往在少数人手里,事后可以回顾总结)

(2)德尔菲法,又称专家征询法。这是一种既典型又常用的方法,是采用函询(调查表)的方式征求专家对某一产品,某一技术发展项目或市场开发意见,经过多次反复征询,通过定量处理,得出预测结果的方法。

德尔菲法是美国兰德公司的研究人员在20世纪40年代末创立的一种定性预测方法,它适用于既缺乏市场统计数据,市场环境的变化又较大的预测项目。

具体运作程序:选择组成专家小组(由10~30位专家组成),经过反复征询,再征询→答复→反馈→再征询→再答复→再反馈……的多重反复过程中,主持人把上轮意见汇总整理后,给专家发出下轮询问函,每个专家都可以多次提出和修正自己的意见。

德尔菲法的显著特点是它的匿名性,在整个征询意见过程中,各专家之间互不联系。因而可以排除心理因素的影响,提高预测结果的可靠性。德尔菲法与其他经验判断法相比,具有明显的优点,但其经历时间长,有时发函征询的回收率不高,影响到预测的核定。这种方法也是对专家预见性的检验过程,有利于优化优选本企业的专家咨询团队。

3. 用户意见调查法

用户意见调查法又称用户调查法，是周期性地直接对用户进行意见调查，了解用户购买意向和心理动机，预测未来销售情况的方法。

用户意见调查法一般采用抽样调查，既可利用口头询问方式，也可利用书面询问方式，从中获得信息并综合进行“消费者意向量度”，预测出用户的购买意向的主要变动。由于只有潜在的用户最清楚自己欲购产品的品种及数量，因而信息较为可靠，特别是购买技术含量较高、价值较大的汽车更是如此。

具体做法主要是用随机抽样中的简单随机抽样和分类随机抽样或非随机抽样中的判断抽样来选择调查对象，用询问法作为调查手段。

4. 类推法

根据当事人的直接感受，在对当前市场做深入观察的基础上，进行合乎逻辑的推理判断，对未来市场的变化做出预测，类推法可分为以下两种：

(1)相关类推。即从已知相关的各种市场因素之间的变化来推断预测目标的变动趋势。

(2)对比类推。把预测目标同其他事物加以对比分析，以此来推断其未来发展趋势。

5. 主观概率法

这种方法是带有某种定量成分的定性预测方法，主要根据自己的经验和判断能力，对未来市场可能的变化趋势做出自己认为合理的概率估计。简便易行，成本较低，但往往与实际偏差或误差较大。

4.4.4 定量预测方法

定量预测方法又称数量预测法、数理统计预测法，是根据市场调查所取得的数据资料，运用数学模型进行计算，并据此预测市场未来变化的一类预测方法。

它的特点是涵盖选定的数学模型中的每一个变量要素，缺一不可；选定的数学模型要与预测的主要内容最为吻合，运算最为便捷，变量要素的选择尽量最少，最大限度地减少累积误差。

它的不足之处是只根据量的变化来寻找规律，无法分析错综复杂的非量因素的影响。

市场预测常用的定量预测法主要有时间序列预测法，另外还有回归分析预测法和类别预测模型法。

1. 时间序列预测法

时间序列是按时间先后顺序排列的数列，由于这种数列能反映某种现象发展变化的动态，故又称为动态数列。时间序列预测法就是根据时间序列所反映出来的规律，参照当前已出现的各种可能性来预测未来的一种方法。其特点是把“预测变量”看成“时间”的函数，假定未来一定时期内影响预测变量的各因素不变，将时间序列延伸，便可得到预测值。

由于采用的方法不同，时间序列预测法又可分为简单平均法、移动平均法、加权平均法、指数平滑法等。

(1)简单平均法,又称算术平均法。将过去各个时期的观察期进行的算术平均数作为下期的预测值。

其计算公式为式(4.5)所示:

$$\bar{x} = \bar{x}_{n+1} = \frac{\sum_{i=1}^{n} x_i}{n} = \frac{x_1 + x_2 + L + x_n}{n} \tag{4.5}$$

式中 x, x_{n+1}——平均值,即预测期;

x_i——第 i 期的观察值($i=1,2,\cdots,n$);

n——观察时期数。

例:某轮胎专营公司本年度上半年(1 ~6 月份)轮胎销售量见表 4.1:

表 4.1 某轮胎专营公司上半年销售量表

月 份	1	2	3	4	5	6
销售量/条	8 460	6 900	8 690	7 700	8 270	7 250

解:预测 7 月份的销量预测值为:

$$x_7 = \bar{x} = \frac{8\ 460 + 6\ 900 + 8\ 690 + 7\ 700 + 8\ 270 + 7\ 250}{6} = 7\ 880 \text{ 条}$$

简单平均法的优点是计算简便,但结果有时不够准确,当市场需求比较平稳,观察资料没有明显的季节波动时,可采用简单平均法进行预测。

(2)移动平均法,又称算术移动平均法。将预测期以前的若干时期的观察数据相加,求其平均值,在时间上往后移动,作为对下一期的预测。

其计算公式为式(4.6)所示:

$$M_i = \frac{x_i + x_{i-1} + x_{i-2} + L + X_{i-n+1}}{n} \tag{4.6}$$

式中 M_i——i 时期的移动平均数;

x_i——i 时期的观察值($i=1,i-1,\cdots,i-n+1$);

n——移动期数。

上例中,要求预测三季度每一个月的销售量,假设 4 个月移动一次(恰跨两个季度)。

解:7 月份的销售量预测值为

$$M_7 = \frac{8\ 690 + 7\ 700 + 8\ 270 + 7\ 250}{4} \text{条} = 7\ 980 \text{ 条}$$

8 月份的销售量预测值为

$$M_8 = \frac{7\ 700 + 8\ 270 + 7\ 250 + 7\ 980}{4} \text{条} = 7\ 800 \text{ 条}$$

9 月份的销售量预测值为

$$M_9 = \frac{7\ 700 + 8\ 270 + 7\ 250 + 7\ 980}{4} \text{条} = 7\ 800 \text{ 条}$$

从上可见,移动平衡法的特点与简单平均法相似。

(3)加权平均法。指将各个时期的观察资料,按其近期和远期的影响程序,分别给予不同的权数,进行加权求出平均值。

一般来说,近期因素比远期因素更接近于未来,因此,由远而近,逐期增大权数,以加强近期的影响程度。

其计算公式为式(4.7)所示:

$$W = \frac{f_1x_1 + f_2x_2 + L + f_nx_n}{f_1 + f_2 + L + f_n} = \frac{\sum_{i=1}^{n} f_ix_i}{\sum_{i=0}^{n} f_i} \tag{4.7}$$

式中 W——预测值(加权平均值);

x_i——第 i 期的观察值($i=1,2,\cdots,n$);

f_i——第 i 期的对应权数($i=1,2,\cdots,n$)。

承上例,求 7 月份的销售量预测值(1 ~6 月份的各月对应权数依次为 1,2,3,4,5,6)。

解:7 月份的销售预期值为

$$W = \frac{1 \times 8\,460 + 2 \times 6\,900 + 3 \times 8\,690 + 4 \times 7\,700 + 5 \times 8\,270 + 6 \times 7\,250}{1+2+3+4+5+6}\text{条} = 7\,810\text{ 条}$$

这种方法与简单平均法相比,能够较准确地反映实际销售量,为使权数尽量与全年销售起伏相一致,权数按月份决定,以减少人为主观因素,减少误差,贴近实际。

(4)指数平滑法。根据历史资料和数据用指数加权的办法来进行移动平均的预测方法。所取的指数又称为平滑系数。指数平滑法是在移动平均法的基础上发展起来的,实质上是一种加权移动平均法。与移动平均法相比有两个显著的优点:一是采用加权的方法,可以克服移动平均法中各期资料均占相等比重的缺陷,使得近期销售额在预测中占较大的比重,进而能较准确地反映出总的发展趋势。二是指数平滑法可以减少信息的存储量,只需掌握本期实际销售额、本期预计销售额及平滑系数,即可预测下期销售额。所以,指数平滑法是进行短期预测的有效预测法。

其计算公式为式(4.8)所示:

$$Y_i = \alpha x_{i-1} + (1-\alpha) y_{i-1} \tag{4.8}$$

式中 Y_i——本期预测值;

x_{i-1}——上期实际观察值;

y_{i-1}——上期预测值;

α——指数,即平滑系数($0 \leqslant \alpha \leqslant 1$)。

例:某汽车配件公司 10 月份销售额原来(上期)预测值是 100 000 元,而销售实际为 104 000 元,那么 11 月份销售预测值应为多少?

解:如 10 月份销售额预测值的比重占 90%,当月实际销售的比重占 10%,则取指数$\alpha = 0.1$。

11 月份销售额预期值为:

$$Y_i = [0.1 \times 104\,000 + (1-0.1) \times 100\,000]\text{ 元} = 100\,400\text{ 元}$$

运用指数平滑法进行市场预测的关键在于平滑系数 α 的确定。平滑系数反映本期实际销售额和本期预测销售额对下期测值的影响程度,可以根据实际情况凭经验得出。一般情况下,若近期影响较大,则取较大值,若远期影响较显著,则取较小值。从以上计算可见,指数 α 值越小,作用缓慢地减弱,预测值趋于平滑;相反,指数 α 值越大,则变化较大。

平滑系数 α 值的大小取决于上期实际值在预测中所占比重的大小，当预测值相当于实际值时（即差距较小时），α 也小；反之，则取得大一些。一般取值范围为0.1 ~0.3。

运用上述各时间序列预测法，容易产生滞后偏差，如滞后偏差较显著，则可进一步采用二次移动平均、二次指数平滑法等进行预测，以消除或减小滞后偏差的影响。

2. 回归分析预测法

回归分析预测法，简称回归法，又称相关预测法，是因果分析预测法中最常用的方法，它是通过对预测目标及诸影响因素的分析，找出它们之间的统计规律性，建立回归方程来进行预测的一种定量预测方法。

回归预测法能具体分析预测目标的主要影响因素，并能对模式的合理性和预测的可信度进行统计检验，是比较科学的预测方法。但是，回归预测法需要大量的历史和现实资料，资料的获取比较困难；同时，在实际预测中，计算比较复杂，一般用于精度要求较高的预测。一般营销单位掌握使用方法即可。

回归预测法依据影响因素的多少而分为一元回归和多元回归；又依回归方程性质的不同而分为线性回归和非线性回归，对于非线性回归通常经过数学变换化为线性回归处理。在市场预测中运用最广的是一元线性回归预测。一元线性回归是处理两个变量线性关系的一种预测方法，它简单易行，用途较广。

一元线性回归法的预测公式为：

$$y = a + bx \tag{4.9}$$

式中 y——预测值（因变量）；

a,b——回归系数（a 为回归线的截距，b 为斜率）；

x——影响因素（自变量）。

运用最小二乘法，求得回归系数 a,b

$$a = y - bx$$

$$b = \frac{xy - \bar{x}g \quad y_i}{x^2 - \bar{x}g \quad x}$$

式中 x,y——已知的实际值。

回归系数求出后，代入公式 $y = a + bx$ 进行预测计算。

例：我国中部某中等城市人均年收入与小排量微型车销售统计资料见表4.2，试预测年销售量。

表4.2 某中等城市人均收入与小排量微型车销售统计表

年 度	1	2	3	4	5
人均年收入/千元	3	4	5	6	7
小排量微车销售/千台	8	10	9	13	15

解：首先计算回归系数 a,b

x 代表人均年收入额，y 代表小排量汽车年均销量

消费品年销售量计算数见表4.3。

表 4.3　消费品年销售量计算表

年　度	人均年收入/千元	年销量/千台	计　算	
			xy	x^2
1	3	8	24	9
2	4	10	40	16
3	5	9	45	25
4	6	13	78	36
5	7	15	105	49
合计	25	55	292	135

$$\bar{x} = \frac{25}{5} = 5, \bar{y} = \frac{55}{5} = 11$$

$$b = \frac{292 - 5 \times 55}{135 - 5 \times 25} = 1.7$$

$$a = 11 - 1.7 \times 5 = 2.5$$

代入线性方程

$$y = 2.5 + 1.7x$$

当该市年均收入达到 x 为 8 000 元时，小排量微车年销售的预期值为：

$$y = (2.5 + 1.7 \times 8) \text{万辆} = 16.1 \text{万辆}$$

以上介绍了汽车市场定量预测中的两种 5 个常用方法，另外的计算预测模型由于数据取值繁杂，很少运用，即使使用也因数据的不完整，计算结果误差较大，这里就不一一介绍了。

在实际运用中，上述各种方法各有优点和不足之处，要想取得较为符合实际的预测结果，应注意把握以下两点：

一是把各种有效的预测方法组合起来（即先结合，后比较）使用；

二是对实际值和预测值进行系统、多元比较，对今年采用方法进行筛选，在组合中学会“加权”，从中摸索出一套科学和适用的预测方法。

思考题

1. 试述市场营销信息系统的作用及组成。
2. 市场调研有何作用？它有哪些类型？
3. 市场营销调查的方法有哪几种？
4. 如何科学地进行市场需求预测？

第5章　市场细分与目标市场

学习要点

1. 理解目标市场的 STP 战略。目标市场的营销包含三个部分，即市场细分（Segmenting）、目标市场选择（Targeting）、市场定位（Positioning），所以称为 STP 战略。

2. 市场营销的目的是让不同用户、不同的需求得到满足。为此，必须了解市场细分的概念、作用、细分变量及细分方法和步骤。

3. 掌握目标市场的选择和如何进行市场定位。

4. 学会分析市场竞争因素及采取相应对策。

5.1　市场细分

汽车市场实施 STP 营销，即市场细分化、目标化和定位，是实施企业营销战略的前提所在，其中市场细分是基础。

5.1.1　市场细分和细分市场的概念

市场细分概念是美国市场营销学者温德尔·斯密斯在 20 世纪 50 年代发表的《市场营销策略中的产品差异化与市场细分》一文中首先提出的。

1. 市场细分概念

(1)市场细分，是根据市场需求的多样性和购买行为的差异性，把整个市场分解(或划分)成若干符合逻辑的具有某种相似特征的用户群。

(2)市场细分的概念应明确两点：

①市场细分是根据需求的差异性为主要基准进行的；

②市场细分是按满足用户的需求来划分的，而不是按产品来划分的。

(3)市场细分的目的是让营销人员调整营销组合来满足一个或多个细分市场的需求。

2. 细分市场

(1)细分市场，是按一个或多个共同特征，将具有相似的产品需求的个人或组织划分成的群体，这是市场细分的首要目标和工作成果。

(2)细分市场要求依其细分的手段可对应分为三类：

完全无细分⟶没有细分市场

完全市场细分⟶完全细分市场

群级市场细分⟶等级细分市场

营销人员应当注意：当运用更多的特征来细分市场时，那么所获得的需求差别区分精度就越高，但所付出的成本也随着细分市场的增多而成倍递增。若分得太细，细分市场中的用户（个人用户或组织用户）人数就少之甚少，不利于开展经营活动。

3. 市场细分的依据和可形成细分市场的条件

(1)消费者市场细分的依据

地理位置细分——按地理区域、市场容量、市场密度或气候细分。其中：市场密度是指在单位面积（例如一个人口统计区域）土地上的人口数目。

人口特点细分——按人口统计的年龄、性别、收入、种族及家庭生命周期等变量细分。其中：家庭生命周期是指由年龄组合、婚姻状况和是否有孩子在身边所决定的一系列阶段。

消费者心理细分——以消费者的个性、购买动机、生活方式和地理人口统计为变量所做的市场细分。其中：地理人口统计的意思是指将潜在的消费者按居民区生活方式归类，它把地理的、人口统计学的和生活方式的细分归结到一起。

消费的购买行为细分——所谓购买行为细分，就是按照消费者的消费行为来细分市场。消费行为变量包括购买时机、购买频率、消费规模、利益偏好、市场进入程度、对品牌的忠诚程度等。行为变量是建立细分市场的最佳起点。

根据消费者的购买和使用时机细分市场，可以扩大生产销售。例如，“春节”“五一”和“国庆”长假时，汽车的需求量比平时大得多，汽车销售公司和租赁公司应该在这个时间增加广告投放，进行优惠促销活动等。其中要把握好以下三个方面：

①使用率细分，根据购买量和消费量来划分。根据使用率细分市场，要遵循 80/20 原则，即所有消费者中的 20% 能产生 80% 的需求。

②品牌偏爱细分，根据消费者对某种品牌的忠诚程度，可把所用消费者划分为几个消费者群：

第一类，坚定忠诚者。这类消费者只偏爱某一种品牌，任何时候都只购买该品牌产品。

第二类，适度忠诚者。这类消费者总是在几个品牌中选购商品。

第三类，非品牌忠诚者。这类消费者购买商品时不注重品牌，而是依据其他因素决定购买。

根据消费者对品牌的忠诚程度细分市场，有利于企业做出正确的营销策略，改进市场营销管理工作。对于单一品牌忠诚者、几种品牌忠诚者占较大比重的市场，其他企业很难进入，即使已进入，再想提高市场占有率也很困难。因此，企业应该从非品牌忠诚者占多数的市场入手，创新产品，在充分调研的基础上，改进产品使其尽量适应这些非品牌忠诚者的购买习惯和消费心理，加强促销宣传，吸引这部分顾客转变态度，力争使其成为本企业品牌的忠诚者，提高市场占有率。

③利益细分，即按照产品本身所具有的效用、给购买者带来的特定利益细分市场，而不以消费者自身的特点为依据。因为消费者在确定购物目的（或追求利益）后，选购商品

时就会“取长舍短”,针对商品符合自己追求的利益的某种特性来决定购买。

(2)组织机构(业务)市场细分的依据

组织机构(业务)市场由四个大的细分市场来组成:生产者市场、中间商市场、事业单位市场和政府机构市场。

其市场细分变量可以分为宏观细分变量和微观细分变量。

①宏观细分,指按照总体特征(如地理位置、消费者类型、客户规模和产品用途)细分组织机构(业务)市场的过程。

②微观细分,指在宏观细分市场中按决策单位的特点、权衡购买标准、购买重要性和购买决策者的决策特征等划分组织机构(业务)市场的过程。

(3)市场细分可形成细分市场的条件

①可衡量性,是指细分出来的市场范围应当比较清晰;市场容量的大小可以大致判断;顾客特征和购买力大小等有关资料均能够通过市场调研、分析及其他方式获得。为此,需要恰当地选择市场细分变量,这些变量应当是可以识别和衡量的。

②可进入性,是指细分后的市场,应是企业靠现有的人力、物力、购力能够开发或挤占的市场。主要表现在三个方面:一是企业具有进入这些细分市场的能力和竞争能力;二是企业能够通过一定的广告媒体把产品信息传递给该市场的消费者;三是企业的产品能够通过一定的渠道抵达该市场。

③可营利性,是指细分市场有适当的规模和现实与潜在的需求,有一定的市场容量和购买力,足以使企业有利可图,能够实现预期的经济效益,使企业有一定的发展潜力。例如,20 世纪 50 年代,福特公司针对中档车市场推出“埃泽尔”车,仅仅两年时间就被迫停产,共销售不到 11 万辆,损失 2 亿多美元。“埃泽尔”车失败的原因很多,其中有两点和细分市场选择失误有关:一是福特公司设计“埃泽尔”车时,中档车还有很大市场,但到 1957 年投放时,中档车市场已经趋于饱和并进入衰退期;二是由于中档车市场的竞争激烈,除了本国竞争者之外,还受到进口汽车的冲击。

④稳定性。各个细分市场的特征,在一定时期内能够保持不变,才有利于企业制订较长期的市场营销策略。然而,这种稳定性是相对的、暂时的,企业应根据客观条件的变化相应地调整自己的市场营销策略。

5.1.2 市场细分的作用

市场细分是目标市场营销三部曲(市场细分,选择目标市场,产品定位)的关键一步。市场细分对于企业改善经营管理、提高经济效益,更加针对性地服务用户、争取用户,具有重要作用,体现在下面六个“有利于”:

1. 有利用企业发展市场机会,确定目标市场

市场细分为企业带来的最主要的好处就是有利于企业分析、研究市场,从而选择目标市场。市场经济条件下,企业经营面临着机遇与风险。市场机会的实质是指市场上客观存在的未被满足或未被充分满足的市场。在任何社会经济制度下,在任何一个市场上都经常存在着一些市场机会。企业通过市场细分,可以了解各个不同的消费群的需求状况以及这种需求得到满足的程度,并从中寻找有利的市场机会。通过对各种市场机会的评价，选择那些与企业的任务、目标、资源条件等相匹配且与竞争者相比有较大优势，能产生最大“差别利益”的市场机会作为企业的“切入点”，也就是确定出企业的目标市场。因此，企业应密切注视目标市场上需求满足程度的变化，在适当时机通过市场细分确定新的目标市场或在原有市场基础上开辟新的目标市场。

2. 有利于中小企业开发和占领市场

市场细分为中小企业开发和占领市场提供了机会。就我国的国情而言，中小企业数量多，资金有限，实力不足，不宜在整个或较大的市场上与实力雄厚的大型企业竞争。但如果能认真研究市场需求，分析市场，总是可以在浩瀚的大海中找到绿洲岛屿的，这些市场可能未被大企业发现或未予重视。小企业应该采取“拾遗补阙”的战术，采用“新、特、精”的策略，确立起相对优势，在日益激烈的竞争中求得生存和发展。

3. 有利于企业的营销规划和调整营销策略

通过市场细分，企业在制订营销规划时，就可以避免盲目性，具有针对性地设计和开发新的产品或服务项目，制订价格，选择最优的渠道和促销手段，避免不必要的损失和浪费。市场细分还有利于企业调整营销策略。一般来说，企业为整体市场提供单一服务，制订统一的营销策略比较简单易行，但因其覆盖面大，信息反馈迟缓，故对市场情况变化所做出的反应不够敏捷。市场细分后，由于为需求不同的消费者提供不同服务，制订不同的销售策略，因而企业能比较容易地察觉和估计顾客的反应，一旦市场情况发生变化，企业可灵敏地做出反应。

4. 有利于企业提高经济效益

通过市场细分，企业选定了目标市场可以集中使用人力、财力、物力，为目标市场服务，把有限的资源用于能产生最大效益的地方，也增强了企业在目标市场上的竞争能力。企业针对目标市场进行生产和经营，既满足了顾客的需求，也加快了商品的流通。在顾客群的需求不断得到满足的过程中，企业的经济效益也能不断得到提高。

5. 有利于企业满足市场的潜在需要，开发新产品

在市场细分的基础上，企业可以掌握不同市场消费者需求的满足程度及变化情况，发现潜在需要，开发新产品，开拓新市场。

6. 有利于增进社会效益，推动社会进步

由于市场营销理论的广泛应用，越来越多的企业实现市场细分化策略，尚未满足的消费需求就会逐步成为一个又一个的市场机会，即目标市场。这样，就刺激新的产品、新的服务不断“闪亮登场”，产品品种规格不断在市场上“鱼贯而入”，既扩大了用户的选择余地，又推动了产业的技术进步。近几年，我国轿车大量上市就证明了这一点。

5.1.3 市场细分的程序

为有效细分市场，市场营销人员应该了解和掌握细分市场的操作程序。市场细分的一般程序归纳起来，主要包括以下几个步骤。

第一步，根据市场需求确定市场范围。

企业在确定了企业任务和企业目标后，便要根据企业产品可能适用的范围，确定需要深入研究的消费对象的范围。这个范围就是市场细分的对象。市场范围应根据市场需求来确定。

第二步，列举潜在需求者的基本要求，确定市场细分的标准和变量。

企业确定了市场细分的对象后，企业的市场营销人员应从不同的“细分变量”出发，通过“头脑风暴法”，全面分析并列举出潜在的顾客需求。因为这些是以后深入分析研究的基本资料和依据。同时，选择最有可能导致顾客需求出现差异的因素作为市场细分的标准和变量。

第三步，分析潜在需求者的不同需求，初步细分市场。

进一步通过调查研究，收集有关顾客的背景材料和实际需求动态数据。然后，进行初步细分。

第四步，分析潜在需求者的共同需求，筛选出最能发挥企业优势的细分市场。

共同需求虽然很重要，但它不能作为细分市场的依据，只能作为企业制订市场营销组合策略的参考。共同需求，是企业无论选择哪些分市场作为目标市场时都必须使之得到满足的，它是企业产品决策的重要依据。

第五步，进一步认识各细分市场的特点，评价和检查细分结果。

现在，企业还应对各细分市场的需求及其行为作进一步的深入考察，确定各分市场是否存在显著的差异性，分析判断原来的细分标准是否合适。各市场的特点哪些已知，还需要对哪些特点进一步分析研究，从而确定有无必要进一步细分或将某些分市场加以合并。了解每个分市场的特点，有助于对市场进行细分和目标市场的选择。

第六步，测定不同细分市场的规格和性质。

要使细分市场对企业是有效的，就必须使企业选定的分市场具有规模效益性。因此，还要测量出每个分市场潜在顾客的数量与购买力、营利能力、竞争状况和发展趋势。如果说前面的步骤是根据潜在消费者需求的差异性细分市场并作定性分析的话，那么这一步便是对各分市场上消费者的不同需求进行定量的分析。

经过以上几个步骤，企业便完成了市场的细分。企业可以根据自身的实际情况，确定目标市场并制订和实施相应的目标市场战略，制订适合目标市场需求的市场营销组合策略，更好地为目标市场服务。

5.2 目标市场及其选择

不论是汽车及零部件生产企业还是汽车与配件经营企业，其营销活动总是围绕目标市场展开的。在市场细分的基础上，选择和确定目标市场是制订营销战略的首要任务和基本出发点。

5.2.1 目标市场的概念

1. 定义

目标市场是指企业营销活动所要满足的有相似需要的消费者群，也就是企业为现实的和潜在的需求，开拓决定要进入的市场。

2. 评估细分市场

目标市场营销战略是市场经济条件下，企业主要采用的市场营销战略。实施目标市场营销战略必须以市场细分为前提，这是充分必要条件。只有对各细分市场进行研究、测算、比较和评估后，才能做出选择，然后制订相应的营销战略。

评估细分市场要把握三条：

一是可选择的细分市场的市场规模和增长潜力；

二是市场的吸引力（从而考虑有可能进入的竞争对手的数量）；

三是企业自身的经营目标和资源条件。

以上三条，缺一不可。

5.2.2 可供选择的目标市场模式

1. 产品与市场集中模式

图 5.1 是一种典型的集中化模式。不论从产品角度还是从市场角度看，企业的目标市场都集中在一个细分市场上，企业只提供一种产品，供应某一消费群，实行密集化市场营销。产品与市场集中模式使企业能够集中力量，因而可能在一个分市场上有较高的市场占有率，以替代在较大市场上的较小占有率。这是规模较小的企业和新兴的企业常采用这种策略。细分市场选择恰当，可获得较高的投资收益。但是，这种模式风险较大，由于目标市场范围狭窄，一旦市场情况突然变化，出现价格下跌，或者出现了强有力的竞争对手等，企业就可能陷入被动。

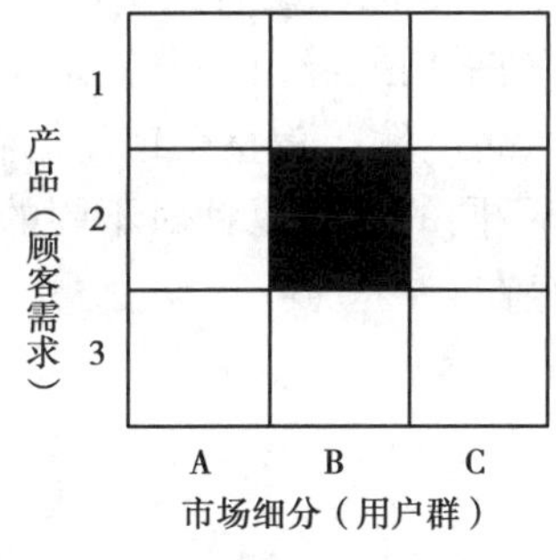

图 5.1 产品与市场集中模式

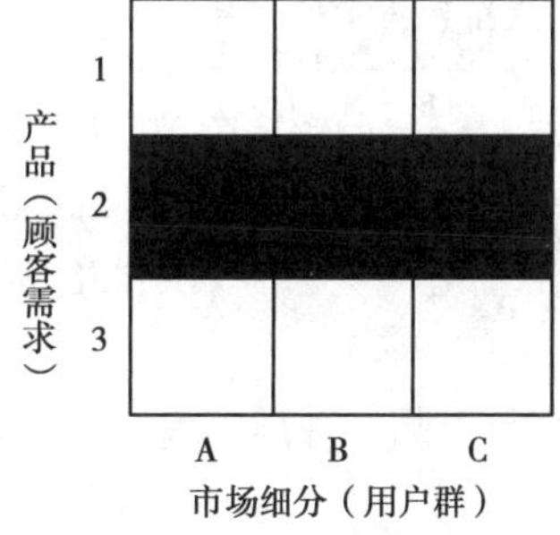

图 5.2 产品专业化模式

2. 产品专业化模式

企业只提供一种产品，向各类顾客或用户服务，如图 5.2 中“2”系列。例如，某内燃机厂生产的 459 甲醇燃料发动机同时提供给省内各甲醇汽车示范运营企业，以及定点的零配件维修站。这种模式，不仅可以分散企业风险，有利于生产能力的充分利用，而且可以在某种产品方面树立起很高的声誉。当然，如果这一领域出现很强的市场竞争，企业就会出现经营上的困难。

3. 市场专业化模式

企业面对同一顾客群，提供他们所需要的各种产品。这种模式（图 5.3），也可以分散风险，降低交易成本，并在这一类顾客中树立良好的声誉。例如北汽福田生产的系列农用车面向“三农”市场效益颇丰。

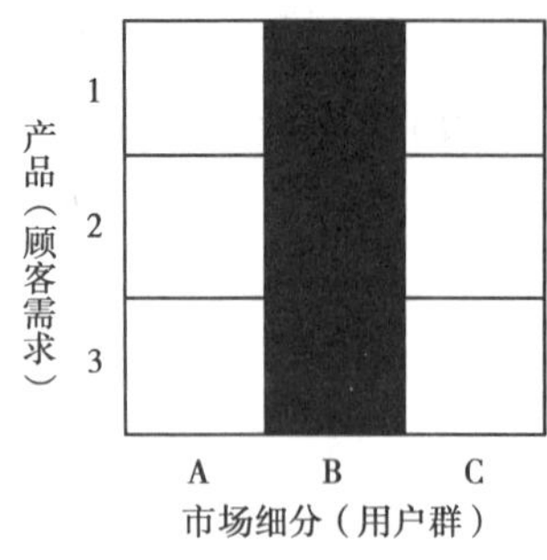

图 5.3　市场专业化模式

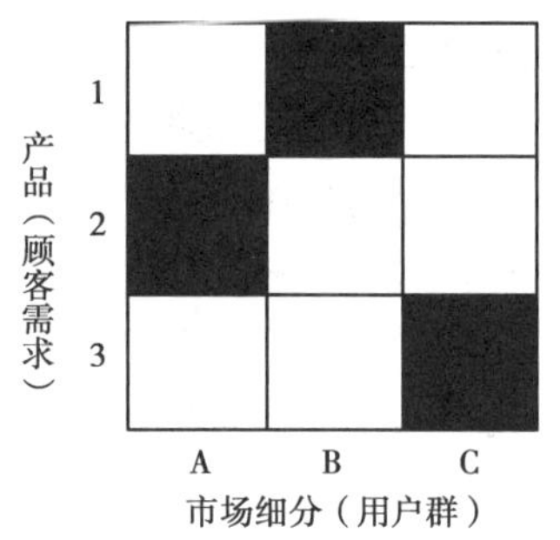

图 5.4　选择性专业化模式

4. 选择性专业化模式

如图 5.4 所示，企业结合自身特点选择若干个分市场为目标市场。其中每个分市场都能提供有吸引力的市场机会，但彼此之间没有任何联系，实际上就是一种多角化的经营模式，是集中化模式的扩展，它可以较好地分散企业风险，即所谓“东方不亮，西方亮”。现实当中，很多企业实行这种模式的经营战略。这种类型的目标市场往往是一种市场机会增长战略的产物。

5. 全面进入模式

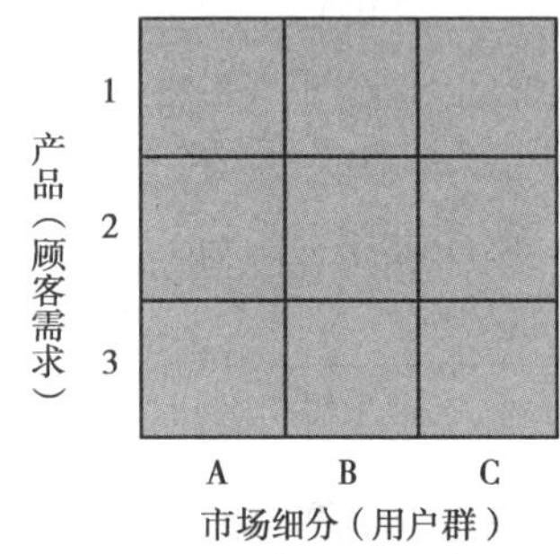

图 5.5　全面进入模式

如图 5.5 所示，企业为所有细分子市场生产各种不同的产品，分别满足各类顾客的不同需求，以期覆盖整个市场。很多实力较强的大型公司采用这种模式，这也是为谋求市场领导地位的大公司采取的策略。这种模式，通常可以通过无差异市场策略和差异性市场策略相结合来实现。

跨国著名大公司多是采用差异市场营销来实现完全市场覆盖的，这些企业的产品虽然覆盖整个市场的各个方面，但每一系列的产品都有不同的型号以针对不同的消费者需求，目标市场选择仍然存在。

5.2.3　目标市场选择过程

目标市场的选择，一般要经历三个层次的分析。

第一个层次：整体市场分析，即上节选择模式中所讲，将汽车产品分为：(1,2,3)高档、中档、经济型，按消费者收入(A,B,C)高、中、低，整个汽车市场被划分成 9 个单元。从五种模式中进行初选。

第二个层次：对细分市场进行比较性分析。

第三个层次：市场营销组合与企业成本分析。用以选择拟采用促销/分销组合。

能否正确地选择目标市场，对经营能否成功关系极大。例如，20 世纪中期全球能源危机期间，日本汽车公司开始时以美国普通汽车市场为目标市场，但连遭失败。经过重新分析市场，发现普通汽车市场已经饱和，竞争非常激烈，很难再挤入。而在实用化的节油和小型汽车市场上，美国消费者的需求远未满足，最后选定了实用化节油型汽车作为目标市场，设计了省油、轻便、耐用，适合美国人身材的小型汽车，成功地进入了美国汽车市场。

进行市场细分并选择目标市场的有效方法:产品——市场方格图分析法,如图5.6所示。

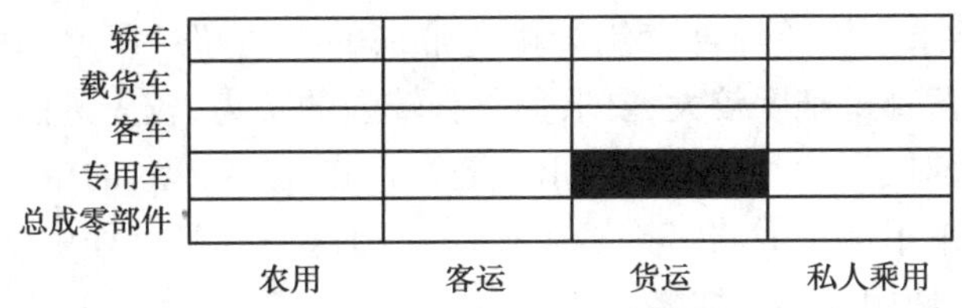

图5.6　产品——市场方格图分析法

我国中北部某省汽车制造厂在做"十一五"发展规划时,通过市场调研和分析,根据产品类型和用途把整个汽车市场细分为20个子市场。企业根据这20个细分市场的需求特点和企业自身的能力,确定最有利的细分市场为"专用车——货运"市场。(图中:横格代表细分市场类别,纵格代表经营商品类型)。

5.2.4　确定目标市场的战略

通过市场细分,可以从比较中发现一些理想的市场机会,这就为目标市场营销创造了选择市场的条件。企业决定选择哪些细分市场为目标市场,实际上就是它能进入哪些目标市场的战略,可供企业选择的目标市场战略有以下三种(框图5.7)。

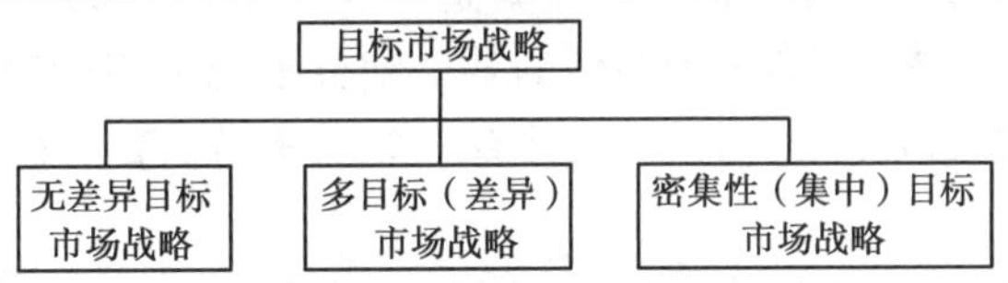

图5.7　目标市场战略

1. 无差异目标市场战略

企业把整个市场看成一个同质性的大市场,对各个子市场不加区别地同等对待。针对消费者的共同需求,向市场推出单一的标准化产品,采用单一的市场营销组合。比如过去计划经济期间,一汽和东风生产的解放牌和东风牌货车,基本上都是5吨载货车,品种单一、颜色单调,价格也很死板。

这一战略的优点是企业通过大规模的生产、储运销售,降低成本,节约营销费用来实现的。在同质市场上运用该策略是合理可行的。但是,这种营销策略难以满足日趋多样化的消费者需求,面对市场的频繁变化明显缺少弹性。当众多企业推行无差异市场战略时,往往会形成整体市场竞争激烈而某些细分市场上的需求却得不到满足的局面,市场营销环境冷背,这对企业和消费者都是不利的。此外,这种企业往往容易受到竞争对手有针对性攻势的伤害。

2. 差异性市场战略

差异性市场战略,又称多目标市场战略,即在市场细分的基础上,企业选择两个以上乃至全部细分市场作为自己的目标市场,并为每个选定的细分市场制订不同的市场营销组合策划方案,多方位地开展有针对性的、十分活跃的营销活动。

采用这种营销战略,其优点在于:第一,营销的针对性较强,营销活动易于收到较好的效果;第二,选择两个以上目标市场,还可以使企业取得连带优势,提高企业的知名度。但是,实行差异性营销策略,由于产品品种多,采用多种营销战略也必然增加销售费用,易导致成本增大,因此要求实施差异性营销策略所带来的收益超过所增加的成本和费用。差异性市场营销的经营管理难度较大,要求企业有较强的实力、较先进的管理水平和素质较高的经营管理人员,对于一些处于成长期的资金不足、技术薄弱的中小企业来说,应慎重考虑后再决定是否采用这一战略。许多企业在采用这一战略过程中,会适当减少某些市场营销组合,并适当使用反细分战略。

3.密集性市场战略

密集性市场战略又称产品——市场集中战略,即企业集中所有力量,以一个细分市场作为目标市场,采用一种市场营销组合,提供一种产品的战略。

采用这一战略的企业也是着眼于消费需求的差异性,但其目标不是整个市场,而是将资源和精力集中在一个细分市场。在这个细分市场上,利用有限的资金和力量,向纵深发展,追求较高的市场占有率。例如保时捷公司主要生产跑车。集中性市场营销战略的优点是有利于企业集中力量对消费者的需求有更深入的了解,能及时得到反馈信息,便于企业制订正确的营销组合决策,提供最佳产品和服务,增强企业的竞争力。另外,采用集中性市场营销,实行专业化的生产和销售,可以节省营销费用,加快资金流转,增加营利。但采用这种战略往往风险较大,如果该目标市场突然发生需求变化或出现强大的竞争者,企业就会陷入困境。因而,集中性营销战略主要适用于资源薄弱的小企业,他们可以“见缝插针”地在一些大企业不参与、竞争不激烈的某个细分市场上集中使用有限的人力、物力、财力,以较少的投入尽快取得较大的收益,并有可能因满足消费者的特定需求而提高企业或产品的知名度。

三种目标市场战略各有优缺点,分别适用不同的企业和市场条件。生产企业如何选择适合本企业产品销售的市场战略,是一项复杂的系统工程,应综合考虑企业内外部环境因素。企业在选择市场策略时通常要考虑以下一些因素:

(1)企业的资源和能力。如果企业资源丰富、实力雄厚,可以考虑采用无差异市场营销或差异性市场营销策略;反之,企业实力较弱,难以有效地拓展整个市场,则宜于选择密集性市场营销策略。

(2)市场的同质性。所有购买者爱好相似,每一时期的购买量相近,对市场营销刺激的反应亦相同的情况下,企业可采用无差异性市场策略;反之,则选用差异性市场策略和密集型市场策略。

(3)市场供求趋势。如果某种产品在未来一段时期内供不应求,出现卖方市场形态,消费者的选择性大为弱化,这时应该采用无差异性市场策略。

(4)竞争对手采取的市场策略。企业采取何种目标市场策略,往往视竞争对手的情况而定。如果竞争对手采用无差异性市场策略,则企业应采取差异性策略,利用差别优势与之对抗。如果竞争对手也采用了差异性市场策略,则企业应采用密集性市场策略与之较量。

(5)产品生命周期。对于处在不同阶段的产品,要相应地采取不同的目标市场营销策略,处于导入期和生产期前期的产品,由于竞争者较少或无竞争,并且企业也很难同时推出多种产品,此时宜于采用无差异性市场营销策略;或集中力量服务于某一个细分市场,实行密集性市场营销策略。当产品进入成长后期或成熟期,竞争日趋激烈,此时企业则应采取差异性市场策略,以开拓新市场;或采用密集性市场营销策略,稳固产品的市场地位,延长产品的生命周期。

5.3 市场定位

企业在选定了目标市场和差异化战略后,就要在目标市场上对其产品进行市场定位。市场定位是企业营销战略的重要组成部分,它直接关系到产品在消费者心目中的形象和地位。市场定位实际上是一种心理效应。

市场定位(Market Positioning)是20世纪70年代由美国学者阿尔·赖斯提出的一个重要的营销学概念。所谓市场定位是指企业勾画企业形象和所提供的价值,以便目标顾客理解和认识本公司有别于其竞争者的形象的行为。企业应结合自己的实力、产品及其他优势条件,综合分析,确立定位战略。只要不是采用完全市场覆盖的战略,就需要为产品进行市场定位,市场定位是在完成市场细分的基础上进行的。

在市场营销过程中,市场定位离不开产品和竞争。因此市场定位、产品定位与竞争性定位三个概念经常交替使用。三个术语在实质上,是从不同角度认识同一事物。一般来说,市场定位强调的是企业在满足市场需要方面,与竞争者比较,应当处于什么位置,使顾客产生何种印象和认识;产品定位是就产品属性而言,企业与竞争对手的现有产品,应在目标市场各自处于什么位置;竞争性定位则突出在目标市场上,和竞争者的产品相比较,企业应当提供何种具有比较优势的特色产品。

市场定位不仅是指产品定位,而且包含企业形象设计,这是市场定位的新的重要内容。

随着定位理论和实践的发展,人们逐渐认识到,只局限于产品定位是远远不够的,还应注意在目标顾客头脑中确立企业的良好形象,即进行企业形象设计。产品定位的目的是提高企业的竞争能力。而随着科学技术的进步,产品的同质性加大;随着经济发展和人民生活水平的提高,产品价格不再是消费者做出购买决策的决定性因素;随着需求层次的提高,消费者更追求心理上的满足,在这种情况下,仅靠产品或劳务的定位不能达到提高企业竞争能力的目的。一个企业所树立的良好形象一旦为社会公众所接受和认同,企业及其所有产品(劳务)也就为社会公众所信赖。许多企业认识到了企业形象在市场竞争中的重要作用,将良好的企业形象视作宝贵的无形资产。例如我国第一汽车集团企业形象价值大约92亿元,德国奔驰品牌的无形资产估计210亿美元。

市场定位是现代市场学的一个十分重要的概念,受到业界人士的高度重视,并得到广泛应用。

5.3.1 市场定位方式

市场定位是一种竞争策略,它反映了不同汽车企业间的竞争关系。定位方式不同,反

映营销对策不同。一般来说,通常有以下三种定位方式:

1. 避强定位

这是一种避实就虚,抢占市场空隙或薄弱环节的定位方法。企业着重发展汽车市场上没有的或竞争很小的产品类型,开拓新的领域,因此能够迅速在市场上立足,并能在消费者心目中树立一定的形象。这种定位方法风险小,成功率高,如安徽奇瑞、浙江吉利等这些后起之秀的汽车企业,在起步之初为了能够迅速在汽车市场上占有一席之地,他们选择的目标市场是普通工薪阶层,他们推出的是价格低廉、经济型轿车。

2. 迎头定位

这是一种以强对强的市场定位方法。由于与竞争对手对着干,所以这种方法存在风险,企业必须做到知己知彼,应该考虑市场容量,考虑自己是否拥有比竞争者更多的资源和能力,考虑自己的产品和服务是否具有特色和比较优势,是否可以比竞争对手做得更好。例如丰田公司的设计者和工程师开发的"凌志"轿车向梅赛德斯发起了争夺高端轿车市场的正面攻击,这就属于迎头定位策略,这种方法能够激励企业以较高的目标要求自己,奋发向上,一旦成功就能取得巨大的市场份额。

3. 重新定位

当企业产品出现滞销、市场反应迟钝等现象,或第一次定位不准确时,就需对产品进行第二次定位。在很多场合,重新定位能使企业摆脱困境,走出低谷。南京汽车集团曾经推出几款"英格尔"微型轿车,由于该产品的质量、性能、价格不能被消费者所接受,没有能够在轿车市场上站稳脚跟。后来,南汽集团又与菲亚特公司合作生产"派立奥"中、低档轿车,并获得初步成功。

5.3.2 市场定位的步骤

第一步,调查研究影响定位的因素,确立产品特色。

确立产品特色是市场地位的出发点。要调查了解市场上竞争者的地位如何?他们提供的产品或服务有什么特点?要调查研究顾客对某类产品各属性的重视程度,目标市场的需求是什么?他们的需要满足得如何?必须认定目标顾客认为能够满足自身需要的产品特征。要考虑企业自身的条件,能否满足目标市场的需求?

综合考虑这些因素,企业可以明确自身要确立的产品特色。

第二步,选择相对竞争优势,树立市场形象。

企业通过与竞争者在产品、成本、服务等方面的对比分析,明确自己的长处和不足。发挥企业的独特优势,树立鲜明的市场形象,积极主动而又巧妙地与顾客沟通,求得顾客的认同。市场定位的成功直接反映在顾客对企业及其产品所持的态度和看法上。

第三步,巩固企业的市场形象。

由于竞争者的干扰,市场形势的变化,顾客对企业的认识不是一成不变的。企业必须采取一定的措施巩固企业在消费者心目中的地位。顾客对企业的市场地位及其形成的认识是一个由浅入深、由表及里的过程,通过强化顾客对企业的认识,增进对企业的了解。促使顾客的认识与企业的市场地位保持同步,使企业与顾客之间始终保持沟通的状态。还应不断向顾客提供新的数据、新的观点,证实其原有的认识和看法的正确性,防止态度的转变。引导顾客的感情倾向,加深顾客对企业及其市场地位的认同,提高顾客对企业的感情效能。

准确的市场定位还应该注意公众传播的适度和清晰,避免出现以下三种情况,带来不必要的负面效应,给企业形象和经营效果造成不利影响。

档次过低——不能显现企业特色。例如面向高级轿车的汽车内饰件就不能和出租车的内饰件混用。

档次过高——目标市场和产品、企业力求相当。例如,农用车讲究经济、耐用,如果配置档次较高则没有市场。

混淆不清——在公众中没能形成统一明确的认识,这种混乱可能是由于主题太多,也可能是由于产品地位变化太频繁所导致。

5.3.3 市场定位依据的变量要素(图 5.8)

营销者可运用以上变量要素进行市场定位。其中有两个要点要注意:其一,针对竞争对手的市场定位是任何市场定位战略的组成部分;其二,一个企业同时运用多个定位变量是可行的。

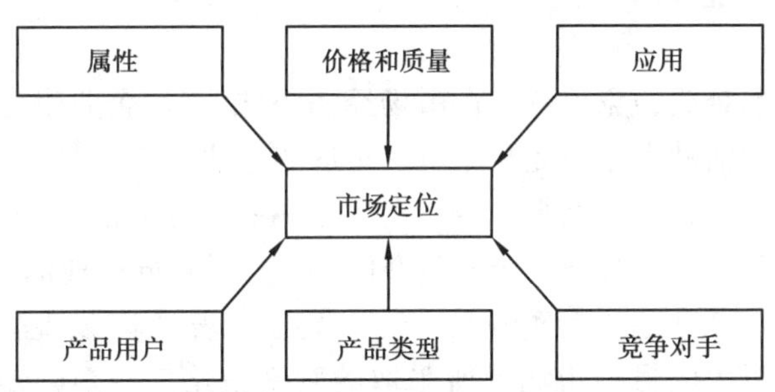

图 5.8 市场定位依据的变量要素

5.3.4 市场定位评估

企业确立了自己的市场位置后,应通过营销实践对所做的市场定位进行评价,以检验其是否科学可行。

一般来讲,成功的市场定位应符合以下要求:定位应当有实际意义(促进企业经营指标的优化);定位应当令人信服(消费者得到实惠);定位必须独一无二(体现自身特色和比较优势)。

企业应当在既定的目标市场上,不断发现和巩固能持续保持领先地位的市场定位。市场上存在许多不同的差异化方法能使企业成为领先者。市场定位毫无疑义应该主要从消费者的角度为主衡量,但由于定位的变量有多种,比如竞争对手,因此在制订定位战略时,应综合考虑企业自身、竞争对手和目标顾客等要素,这样做出的市场定位才比较切合实际。

5.4 市场营销竞争的战略与策略

战略(Strategy)意为“将军的艺术”,原指军事方面事关全局的重大部署。对企业来说,战略可以简单地理解为企业为了生存和发展,所做的全盘考虑和统筹安排。企业有效地开展经营活动,实现企业经营目标,必须在现代市场营销观念的指导下,针对目标市场的需求,全面考虑影响市场营销的各种因素,制订有效的营销战略,提高企业的竞争能力。

战略和战术是相对应的。如果说战略明确了企业发展的方向,战术则决定由何人、在何时、以何种方式方法,通过何种步骤,将战略付诸实现。战术从属于战略,但可在战略允许的限度内,随环境和条件的变化而相应地变换。

在我国的企业界,人们有时使用“策略”一词分别替代战略或战术,或作为这个概念的总称。

5.4.1 了解和分析企业的竞争对手

首先,辨识谁是本企业的竞争者。在市场经济条件下,对企业生存发展的最大挑战者是竞争对手,市场营销活动则是企业与竞争者角逐的主战场。

狭义上讲,竞争者指在市场上与本企业提供相同的产品和服务,有相似目标市场和产品价格的企业。从广义上看,凡与本企业争夺同一市场的不同行业的企业均被称作竞争对手。我们要用科学的发展观直面现实的竞争对手,善于由表及里,发现潜在的竞争对手。

其次,弄清竞争对手的目标市场及所采取的营销策略。在知己知彼的前提下,客观、全面评估竞争对手的优势和劣势,针对性地制订出正确的竞争目标和竞争策略。

5.4.2 竞争力量分析

竞争是市场经济的普遍性特征。企业作为市场的主体,它的存在和发展离不开竞争。企业竞争环境的范围很广,既有社会的因素又有经济的因素。其中最直接、最关键的环境是企业参与竞争所在的行业。因此,制订企业的营销战略首先必须分析企业的竞争环境。

汽车企业的竞争者主要来自五个方面,即同行业现有竞争力量、潜在的竞争力量、供货者竞争力量、买方竞争力量、替代品竞争力量。

1. 同行业现有竞争力量

包括国内外所有的汽车与零部件生产企业和汽车与配件经销商等。而业内竞争采取的多是诸如价格竞争、广告战、拓展服务领域等战术。一个企业的竞争行动强烈地影响着其他竞争对手,从而触发报复或抵制该项行动的行为。但是,同业之间的关系是在竞争中相互依赖的。影响竞争的主要因素有以下六个方面:

(1)众多或势均力敌的竞争者

当同一行业内的企业数众多时,往往会造成现有企业间的激烈竞争。因为他们很容易相互较量，抢占市场。

(2)行业增长缓慢

当行业处于缓慢增长时期，有限的发展空间使同行业企业的主要精力放在争夺现有市场的占有率上，从而使行业内现有竞争白热化。

(3)高固定成本和库存成本

当一个行业固定成本较高时，企业就希望通过增加产量来降低单位产品中固定成本的分摊。这会造成生产能力过剩，最可能引发价格大战。

(4)产品差异和转换成本的缺乏

产品差异和高转换成本的存在会形成购买者对某些特定销售者的偏好和忠诚，这有助于缓和企业间的竞争。当企业间产品的差异性较小，购买者的转换成本较低时，购买者的选择将是价格和服务，接着会使企业在价格和服务上展开竞争。

(5)追求规模经济

在规模经济支配下，企业必须大量提高产能，而产能的增加会破坏行业的供求平衡。供过于求，必然使企业不断降价销售，结果加剧竞争，甚至出现恶性竞争。

(6)退出障碍

如果行业存在很高的退出障碍，当企业利润较低甚至亏损的时候，也得继续经营下去，从而使现有行业的竞争更加激烈。主要的退出障碍有：专用性高的固定资产（例如：汽车总装线、涂装线、冲压线、焊装线等）；战略关系资源的损失；情感上的障碍；政府政策和金融部门的限制。

2. 潜在的竞争力量

某类产品的新进入企业为行业增加了新的产能，会对本行业的现有市场构成不同程度的威胁。造成威胁的大小取决于“进入壁垒”的高低，“进入壁垒”高则威胁小，一般分四种情况：

第一种，进入壁垒高、退出的壁垒低，新的入侵者很难进入，而经营不善的企业可以安然撤退，新企业对该行业构不成威胁；

第二种，进入和退出的壁垒都高，则市场潜量较大，但往往伴随高风险，使经营不善的企业很难退出；

第三种，进入和退出的壁垒都低，则企业可以进退自如，获得的资金回报较稳定，但是不高；

第四种，进入的壁垒低，退出的壁垒高，在经济繁荣时，大家都蜂拥而入，而在经济萧条时，却很难退出，生产能力过剩，企业和行业效益都会大起大落，汽车与配件行业具有代表性。影响这方面的主要因素有：

①规模经济。规模经济使进入壁垒增高，迫使潜在新企业采取大规模的进入方式并冒着现有企业强烈还击的风险，或者采取小规模进入，就要长期忍受高成本的痛苦。这两种情形对新企业不利。汽车产业就是一种规模经济十分明显的行业，我国的汽车产业政策已明确了各类整车的经济规模的起点。目前，世界上九大汽车巨头年产量都在200万辆以上的规模。

②产品差异。产品差异是指原有企业拥有受到确认的品牌和顾客的忠诚。它是企业通过长期的广告、服务、产品多元化等建立起来的。产品差异所形成的壁垒，迫使新企业

花很大的代价来树立自己的形象和信誉去赢得现有顾客的忠诚，这种投资具有很大的风险。

③资本要求。汽车产业需要大量的资金支持，该行业进入壁垒高。资本需求的原因可能是多方面的，包括厂房设备等固定投资，信贷消费、产品库存等流动资金，以及用于产品开发、广告等方面的经营性资金。

④转换成本。指购买者变换供应者所面临的一次性成本。它包括重新培训业务人员的费用，增加新设备安装新生产线、调整检测新工具等引起的费用，还包括中断原供应关系，重建新供应渠道的心理成本、公关成本、感情成本等。

⑤销售渠道。现有企业的产品供应已伸展到相应的销售渠道，新企业则必须通过价格折让和大量营销推广活动来说服这些销售渠道接受其产品，这种做法显然会减少利润。

⑥政府政策。通过对申请发放许可证的控制及对获取原材料的限制，政府能够提高准入门槛。

3. 供货者竞争力量

包括生产汽车动力、底盘、车身、轮胎、内饰、电子系统等的供应商（亦称配套企业）。作为供应者应该尽量提高自己的讨价还价能力，这样才能在与其他供应者的竞争中处于相对有利的地位。影响的主要因素有：

①行业的集中度。如果本企业在业内的集中度比对方高，就会提高自身的地位，使对方不得不接受自己的成交条件。

②交易量的大小。如果供应商的销量占购买者的购买比例很大，这将会提高供应商的重要性。

③产品差异程度。如果产品的差异化，特别是产品的复杂程度比较高，供应商在交易中就会处于有利地位。

④转化费用的高低。如果供应商供货的货款结算方式、运费减免幅度等有比较优势，就能吸引需方的采购选择。

⑤信息占有情况。充分掌握有关市场需求、价格等方面的信息，就会在较大程度上使自己处于主动的地位。

⑥纵向一体化威胁。如果主机厂已部分向后一体化或形成了可信的向后一体化威胁，就会使供应者处于不利地位。

4. 买方竞争力量

包括汽车经销商、代理商和目标市场的各类用户。决定买方讨价还价能力的因素和影响供应方竞争力的因素基本相同。

5. 替代产品生产竞争力

包括能够代替汽车满足人们出行所需的其他交通工具。行业内的所有企业都在与生产替代品的行业进行着较量，汽车替代品的竞争压力不是来自一种全新的汽车，而是由于科技的发展，汽车的配置、电子技术的应用所出现的变化会对现有的汽车形成竞争压力。替代品的出现往往使本行业产品的价格上限只能处于较低水平，从而限制了本行业的潜在收益。所有企业通过大量促销活动、产品质量的改进、营销努力、提供更大的产品的有效性等措施，可能改善该行业的地位。然而，当一项替代品的发展趋势不可抗拒和不可避免时，完全采取排斥的竞争战略是不明智的，而采取引进吸收，合作共赢的战略才是可取的。

以上对行业结构的分析，目的在于了解企业所在行业的竞争力量及基本情况——即企业的竞争环境，从而通过比较来确定企业的优势与劣势。只有这样，才能确定本企业对各种竞争力量的态度以及要采取的基本对策，从而制订出有效的竞争战略。

企业的营销战略和计划必须对竞争对手有充分的了解，在比较中制订，在竞争中调整，竞争对手的出现可以作为企业的前车之鉴，竞争对手的现状可以作为企业市场定位的依据，竞争企业的发展战略可以作为企业的参考，“知己知彼，百战不殆”。企业需要经常把自己的营销组合要素和促销策略与竞争对手进行比较，这样，企业才能确定竞争优势与劣势，扬长避短，从而使企业能够组织更为准确的市场攻势，以及在受到威胁时能及时做出强有力的反应。

一个企业的竞争范围是非常广泛的，不能只看到眼前最接近的竞争对手，潜在的竞争对手常常会给企业带来更大的威胁。企业最直接的竞争者是那些为相同的目标市场推行相同战略的企业。企业必须辨别出竞争对手的战略及其战略的变化，才能掌握与竞争对手进行市场较量的主动权。

在辨别了企业的主要竞争对手及他们的战略后，还应该能够判定对方的竞争目标。了解竞争对手的目标组合及各部分目标的权重，我们便可了解竞争者对目前的财务状况是否感到满意，对各种类型的竞争性攻击会做出何种反应。

在营销的目标上，美国公司与日本公司有很大不同，美国公司多数按最大限度扩大短期利润的模式来经营，而日本公司主要按最大限度扩大市场份额的模式来经营，他们满足于较低的利润收益。在20世纪70年代全球石油危机之际，以丰田公司为首的日本公司推出经济省油的汽车，并以低价打入美国市场，大举抢占市场份额，是汽车市场营销国际竞争的经典范例。

各个竞争对手能否执行他们的战略和达到其目标，取决于每个竞争对手的资源和能力。企业需要进一步辨认每个竞争对手与企业自身相比的优势与劣势，从中看到竞争对手的弱点和强项，以便企业在竞争中避实就虚。汽车业界有一个典型的例证，即福特公司的“定点赶超”。

福特公司是定点赶超的先驱。20世纪80年代，福特的销售落后于日本和欧洲的汽车商。当时福特的总裁唐·彼得森指示他的工程师和设计师，根据客户认为最重要的400个特征组合成新汽车。丰田的汽车省油，福特就研制相似的省油装置；萨巴的座位最好，福特就复制其座位；如此等等。彼得森进一步要求：他的工程师要成为“比最好的还要好”的工程师。当新汽车（高成功的陶罗车）完成时，彼得森声称：他的工程师已经改进（而不是复制）竞争者汽车的大部分最佳特征。

只凭竞争者的目标、优势和劣势还不足以解释它可能采取的行动以及对诸如削价、加强促销和推出新产品等举动的反应。企业的经营者还需要深入了解竞争对手的心理状态，以求准确预见竞争对手可能做出的反应。在获取充分的竞争信息之后，企业的经营者就能够较为容易地制订竞争战略，并能更好地意识到在市场中可与谁进行有效的竞争。企业还应通过顾客价值分析揭示企业各个竞争对手的相对优势和劣势，以确立企业自身所处的位置。有了顾客的价值分析，企业便可集中它的火力攻击有把握战胜的竞争对手。

5.4.3 基本竞争战略的选择

1. 竞争战略的基本类型

竞争战略的基本类型主要有三种，见图 5.9。

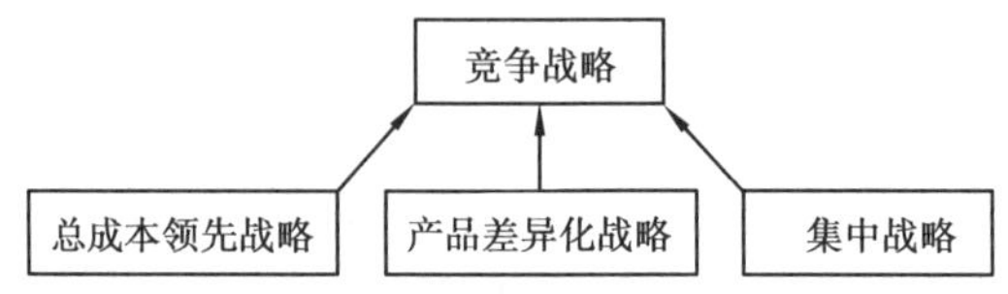

图 5.9 竞争战略的基本类型

(1) 总成本领先战略

选择这种竞争战略的企业，在与竞争对手的博弈中，企业可用降低产品的"成本—价格"，从竞争对手中扩大自己的市场占有率，增加市场份额，因而低成本的企业在同行业中享有竞争优势。在争取供应商的斗争中，由于企业的低成本，相对于竞争对手具有较大的对原材料、零部件价格上涨的承受能力，能够在较大的边际利润范围内承受各种不稳定经济因素所带来的影响。同时，由于低成本企业对原材料或零部件的需求量大，因而为获得廉价的原材料或零部件提供可能，同时也便于和供应商建立稳定的协作关系。在与潜在新进入企业的抗争中，低成本企业由于采取低价格而抬高了进入市场的门槛，使新进入者不易构成对低成本企业的威胁。在与替代品生产者的抗争中，低成本企业可以利用减价的办法，稳定现有用户的需求，使之不被其他产品所替代。当然，如果企业要较长时期地巩固企业现有竞争地位，还必须在产品开发及市场服务上有所创新，不断创新，推陈出新。

从另一个侧面讲，如果企业把过多的注意力集中于低成本战略，可能导致企业用户需求特性和需求趋势的变化，忽视用户对价格敏感性的降低；如果企业拘泥于现有战略的选择，就很有可能被采用产品差异化战略的竞争对手超越和击败；如果企业集中大量投资于现有技术及现有设备，就会对新技术的采用及技术创新反应迟钝行为滞后，陷入战略性被动局面。

实现成本领先战略必须具备以下条件：

①企业必须具备先进的管理模式；

②严格控制一切费用开支，全力以赴地降低成本，用科学的方法，适时、适度、最大限度地减少开发研究、服务、推销、广告及其他一切费用；

③该战略适用于大批量生产的企业，产量要达到经济规模，这样才会有较低成本的空间和裕度；

④有较高的市场占有率，要严格控制产品定价，以此来争取较高的市场份额；

⑤有较高的市场占有率，就有可能赢得较高的利润，以此利润又可重新对先进设备投资，以利于在新的层面上扩大再生产，持续维护成本领先地位。

总成本领先战略对汽车行业中大部生产企业来说十分重要，总成本领先的整车生产企业可以通过降价来提高性价比，以争取更多用户。总成本领先的零部件生产企业可以用低成本的价格，获取更多的配套份额。

(2)产品差异化战略

产品差异化战略即特色经营。这些特色可以表现在产品设计、技术特性、品牌形象、服务内容、销售方式、促销手段等方面,有些方面可获得知识产权的专利保护,在赢得用户青睐的同时,使同行业其他竞争对手,一时难以模仿和照搬。

实行产品差异化战略是利用了用户对其特色的注意和信任,由此对产品价格的敏感程度下降,以便企业避开竞争,在一定时段,特定领域形成独家经营的局面,可保持相对较长的优势地位。实行了产品差异化战略,可以获得较高的利润,以用来对付竞争对手。

产品差异化战略的不足之处是:

①保持产品的差异化往往要以成本的提高为代价,因为实行这种战略要增加研发及设计费用,要用高档的原材料,企业把保持产品经营特色放在第一位,成本降低放在第二位,因此企业产品差异化所取得的利润的一部分或大部分就被产品成本的提高所抵消。

②购买者对差异化产品所需的额外费用是有一定支付极限的,若超过支付极限,低成本低价格产品的企业与高价格差异化产品的企业相比就显示出竞争优势。

③由于特色产品价格较高,很难拥有很大的销售量,因此实施战略后提高市场占有率,须缓慢升温。

(3)集中战略

集中战略的最突出特征是企业专门服务于总体市场的一部分,即对某一细分市场作密集型的经营。这种战略的优点在于企业能够控制一定的产品势力范围,在此势力范围内,其他竞争对手不易与之竞争,故其竞争优势地位较为稳定。

集中战略的经营目标集中,管理简单方便,可以集中使用企业的人、财、物等资源;有条件深入钻研以至精通有关的专门技术;熟悉产品的市场、用户及同行业竞争方面的情况,因此有可能提高企业的实力,争得产品及市场优势;由于生产或经营的专业化,可以实现规模经济效益,降低成本,增加收益。这种战略适用于中小企业。这种市场战略可以以小补大,以专补缺,以精取胜。这方面成功的企业不胜枚举。

然而,集中战略的企业对环境的适应能力差、经营风险大。应当看到市场上大多数产品或迟或早终究要退出市场的,因此采用此战略应当有应变的准备,做好转型的准备工作,可行的办法是在一个企业内分成若干个,分别实施集中战略的经营单位,往往会事半功倍,“东方不亮,西方亮”。

企业选用集中战略要注意防止来自三个方面的威胁,并应采取相应措施维护企业的竞争优势。

①以较大市场为目标的竞争对手,很可能将该目标细分市场纳入其竞争范围,甚至已经在该分市场中竞争,它也可能成为该细分市场的潜在进入者,造成了对企业的威胁。这时选用集中战略的企业要在产品及市场营销等各方面保持和加大其差异性。产品的差异性越大,集中战略的维持力越强。需求者差异性越大,集中战略的维持力也越强。

②选用集中战略的企业要建立防止模仿的机制。另外,目标细分市场的规模也会造成对集中战略的威胁。如果目标细分市场是在一个新兴的、利润不断增长的较大的目标细分市场上采用集中战略,就有可能被其他企业在更为狭窄的目标细分市场上也采用集中战略,开发出更为专业化的产品,从而剥夺了原选用集中战略的企业的竞争优势。

③集中战略的细分市场中由于有替代品出现或消费者偏好发生变化,价值观念更新,

社会政治、经济、法律、文化等环境的变化、技术的突破和创新等多方面的原因引起目标细分市场的替代，导致市场结构性变化，此时集中战略的优势也将随之消失。

2. 从实际出发，选择竞争战略

在具体的市场竞争中，要结合企业产品的市场占有率情况，企业自身的条件，分别采取相应的具体战略。在汽车市场占有率集中的各个产品分类行业中，处于不同规模和地位的企业所追求的战略目标不同，采用的竞争策略也不同。

（1）主导型企业竞争策略

主导型企业一般来说市场的占有率最大，这类企业约占汽车行业总数的40% ~50%。在产品价格变动、新产品开发、产品覆盖能力的变化、销售的选择等方面，起着支配作用。为了维护其统治地位：

①企业应不断寻求产品的新市场，寻找新用途或者刺激原有的消费者群体增加使用量，促进产品的需求量不断增长，扩大市场容量。比如许多汽车厂家通过广告宣传驾车野外出游的乐趣，或者举办各种挑战赛，来吸引消费者购车。

②保护市场份额，防止和抵御其他企业的进攻，关键在于创新，成为本行业新产品构思、顾客服务及成本降低等方面的先驱，从而不断增加其竞争效益和对消费者的价值。

③强化汽车行业的研究开发机构（R&D），增大投资力度。实力雄厚的国际汽车巨头十分重视开发投入，资金投入十分惊人，一般占当年销售额的4%以上。如通用公司自20世纪80年代中期起，每年都拿出50亿美元以上的资金投入到研究开发方面；日本汽车也不示弱，以丰田公司为例，1997年的研发投入就已达到38亿美元，并逐年上升；大众公司在全球范围内建立了研究开发网络，其目的是使整个企业的研究开发活动如同地球围绕太阳转一样，24小时不停地运转进行，实现“日不落”生产开发。这种联合开发的实现，可将整个研究开发的时间缩短1/3。

④加宽产品谱系。为适应世界汽车市场竞争新格局，满足不同层次用户需要，汽车厂商纷纷拓宽市场辐射面。大众公司以生产普通型轿车著称于世，为填补其中、高档车的空当，1997年初，大众开发研制大型豪华轿车。一向以生产高档轿车为主的奥迪公司向下发展开发普通轿车，1997年9月在法兰克福国际汽车博览会上首次展示的奥迪12，就是一个起点。戴姆勒与克莱斯勒的合作，体现出了产品结构的互补性。戴姆勒·奔驰的1.6万马克的微型车SMART对克莱斯勒公司来说是空当，而克莱斯勒的道奇·达柯特、公羊客货两用车在奔驰型谱中也是空当。奔驰汽车也意识到放弃中低档轿车对其生存发展不利，于是与瑞士电子公司合作，在法国设厂生产2个座位，应用于市区的斯马尔微型轿车，1998年投放市场。英国传统大型豪华轿车生产商杰戈娃公司也在国外设厂生产微型小轿车。

⑤扩大市场占有率。通过规模经营，竭力追求行业中最低成本，并以较低的价格销售，把成本节约的好处让渡给顾客。亨利·福特在20世纪20年代推销汽车的战略就是如此。公司提供一个优质产品，收取超出提供高质量产品所花费用的溢价。提高产品质量并不增加公司太多的费用，公司可在较少的报废单、售后服务等方面得到节约，同时由于它的产品十分合乎消费者的需要，消费者愿意支付较高溢价，这就是得到较高利润的基础，克罗斯比在他的《质量是免费的》一书中如是说。但是，扩大市场占有率应该注意引起反垄断的可能性和采用何种营销组合策略的适用性。

(2)挑战型企业竞争策略

这类企业约占汽车行业的25% ~35%,地位仅次于主导型企业,其规模和实力足以向其他企业发起进攻。在市场竞争中,这种企业在战略上具有相当大的主动性。确立战略目标和主攻方向,发现竞争对手的弱点和不足,发挥自己的优势,正确选择竞争策略。如果企业的实力超过竞争对手时,可以采用正面进攻的策略,包括生产与对手相同的产品,开展势均力敌的促销活动,甚至进行价格竞争等。如果竞争对手的防卫非常严密,可以采用迂回进攻的策略:在竞争对手的产品销售情况较差的地区发起进攻;向竞争对手忽视的或服务较差的细分市场发起进攻;也可联合同行业部分企业向共同的对手发起合围进攻。在实践中,挑战者必须把几个特定的战略组成一个总体战略。可用几种特定的进攻战略:价格折扣战略、廉价品战略、名牌商品战略、产品扩散战略、产品创新战略、改进服务战略、分销创新战略、制造成本降低战略、密集广告促销等。加入 WTO 后,面对全球汽车市场激烈的竞争,我国的汽车及零部件生产企业应重点采用产品创新战略,在我国汽车服务贸易领域全方位开放的情况下,汽车与配件经营企业应重点采用改进服务战略和连锁经营战略。

(3)仿制型企业的竞争策略

这类企业约占汽车行业的五分之一左右。为了避免正面持续竞争,防止两败俱伤,多数企业采取追随带头企业或互不干涉的策略,以避免与主导型企业正面发生冲突。同时,由于相当一部分中小企业无力承担在产品创新上所需的大量人力、财力、物力以及相应的市场风险,因此在实际营销活动中,采取追随策略,从事产品仿制和改良,在开发投资少、风险小的产品基础上,获取较高的利润,同时不断发展自己的特色,并保持企业相对有利的竞争地位。

追随策略又可划分为三种类型:

①紧密追随。在企业营销的所有市场范围内,尽可能仿效主导型企业,以借助先行者的优势打开市场并跟着获得一定的份额。

②保持距离追随。在营销策略的主要方面经营跟随主导型企业,而在其他方面发展自己的特色,争取和主导型企业保持一定的差异。

③有选择性追随。根据企业自身条件部分地仿效主导型企业,择优追随。同时在其他方面坚持独创,尽量在别的企业想不到或者做不到的地方争取一席之地。

(4)特色型企业的竞争策略

这类企业在汽车行业中约占一成。在现实营销活动中,利用自身特长去满足特殊的消费者群体。这类企业的竞争策略关键在于专业化产品、精细化营销,由于营销目标和营销力量的相对集中,所实现的产品高度差别化,会使企业具有他人无法轻易仿效的特殊竞争力量。据介绍,美、日、俄罗斯在 20 世纪 70 年代末,专用汽车的产量分别占到普通汽车的 65% ,60% ,46% 。如美国有近千家专用汽车厂,其中约有一半的企业职工不足 20 人,每种专用车的年平均订货水平只有 3 辆。由此看来,生产特种、专用汽车是这类中小企业的出路,全世界现有的专用车已达 200 种,而我国可生产的约 800 种,这就为我国的中小型汽车厂提供了一个重要的市场。但应注意其产品不能是简单的“基本型底盘 + 专用上装”制造模式,必须是“从上装到底盘”均专均特的名副其实的专用汽车。

总之,企业必须搜集充足的信息,对竞争对手做出正确的评价和分析,并结合自身特点采取相应的竞争战略与策略,并不断进行灵活调整。

思考题

1. 什么叫市场细分？市场细分的作用有哪些？
2. 可供企业选择的目标市场战略有哪三种？市场定位通常有哪三种定位方式？
3. 汽车企业的竞争者主要来自哪些方面？
4. 竞争战略的基本类型有哪几种？如何选择合适的竞争战略？

第6章　汽车产品及产品策略

学习要点

1. 产品的开发、生产和经营是企业活动的基本职能,要全面理解产品的整体概念和汽车及汽车配件的分类。

2. 产品策略是实施营销组合策略(即4P营销组合:产品、定价、分销、促销)的基础,没有适应消费者需求和具竞争力的产品,整个营销组合策略就会成为无头之鸟。

3. 掌握市场生命周期阶段的主要特征,学会在不同阶段创造性地采取不同的营销策略。

4. 汽车产品的品牌、商标及在经营中的作用及运用方法。

6.1　汽车产品

传统的狭义概念认为汽车产品仅仅指汽车、汽车配件、汽车用品等实物产品。从市场营销观念看,产品概念的含义包括更广泛的内容,它是指向汽车市场提供的能满足用户对汽车的购买欲望和需求的相关任何事物,诸如产品实物、销售技术服务、汽车保险、购买信贷、汽车品牌等各种形式。总之:汽车产品 = 实物 + 服务。即汽车产品是有形资产的实物 + 无形资产的服务。

产品一般分为以下五种类型:

第一类,按照传统观念,产品是有形的实体物品(如汽车、摩托车、发动机、轮胎等);

第二类,服务,指满足某些需要的服务(如汽车后市场的汽车修理、汽车保养服务、汽车美容服务等);

第三类,地点也可以成为产品(如汽车拉力赛线路(起始地)、太原—平遥—太行山大峡谷);

第四类,组织机构也可以在市场上销售(如汽车俱乐部、汽车市场论坛等);

第五类,知识产权、创意策划、品牌、商标,汽车产业在这方面不胜枚举。

6.1.1　产品在市场营销组合中的地位

图6.1是根据20世纪60年代美国营销专家杰罗姆·麦卡西的4P营销组合的四个要素组合而成。产品是市场经营中的第一要素和最主要的要素,产品的品质和属性决定消

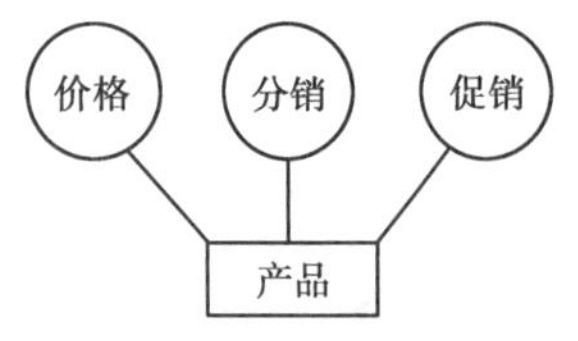

图 6.1 产品在营销组合中的地位

费者的满意程度。因此,产品在营销组合中处于以下位置:

①核心位置(用图 6.1 矩形框表示,以示区别)。

②基础地位(没有产品,营销组合就失去了主角)。

③产品策略在许多重要方面影响着营销组合中的其他三要素(用圆形框表示)。

6.1.2 汽车产品的层次

目前,市场营销理论一般对汽车产品分为三个层次(图 6.2)来表述产品的整体概念。

1. 实质产品层(核心产品)

这是产品最基本的层次,是满足用户需要的核心内容,故又称核心产品,即消费者对某种产品所需的基本效用和利益。具体到汽车产品,即满足运输物料,以车代步以及精神需要三个方面的至少一个方面。

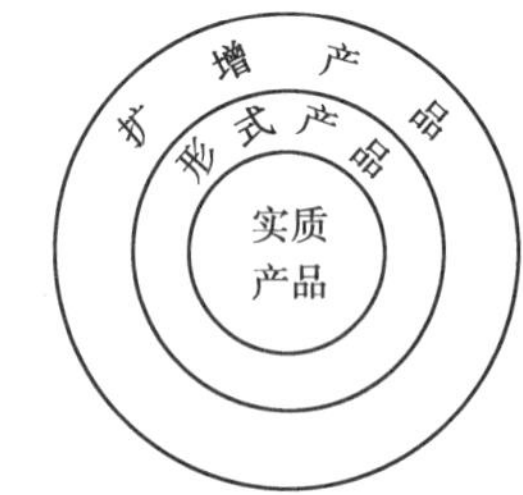

图 6.2 汽车产品的层次分法

2. 形式产品层

即实质产品得以实现的形式和对某一需求的特定满足形式。营销者通过形式产品层来形象表述产品,使核心产品能够明确代表并传达核心优势。

具体到汽车产品,就是质量水平、款式(造型)、品牌(商标)、包装。

3. 扩增产品层

即消费者在购买产品时,所得到的附加服务和利益。包括如下内容:售后服务、安装调试、免费送货、质量承诺、交货与信用、定期上门养护等。

现代市场营销已产生系统销售方式,即企业给予消费者的不是单纯的形式产品,而是包括扩增产品的产品系统。

近年来,营销专家菲利普·科特勒的分法把汽车产品分为五个层次(图 6.3)。包括形式产品、核心产品、期望产品、延伸产品和潜在产品。

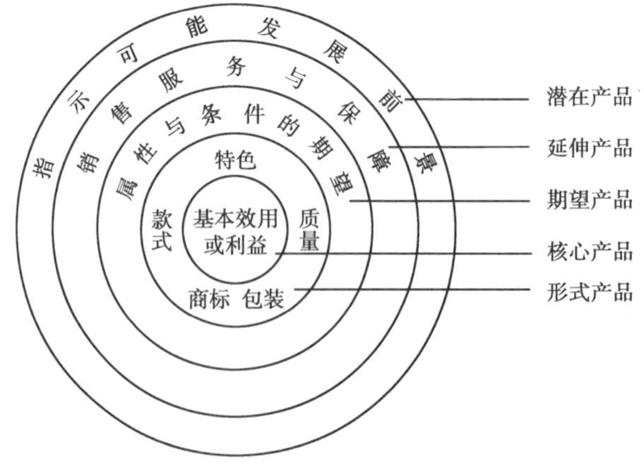

图 6.3 系统销售方式的五个层次图

潜在产品层指包括现有汽车产品的所有延伸和演进部分在内，最终可能发展成为未来汽车产品的潜在状态和功能。如：燃油汽车可发展成为燃气汽车、醇醚汽车，内燃机汽车可能被未来的燃料电池汽车、太阳能汽车替代等。

6.1.3 形式产品的决策

形式产品是用户接收的产品最直观的信息，不论三层分法，还是五层分法都是产品的关键层次。包括：

1. 产品的质量决策（图6.4）

2. 产品特色与设计决策

产品特色主要体现在以下功能方面：使用功能（适用性）、产品功能、美学功能（外观）和贵重功能（名牌、豪华）。

例如：驾驶室的外观造型和内饰视觉效果和扩张功能。

3. 品牌和商品的决策

汽车品牌五花八门，但必须有利于产品在目标市场上树立美好形象，易于消费者识别并能加深印象。

产品质量
工序质量
工作质量（部门、环节）
人的质量（人本管理）

图6.4 产品的质量决策图

4. 产品包装决策

产品的包装应符合“科学、美观、牢固与适用”的要求，同时注意功能的延伸。例如：车身外表面的广告效应，产品包装物的回收再利用功能等。

6.1.4 汽车整车产品的分类

当汽车产品进入流通环节后成为汽车商品。

1. 汽车整车产品分类

汽车在国家 GB 7635—87《全国主要产品分类与代码》中，属于“交通运输设备（S）”门类中的“公路运输设备及工矿车辆（73）”大类。在 GB/T 7635.1—2002《全国主要产品分类与代码第1部分：可运输产品》中属第4大部类“交通运输设备（49）”下属的“机动车辆及其零部件和附件（491）”，名称为“机动车辆”，代码为4911。采用 GB/T 15089—2001 的产品和分类。

2001年国家质量监督检验检疫总局公布了两个修订的有关汽车商品分类的国家标准。其中，GB 3730.1—2001《汽车和挂车类型的术语和定义》参考了国际 ISO3833，将车辆分为三大类——汽车、挂车、汽车列车，汽车又分为乘用车和商用车。该标准是通用性分类标准，可作为车辆类一般概念、统计、牌照、保险、政府政策和管理的依据。GB 15089—2001《机动车辆及挂车分类》参考了 ECE/WP29 的 R.E3，将车型分为 M 类（乘坐人员车辆）、N 类（载货车辆）、G 类（越野车）、L 类（摩托车）、O 类（挂车）。它是用于型式认证的技术法规适用范围的依据。这两个标准是与国际接轨、改变观念的标准，为涉及道路运输和车辆的各项管理提供了依据。

在公布以上这两个标准的同时，宣布 GB 9417—88《汽车产品型号编制规则》作废。GB 9417—88《汽车产品型号编制规则》在汽车行业影响面广，至今仍有许多企业在使用。国家有关管理部门表示，企业在没有国标、行标的情况下，可将 GB 9417 作为企业标准继续执行。企业可以用商标、系列名称、技术特征、VIN（车辆识别代号）等作为产品型号的表示方法。

2. 相关术语

在车辆分类中涉及以下术语：

（1）接近角

指车辆在静载下，地平面与前车轮轮胎相切平面之间的最大夹角，这样，在车辆前轴的前方，车辆的所有点都位于切平面之上，而且车辆上的所有刚性部件（除踏板外）也都应位于这个切平面上方（图 6.5）。

图 6.5　汽车的接近角

（2）离去角

指在静载下，地平面与后车轮轮胎的切平面之间的最大夹角，这样，在车辆最后轴的后部，车辆的所有点和刚性部件都位于这个平面的上方（图 6.6）。

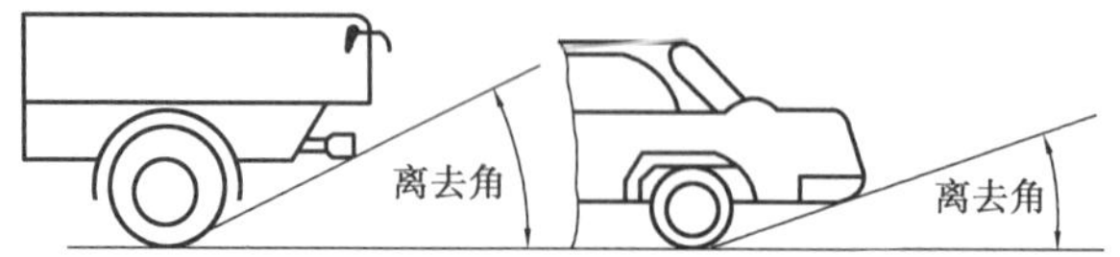

图 6.6　汽车的离去角

（3）纵向通过角

指在静载下，垂直于车辆纵向中心平面，分别与前、后车轮轮胎相切，相交并与车辆底盘刚性部件（除车轮）接触的两个平面形成的最小锐角。这个角度决定了车辆所能通过的最陡坡道（图 6.7）。

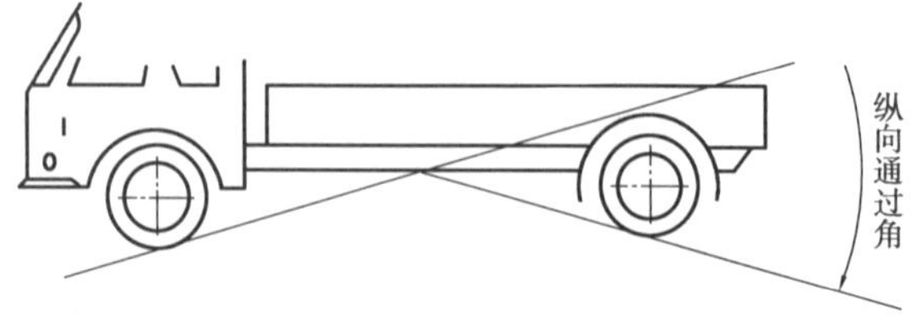

图 6.7　汽车的纵向通过角

（4）前后轴之间的离地间隙

指地面与两轴之间最低点之间的距离（图 6.8），多轴并装车桥视为单轴。

（5）轴下离地间隙

指通过单轴上的车轮轮胎印迹中心（如为双车轮轮胎，则为内侧车轮轮胎）与车辆最低固定点的圆弧上的最高点到地面的距离(图 6.9)。车辆任何刚性部件都不得伸入图中的阴影区内。

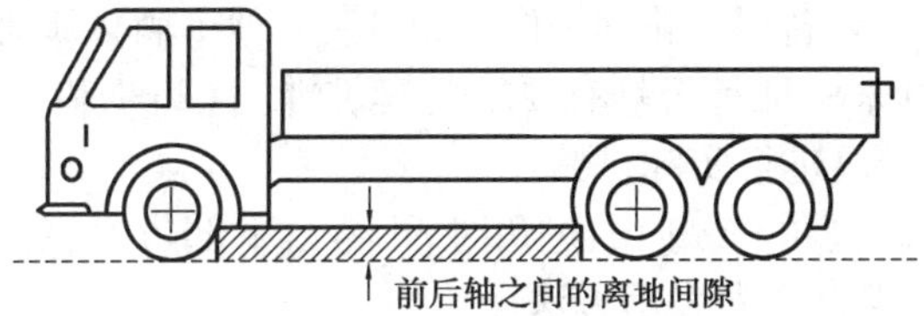

图 6.8　汽车的前后轴之间的离地间隙

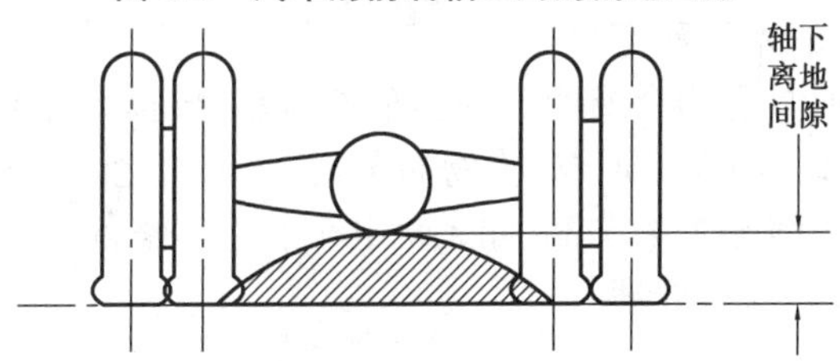

图 6.9　汽车的轴下离地间隙

(6)车窗

指一个玻璃窗口,它可由一块或几块玻璃组成(通风窗为车窗的一个组成部分)。

3. 机动车辆及挂车分类

在 GB/T 15089—2001《机动车辆及挂车分类》中,将机动车辆和挂车分为两轮或三轮机动车辆(L 类)、至少有四个车轮且用于载客的机动车辆(M 类)、至少有四个车轮且用于载货的机动车辆(N 类)、至少有四个车轮且用于载货的机动车辆(O 类)和越野车(G 类)。其中,M 类、N 类、O 类和 G 类就是通常意义上的汽车。

(1)L 类机动车辆

L 类机动车辆是两轮或三轮机动车辆,共分为五类:L1 类、L2 类、L3 类、L4 类、L5 类。

(2)M 类机动车辆

M 类机动车辆为至少有四个车轮并且用于载客的机动车辆,共分为 M1 类、M2 类和 M3 类。

(3)N 类机动车辆

N 类机动车辆为至少有四个车轮且用于载货的机动车辆,共分为 N1 类、N2 类和 N3 类。

对于为挂接半挂车而设计的牵扯引车辆(半挂牵引车),车辆分类所依据的质量是处于行驶状态中的牵引车的质量,加上半挂车传递到牵引车上最大垂直静载荷及牵引车自身最大设计装载质量(如果有的话)的和。

此外,某些专用作业车(例如,修理工程车、宣传车等)上的设备和装置被视为货物。

(4)O 类机动车辆

O 类机动车辆为挂车(包括半挂车)。共分为 O1、O2、O3、O4 四类。

(5)G 类机动车辆

G 类机动车辆是指 M 类机动车辆和 N 类机动车辆中的越野车。对于 M 类机动车辆和 N 类机动车辆,依据一定的检测条件和要求,并满足一定条件,就可认定为越野车。

①G 类机动车辆的载荷和检测条件

A. M1 和最大设计总质量不超过 2 000 kg 的 N1 类车辆必须处于可行驶状态,即带有冷却液、润滑液、燃油、工具、备用车轮和一位驾驶员。其他车辆必须加载至最大设计总质量。

B. 通过简单的计算来验证是否具有要求的爬坡能力(25% 和 30%)。必要时,可以要求提交相关形式的车辆,以进行实际试验。

C. 当测量接近角、离去角和纵向通过角时,不考虑下部防护装置。

②G 类机动车辆的组合符号表示方法

符号 M 和 N 可以同符号 G 组合使用,例如,N1 类越野车可以表示为 N1G。

4. 汽车和挂车类型的术语和定义

汽车是由动力驱动,具有四个或四个以上车轮的非轨道承载的车辆。主要用于:载运人员和(或)货物;牵引载运人员和(或)货物的车辆;特殊用途。

汽车还包括:与电力线相关的车辆,如无轨电车及整车整备质量超过 400 kg 的三轮车辆。该三轮车辆亦可作为汽车处理。

(1)乘用车(轿车)

乘用车是在其设计和技术特性上主要用于载运乘客及其随身行李和(或)临时物品的汽车,包括驾驶员座位在内最多不超过九个座位。它也可以牵引一辆挂车。乘用车也俗称为轿车,其分类如图 6.10 所示。

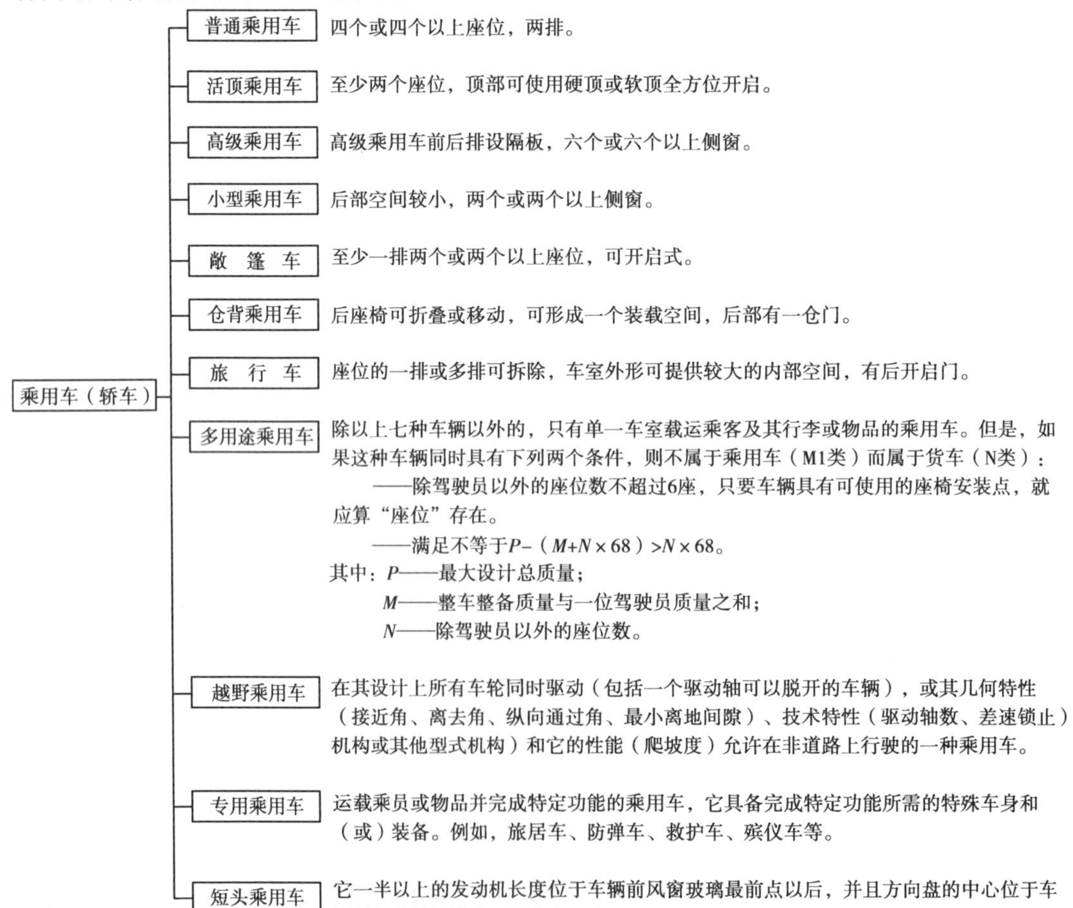

图 6.10　乘用车分类

(2)商用车

商用车辆是在设计和技术特性上用于载运人员和货物的汽车,并且可以牵引挂车,其分类如图 6.11 所示。乘用车不包括在内。

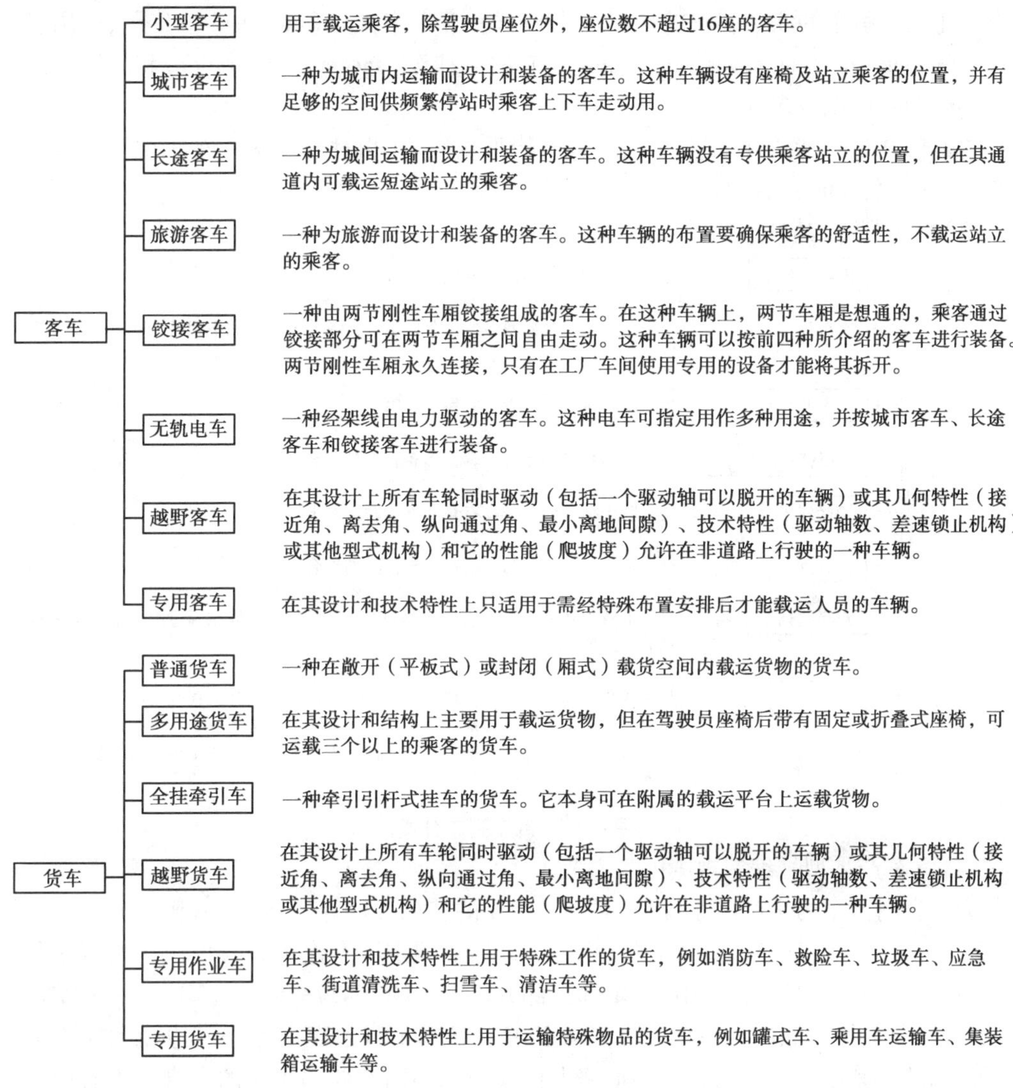

图 6.11　客车、货车分类

①客车。

②半挂牵引车。装备有特殊装置用于牵引半挂车的商用车辆。

③货车。一种主要为载运货物而设计和装备的商用车辆,它可牵引一挂车。

④挂车。挂车是就其设计和技术特性而言,需由汽车牵引才能正常使用的一种无动力的道路车辆,用于载运人员和(或)货物或特殊用途。

牵引杆挂车:至少有两根轴的挂车,轴可转向;通过角向移动的牵引杆与牵引车联结;牵引杆可垂直移动,联结到底盘上,因此不能承受任何垂直力。

具有隐藏支地架的半挂车也作为牵引杆挂车。

牵引杆挂车有客车挂车(bus trailer)、通用货车半挂车(goods draw-bar trailer)、通用牵引杆挂车(general vpurposevdraw-bar trailer)和专用牵引杆挂车(special draw-bar trailer)多种。

半挂车:半挂车为车轴置于车辆重心(当车辆均匀受载时)后面,并且装有可将水平或垂力传递到牵引车的联结装置的挂车。半挂车有客车半挂车(bus semi-trailer)、通用货车半挂车(general purpose goods semi-trailer)、专用半挂车(special semi-trailer)和旅居半挂车(caravan semi-trailer)多种。

中置轴挂车:中置轴挂车为牵引装置不能垂直移动(相对于挂车),车轴位于紧靠挂车重心(当均匀载荷时)的挂车。

(3)汽车列车,其分类如图6.12所示。

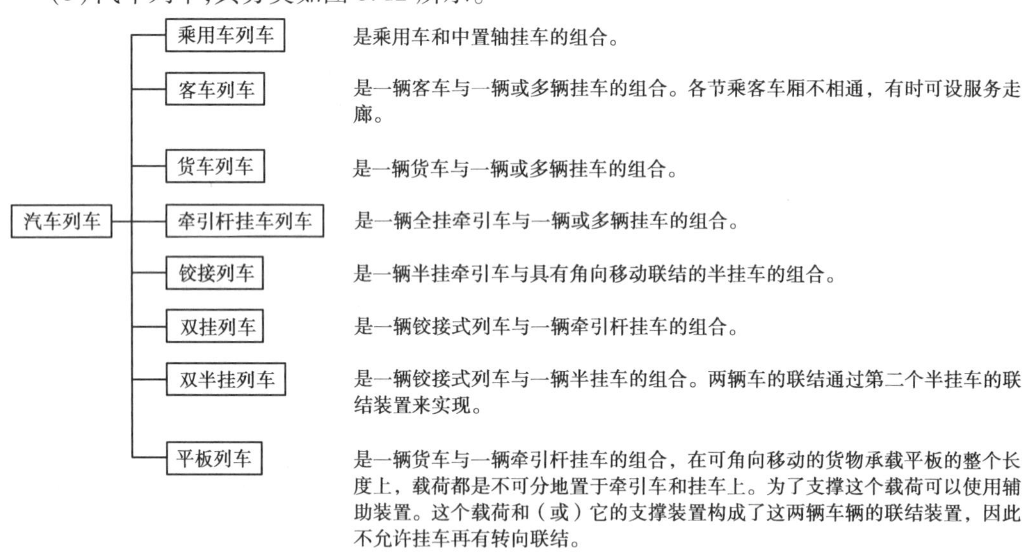

图6.12　汽车列车分类

(4)汽车产品型号编制规则

为了表明汽车的生产厂家、汽车类型及主要的特征参数等,1988年我国颁布了国家标准GB 9417—88《汽车产品型号编制规则》。该标准规定国产汽车型号由汉语拼音字母和阿拉伯数字组成。包括首部、中部、尾部三部分内容。GB 9417—88《汽车产品型号编制规则》在汽车行业影响面广。该标准虽然从2002年3月1日起废止,但至今仍有许多企业在使用该标准为其新车型编码。许多道路上行驶的各种国产新旧车辆的车身上都有引用该标准的标志。

汽车的产品型号由企业名称代号、车辆类别代号、主参数代号、产品序号组成,必要时附加企业自定代号。各部分分别用汉语拼音字母和阿拉伯数字表示,包括首部、中部、尾部三部分内容,如图6.13所示。

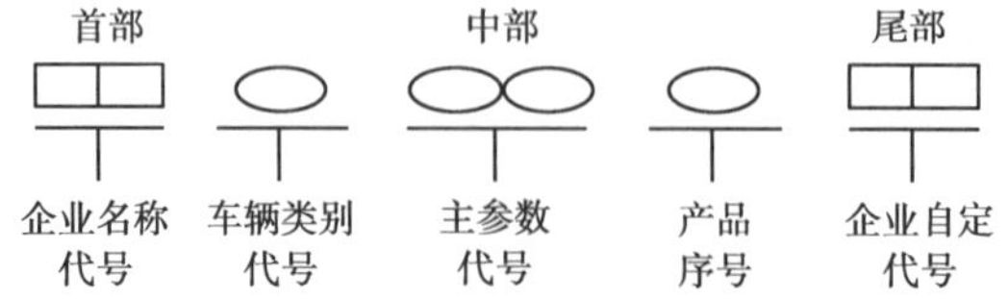

图6.13　汽车产品型号编制规则

(5)商品编码

商品编码是赋予某种商品某种符号。赋予某一类商品以统一的符号系列,称为商品编码化。符号系列可以由字母、数字或特殊标志组成。商品编码化可以取代商品名称以及复杂的技术记载,使商业企业经营管理的多种多样、品名繁杂的商品便于记忆,从而简化手续,提高工作效率,有利于统计、管理等业务的开展。

商品编码应与国家商品目录一致,它是商品目录编制后的进一步工作。从某种意义上讲,它是商品分类的代号。商品标以特定的符号,这些符号虽然也具有商品编码的性质,但它不具有分类的特征。

商品的编码有商品分类编码和商品单品的编码。前者是对一类商品进行编码;后者是对单一商品进行编码,是对产品及其相关信息在其整个生命周期内的唯一标识。

(6)商品条形码

目前条形码不仅用于商品流通领域,而且广泛应用于自生产自动化管理、图书管理、交通、邮政业务等,已成为现代化管理不可缺少的信息技术手段。

商品条码是快速、准确地进行物流控制的现代化手段。没有条码的商品难以在国际市场上正常流通,也不能进入超级市场。推广应用商品条码,可以提高商品的档次和商品在国际市场的竞争力。普及商品条码,不仅可以实现销售、仓储、运输、结账等的自动化管理,而且通过产、供、销信息系统可以准确、及时地获得所需要的商品信息。采用商品条码有许多好处:其一,可实现自动售货。在超级市场里,顾客只要把挑选好的商品通过光电扫描阅读器扫描,则商品的价格、总价等诸多项目便显示在屏幕上,一张清楚明白、计价准确的购物清单也能瞬间打印出来。其二,可以提高记账速度。由于条码上的一切信息均可输入电脑储存,商品的购、销、存在电脑中均能自动增减,亦可立即提供财务报告,大大地提高了记账速度。其三,可准确控制商品库存。通过电脑,利用条形码可把订单、收货、提货等每一阶段作详尽的记录并随时可查,准确了解商品库存情况。其中,能避免常见差错的出现。出口商品使用条码,可避免出现许多国际通信上常见的差错,如商品名称、规格混淆等情况。

总之,商品条码的使用,给出口商、批发商和零售商的工作都带来了极大方便,是实现现代化管理的重要手段。

国际上通用的流通领域商品条形码有两大系统,即北美通用产品条码(简称 UPC,universal product code)系统和国际通用商品条形码(简称 EAN,european article number system)系统。我国采用 EAN 系统。下面以 EAN 条码为例,简要介绍条形码的组成。

EAN 码是国际物品编码协会制订的一种商品用条码,通用于全世界。主要用于超级市场或一些自动销售系统的单件商品。凡进入国际市场的商品,其包装上必须印有 EAN 条码。EAN 码符号有标准版(EAN-13)和缩短版(EAND-8)两种,我国的通用商品条码与其等效。我们日常购买的商品包装上所印的条码一般就是 EAN 码。EAN 码是当今世界上广为使用的商品条码,已成为电子数据交换(EDI)的基础。

EAN-13 条码的前两位或前三位数字为国别代码(也称前缀码),用于标识商品来源的国家或地区,由国际物品编码协会分配管理;国别代码后面的五位或四位数字为制造厂商代码,用于标识生产企业或批发公司,由国际物品编码协会在各国(地区)的分支机构分配管理;制造厂商代码后面的五位数字为商品代码,用于标识商品的特征或属性,由制造厂商依据 EAN 的规则自行编制;最后一位数字为校验码,用于校验代码输入的正确性,根据一定的运算规则由以上三部分数字计算得出。EAN 条形码与 UPC 条形码是兼容的，当 UPC 条形码进入 EAN 条形码系统时，只要在前面补一个“0”就可以了。

(7)商品目录

1)商品目录的概念

商品目录，是以特定方式系统记载相关商品集合总体类目、品种等方面信息的文件资料。商品目录是指国家或部门所经营管理的商品明细目录。在编制目录的过程中，必须先将商品按一定标志进行分类。因此，商品目录也可称为商品分类目录。编制商品目录的工作，也属于商品分类工作。

商品目录一般是商品名称、商品代码、商品分类体系三方面信息的有机结合。商品目录是以表格、文字、数码等全面记录和反映相关商品集合总体综合信息的文件。按其适用范围，商品目录有国际商品目录、国家商品目录、行业(部门)商品目录、企业商品目录。商品常见目录有外贸商品目录、海关统计商品目录、内贸商品目录和企业商品目录等。

国家商品目录，由国家指定专门机构编制，是国民经济各部门进行统计、计划等工作时必须一致遵守的准则。部门商品目录是由本行业主管部门编制，是该部门从中央到基层企业共同遵守的准则。部门或企业、单位编制的商品目录，应当既能符合国家商品目录提出的分类原则，又能满足本部门或企业、单位工作的需要，因此，部门或企业、单位编制的商品目录，一般较国家编制的商品目录包括的类别要少，但品种的划分更细，商品类别的划分更为详尽具体。

2)我国汽车新产品管理

2000 年 12 月 31 日前，国家对汽车行业的管理采取《汽车目录》管理制度，只有列入目录内的车辆生产企业才可以按照目录中的车种、车型组织生产、销售。

从 2001 年 1 月 1 日起，原国家经贸委改为通过发布《车辆生产企业及产品公告》的方式进行管理，不再发布目录，原目录继续有效至 2002 年 12 月 31 日，对目录废止后仍需继续生产的车辆产品，企业应在目录废止前申报公告。

2003 年初，国家经贸委撤销后，改由发改委管理。“公告”管理是汽车产品必须在定型试验的基础上，政府为加强对车辆安全、环保、节能、防盗性能的监控，提高生产企业生产一致性保证能力，建立科学、高效、规范的车辆管理制度，逐步实现与国际通行规则接轨。对于实施的汽车产品强制性检验项目，检验通过后，予以“公告”，产品才能上市销售，各地公安机关才予以车辆注册登记。

1995 年开始时，车辆强检项目只有 15 项；1997 年增至 25 项；1998 年 34 项；2000 年 40 项；目前，强检项目为 99 项，但部分项目有空缺，实际检测项目 75 项。

随着新强制性技术标准的不断实施，车辆强检项目还要不断增加。车辆“公告”材料的申报，过去是由地方汽车工业主管部门申报，目前改为企业直接从互联网上申报。“公告”发布周期，由过去的半年甚至一年，改为每月“公告”一次。“公告”受理单位是发改委领导下的“中机车辆技术服务中心”。车辆检测必须由国家认可、批准，具有第三方公正地位的行业检测机构实施，并出具检测报告。

2004 年 6 月由国家发展和改革委员会发布的《汽车产业发展政策》对新建汽车生产企业的投资项目作出了新的规定：具有一定的项目投资总额和自有资金，并要求建立产品研究开发机构。

3)汽车商品代码——车辆识别代号(VIN)

“车辆识别代号”(VIN 代码,vehicle identification number 的缩写)由一组字母和阿拉伯数字组成,共 17 位,又称 17 位识别代号编码。按照识别代号编码顺序,从 VIN 中可以识别出该车的生产国别、制造公司或生产厂家、车的类型、品牌名称、车型系列、车身形式、发动机型号、车型年款、安全防护装置型号、检验数字、装配工厂名称和出厂顺序号码等。

为了在世界范围内建立统一的道路车辆识别系统,以便简化车辆识别信息检索,提高车辆故障信息反馈的准确性和效率,国际标准化组织在 1977 年 2 月以标准 ISO 3779 发布了车辆识别代号编码(VIN),并在 1983 年对其进行了修订。它适用于在道路上行驶的各种类型的汽车、挂车、摩托车和轻便摩托车。

①车辆识别代号的组成

车辆识别代号是制造厂为了识别而给一辆车指定的一组定码。在我国,国家 GB/T 1973—1997《道路车辆　车辆识别代号(VIN)内容与构成》规定了其内容与组成。

车辆识别代号由三部分组成:第一部分,世界制造厂识别代号(WMI,world manufacturer identifier);第二部分,车辆说明部分(VDS,vehicle descriptor section);第三部分车辆指示部分(VIS,vehicle identifier section),如图 6.14 所示。

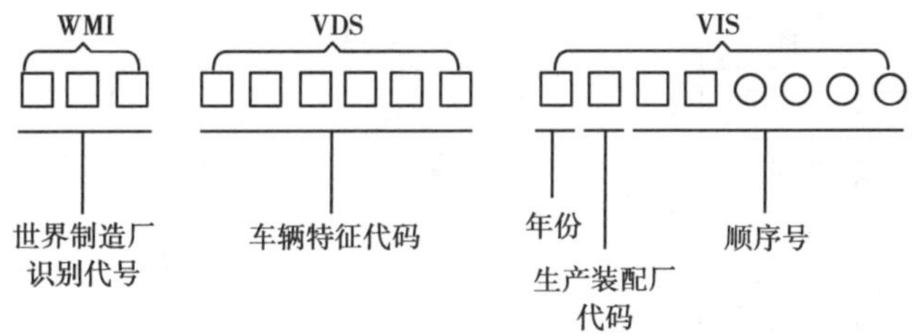

图 6.14　车辆识别代码的组成

□——大写英文字母(除I, O, Q外)或数字; ○——数字

②车辆识别代号(VIN)管理规则的基本要求

A. 每一辆汽车、挂车、摩托车和轻便摩托车都必须具有车辆识别代号。

B. 在 30 年内生产的任何车辆的识别代号不得相同。

C. 车辆识别代号应尽量位于车辆的前半部分,以及易于看到且能防止磨损或替换的部件。

D. 九座或九座以下的车辆和最大总质量小于或等于 3.5 t 的载货汽车的车辆识别代号应位于仪表板上,在白天日光照射下,观察者无须移动任一部件从车外即可分辨出车辆的识别代号。

E. 每辆车的车辆识别代号应在车辆部件上(玻璃除外),该部件除修理以外是不可拆的,车辆识别代号也可表示在永久性地固定在上述车辆部件上的一块标牌上。此标牌不损坏则不能拆掉,如果制造厂愿意,允许在一辆车上同时采取以上两种表示方法。

F. 车辆识别代号的字码在任何情况下都应是字迹清楚、坚固耐久和不易替换的。

G. 车辆识别代号的字码高度:若直接打印在汽车和挂车(车架、车身等部件)上,高至少为 7 mm,其他情况高至少为 4 mm。

下图给出了 20 个 VIN 常见位置。由于各国的车辆识别代号的标准不完全相同,不同型号汽车的车辆识别代号的标牌分布的位置也各不相同，但一般不外乎这 20 个位置。车辆识别代码（VIN）常见位置如图 6.15 所示。

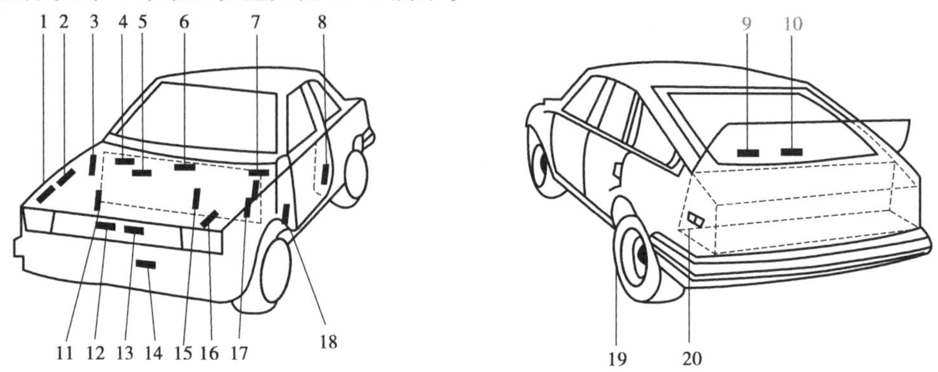

图 6.15　车辆识别代码（VIN）常见位置

6.1.5　汽车配件产品的分类

1. 汽车配件的分类（图 6.16）

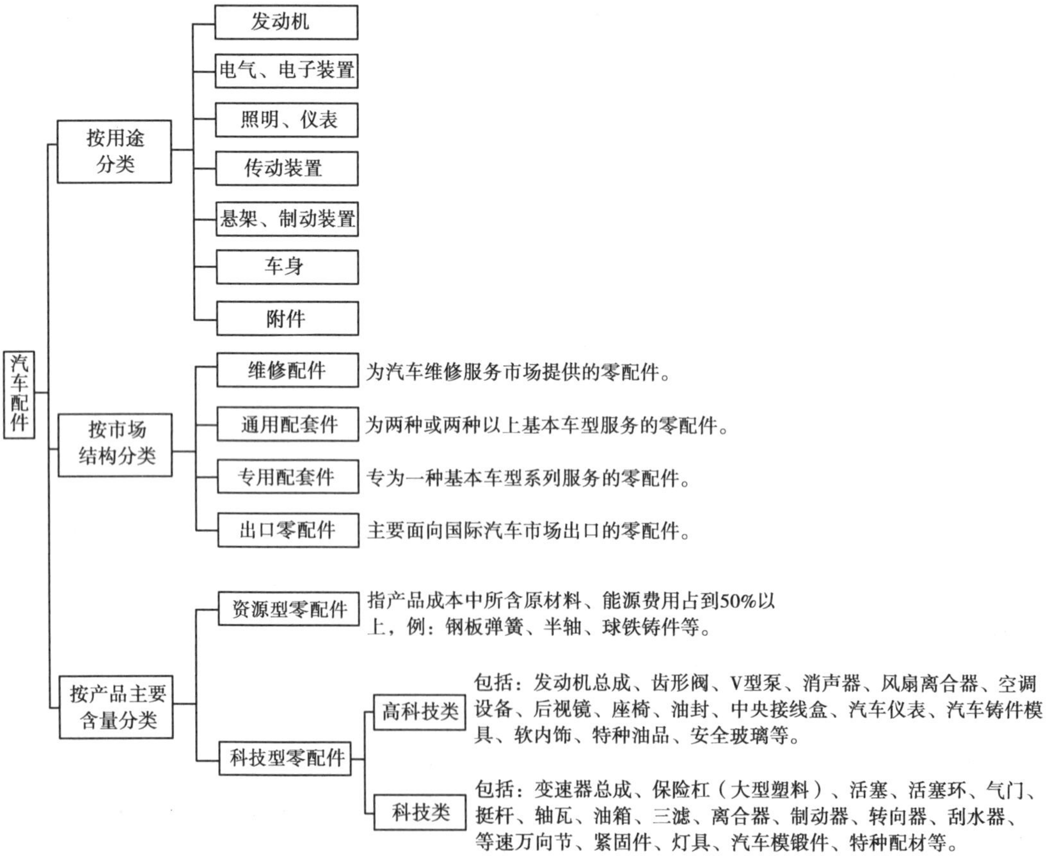

- 汽车配件
  - 按用途分类
    - 发动机
    - 电气、电子装置
    - 照明、仪表
    - 传动装置
    - 悬架、制动装置
    - 车身
    - 附件
  - 按市场结构分类
    - 维修配件：为汽车维修服务市场提供的零配件。
    - 通用配套件：为两种或两种以上基本车型服务的零配件。
    - 专用配套件：专为一种基本车型系列服务的零配件。
    - 出口零配件：主要面向国际汽车市场出口的零配件。
  - 按产品主要含量分类
    - 资源型零配件：指产品成本中所含原材料、能源费用占到50%以上，例：钢板弹簧、半轴、球铁铸件等。
    - 科技型零配件
      - 高科技类：包括：发动机总成、齿形阀、V型泵、消声器、风扇离合器、空调设备、后视镜、座椅、油封、中央接线盒、汽车仪表、汽车铸件模具、软内饰、特种油品、安全玻璃等。
      - 科技类：包括：变速器总成、保险杠（大型塑料）、活塞、活塞环、气门、挺杆、轴瓦、油箱、三滤、离合器、制动器、转向器、刮水器、等速万向节、紧固件、灯具、汽车模锻件、特种配材等。

图 6.16　汽车配件的分类

2. 汽车配件目录

(1)配件目录内容(图 6.17)

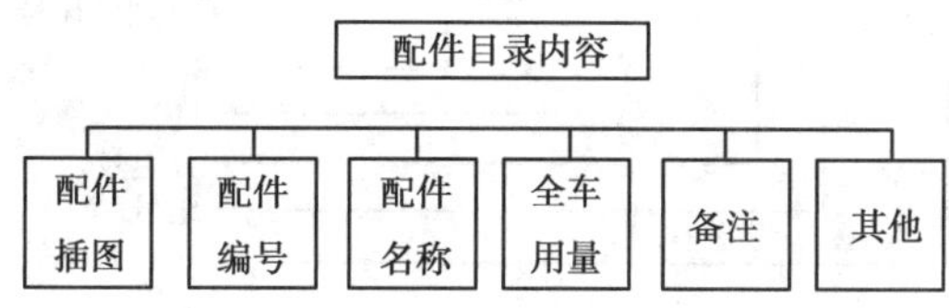

图 6.17　汽车配件目录内容

配件目录一般根据整车制造厂的生产设计资料编制,是配件设计、生产、配套供应和市场销售、维修保养中的技术标准。配件目录通常包括以下内容:

①配件插图

配件插图是配件目录的主要组成部分之一,一般采用轴测图来表现系统中各零配件的相对位置和装配关系。按照国家标准,在配件插图中标有图中序号,使用时要特别注意零件之间的包含关系。

②配件编号

配件的唯一准确的编号,贯穿配件设计→生产→采购→销售→维修各个环节。它是配件订货和销售的最准确的要素,所有的配件订单和销售单据上必须清楚标示出配件编号。

③配件名称

主要是在设计和生产中使用的名称,它只是根据配件的特点,结合约定俗成的标准为配件赋予的一个文字符号,指代和区分能力较弱,一般用于配件销售中作描述性说明和补充手段。

④全车用量

给出该零件在一辆基本型整车上的使用数量。

⑤备注

这是配件目录中十分重要的部分,一般用来补充说明配件的参数、材料、颜色、适用年限、车型以及其他配置住处等。备注信息提供了配件适用范围的准确描述,因此在采购和销售汽车配件时一定要注意该栏说明。

⑥其他

在配件目录中,一般都附有厂家对该配件目录的适用范围、使用方法的详细说明,应在使用之前仔细阅读。

(2)配件编号

汽车配件的制造厂编号代表汽车配件的型号、品种和规格,对于配件的营销和管理十分重要。编号和规格一般打印在配件的包装物上,也有的打印或铸造在配件的非工作表面。国产汽车的编号有统一标准,国外汽车大都没有统一标准,而由厂家自定。

①国产汽车配件编号规则

在中国汽车工业协会颁布实施的《汽车产品零部件编号规则》中,汽车配件编号方法如图 6.18 所示。

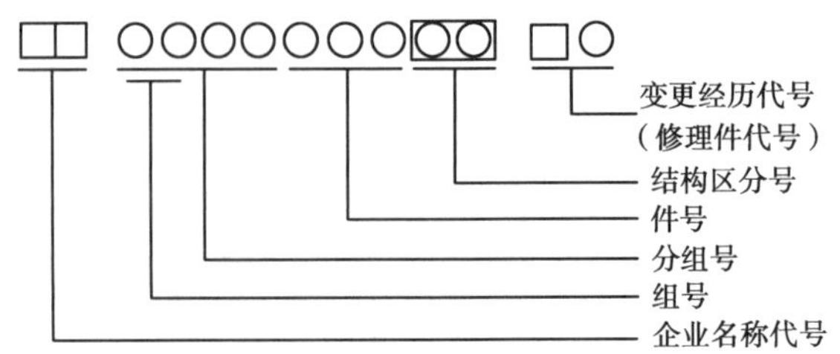

图 6.18　汽车配件编号方法

图中：方框代表汉语拼音字母，圆圈代表阿拉伯数字，方框加圆圈在一起表示汉语拼音字母或阿拉伯数字均可，各部分意义如下：

A. 企业名称代号（发动机零件要包括发动机型号）。

B. 组号用两位数字表示汽车各功能系统内分系统的分类代号。如发动机的主组号为10，发动机冷却系统的主组号为13，变速器为17，转向器为34等。

C. 分组号用4位数字表示总成和总成装置的分类代号。头两位数字代表它所隶属的组号，后两位数字代表它在该组内的顺序号。如发动机饮食的分组号为1 000 ~1 022，变速器饮食的分组号为170 ~1 706，转向器饮食的分组号为3 400 ~3 413等。

D. 件号用三位数字表示零件、总成和总成装置的代号。

E. 结构区分号用两个字母或两位数字区别同一类零件、总成和总成装置图的不同结构、性能、尺寸参数的特征代号。

F. 变更经历代号用一个字母和一位数字表示零件、总成和总成装置图更改过程的代号，当零件或总成变化较大，并且首次更改不影响互换的用A1表示，依次用A2，A3，……当零件或总成首次更改影响互换时，则跳过字母A而用字母B，若再次更改而不影响互换则用B1表示。

G. 修理件代号在标准尺寸的基础上加大或减小尺寸的修理件，并按其尺寸加大或减小顺序给予代号。用两个汉语拼音字母表示，前一个字母表示修理件尺寸组别，后一字母为修理件代号，用“X”代表。当某一修理尺寸有三组尺寸时，其代号为“BX”，“CX”，“DX”。当该组修理件和标准尺寸件进行影响互换的更改时，应相应更改尺寸组别代号，其字母根据更改前所用的最后字母依次向后排列。如第一次影响互换更改时，标准尺寸的更改经历代号为“E”，则相应修理件代号为“FX”，“GX”，“HX”。

②国外汽车配件编号

国外汽车配件编号比较繁杂，各厂自行规定，各不相同。需要认真查对原厂的零件目录和手册。不过有一点需要注意的是：国外汽车车型的更新和改进较快，有些同一车型的同一配件，只因生产年份不同而不能通用互换。所以国外车型的配件必须注意其生产年份和生产日期，这是国外汽车零件编号的普遍规律。

3. 汽车配件目录的查阅方法（图 6.19）

在汽车配件目录中，每一总成一般都有拆解示意图，并标明该总成各组成零件的序号（标号），对应表格中给出各标号配件的名称、编号、每车用量、通用车型等。

查阅汽车配件目录时应注意：

（1）首先要确定所查阅的配件为车辆的原有目录，否则将无法保证所购配件适用。

（2）查阅前，必须确定汽车型号、发动机型号、发动机编号、底盘编号、出厂日期等参数。

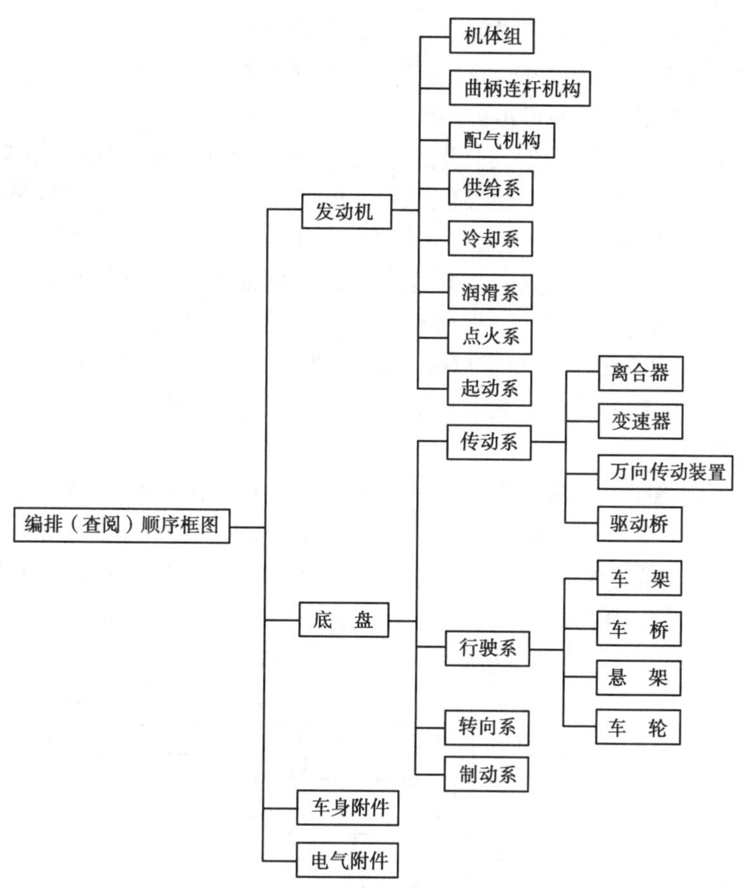

图 6.19　汽车配件目录图例

6.2　汽车产品的品牌与商标

6.2.1　品牌的概念、含义和作用

首先要建立这样一个概念，品牌是用以识别产品或企业的特定标志；商标是经过工商登记注册的品牌要素。

1. 品牌的概念

按照市场营销学理论，品牌是用于识别一种产品或服务的生产企业或销售企业的名称、专有名词、标记、符号、设计或是上述的综合。品牌是企业个性化的标志，具有向消费者传播产品信息和提供信誉保证的功能。厂家生产的汽车整车产品及其零部件都有品牌，如米其林、普利司通、固特异、佳通等轮胎品牌，都是独立于汽车整车之外，但又是非常著名的品牌。整车品牌有时还要借助零部件品牌提升自身的价值。

品牌不仅代表企业的形象、企业的发展历程，还代表着一种现代化的生产经营方式。

消费者将品牌视为产品的重要组成部分，以品牌来识别产品，购买满意的品牌产品。熟悉的品牌给消费者以信心保证，并向消费者提供他们所期待的稳定的利益和价值，使消费者愿意为购买称心的品牌产品而付出更多的金钱。

品牌不仅仅是一个广告形象，它更是企业的一种长远和全面的经营策略。要想让汽车品牌被消费者视为一种识别企业汽车产品全方位的经验，公司的所有行为，包括新车研发、设计、生产运营、销售、客户服务、售后维修、公共关系、人力资源等各方面都必须整合为一个相互关联、彼此支持的整体，以传达一个完整的品牌形象。除此之外，培育一个有影响力的汽车品牌，也就是名牌，不仅需要成千上亿元的广告宣传费投入，而且还需要较长的时间，只有获得长期稳定的质量口碑，经过长期的市场检验，被消费者广泛认可，才能在消费者心中树立独特的品牌形象。例如，我国商用车的东风解放，国际著名的轿车：奔驰、宝马、雪佛兰等。

品牌分为不同等级。品牌等级是指一个品牌往往由企业品牌、家族品牌、单个品牌和型号品牌部分构成。如通用汽车公司的别克君威 GS3.0 汽车，企业品牌是通用汽车，家族品牌是别克，单个品牌是君威，型号品牌是 GS3.0。又如美国通用汽车公司的品牌等级之间的相互关系，如图 6.20 所示。

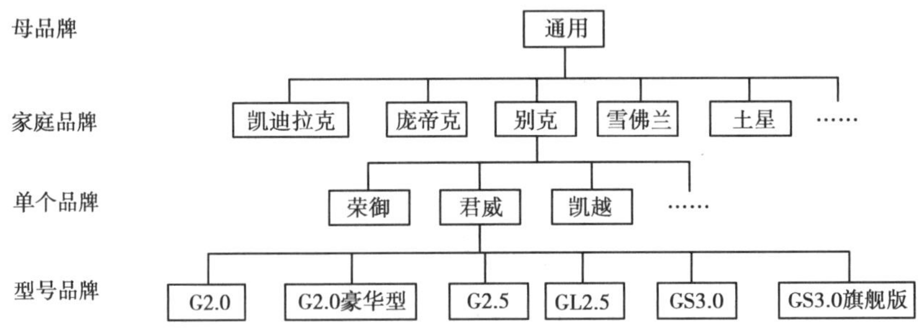

图 6.20 通用汽车公司部分品牌及等级

2. 品牌的内容

品牌的内涵应从属性、利益、价值、文化、个性和使用者(角色感)六个层面去认识和理解：

第一层，属性。品牌首先给人带来特定的属性，如“奔驰”传递给人的属性是质量可靠、豪华、安全、舒适。

第二层，利益。消费者购买汽车追求的是利益。“质量可靠”会减少消费者维修费用，给消费者提供节约维修成本的利益，“服务上乘”则节约了消费者的时间，方便了消费者。

第三层，价值。品牌能提供一定的价值，如“高标准、精细化、零缺陷”是“宝马”体现的价值。

第四层，文化。品牌附加了一种文化，如“法拉利”体现了速度、勇敢、勇夺第一的文化。

第五层，个性。品牌还能代表一定的个性，如悍马的个性是超强的越野性，劳斯莱斯的个性是超豪华性。

第六层，使用者(角色感)。品牌还体现了使用者的一些特性，这对品牌的市场定位有一定帮助。如奔驰在我国主要是企业界成功人士在使用，而宝马则是演艺界明星的首选。

3. 品牌的作用

品牌有如下三个主要作用：

(1)品牌是消费者选择产品的导购线索。品牌向消费者传递着有关产品的来源或生产企业、产品的质量信息，是消费者价值判断的重要依据。

(2)品牌帮助制造商传递产品信息。品牌作为汽车产品的代表，不但代表着车型，还是汽车功能、质量、信誉和形象的综合反映，是汽车生产企业给消费者提供的价值保证，代表着汽车的价值和附加价值。

(3)品牌可以创造价值。汽车品牌因形象设计而获得价值，因商标注册而得到保护，因广告宣传而不断增值，因汽车消费而持续增值。随着品牌知名度和美誉度的不断提高，品牌的无形资产甚至超过物质资产，给企业带来巨大的财富。

品牌的作用对消费者和生产企业是不同的。

品牌对消费者的作用是：便于消费者对产品来源的识别；减少风险，便于保护消费者的权益；作为质量标识，有利于促进汽车产品质量的提高。

品牌对生产者的作用是：有利于汽车企业的产品扩大市场占有率；有利于通过各种广告形式开展促销活动；有利于增强企业员工的荣誉感，凝聚力和企业精神。

6.2.2 汽车品牌的构成

汽车品牌主要由三个要素构成：品牌名称、标识与图标和广告语。

1. 品牌名称

品牌名称是品牌最基本、最重要的要素，是消费者口碑（或口传）中最常提到的品牌要素，可以说不存在没有名称的品牌。品牌名称简洁地反映了产品的中心内容，使人产生关键的联想，品牌名称是传递产品信息过程中最有效的缩写符号，是品牌无形资产的主要载体，也是品牌延伸和发展的基础。

汽车品牌名称有的是历经百年沧桑的老字号，如通用、福特、宝马、大众等；有的是脱颖而出的新字号，如中国的奇瑞、吉利、中华等。汽车品牌名称按品牌级别不同而不同，具体到某一产品上可能有多个品牌名，如“通用雪佛兰赛欧”，其中包含了母品牌名称“通用”，家族品牌名称“雪佛兰”和单个品牌名称“赛欧”。

2. 标识与图标

以文字、图案或二者的结合形成的识别企业的特殊标记，称为标识。其作用是帮助消费者通过视觉识别品牌，使人们在看到标识时马上就能联想到品牌名称，特别是在不便于用企业名称表现品牌时，标识可以起到无可替代的重要作用。

标识可以分为两种，一种是用独特的文字书写的标识，称为文字标记，其特点是标识往往是品牌名称的直接表示，如福特汽车的标识是艺术化的“Ford”；另一种是抽象的图案标识，这种没有文字的图案标识也称图标，在汽车上有时也称其为车标，如东风的风神。标识往往被设计成图标，以便以某种方式强调或修饰品牌含义。

3. 广告语

广告语是用来传递有关品牌的描述性或说服性信息的短语。广告语能帮助消费者抓住品牌的含义，了解该品牌的特点。

广告语可以用各种不同方式进行设计，有些广告语通过反复联系品牌名称来加强品牌意识；有些广告语更直接，将产品和相应的产品门类放在同一句话中，将二者紧密地结合起来。广告语能够强化品牌定位，指明产品的特殊之处。广告语置于广告之中，是概括广告中的描述性和说服性信息的点睛之笔，广告语能使品牌脱颖而出。如丰田车的广告语"车到山前必有路，有路必有丰田车"，不仅包含了产品名称，体现了产品特点，而且巧妙地运用了中国语言的特点。

6.2.3 品牌与商标

1. 商标的概念

商标是生产经营者在其生产、制造、加工、拣选或者经销的商品或者服务上采用的，区别商品或者服务来源的，由文字、图形或者其组合构成的，具有显著特征的标志。一般情况下，这种标志都要申请注册。商标一经商标局核准即为注册商标，享有商标专用权，受法律保护。假冒商标、抢先注册都构成商标的侵权。品牌和商标可以为汽车生产企业独特的产品特征提供法律保护。

商标的法定构成要素是：可凭视觉分辨的文字、图形、字母、数字、三维标志和颜色组合。上述六类商标要素可以单独作为商标注册，也可以将上述这些要素中两个或两个以上相同或不相同的要素任意组合。

2. 品牌与商标的异同

品牌名称及标识经过注册以后就是商标，但二者之间既有联系又有区别。

其联系主要表现为：它们都是无形资产，都具有一定专有性，其目的都是区别于竞争者，有助于消费者识别。

两者的区别表现在：品牌比商标的内涵更广，商标只表达了品牌的名称和标识部分，品牌的内涵更深刻，它不仅仅是一个易于区分的名称和符号，更是一个综合的象征，品牌标识和品牌名的设计是建立品牌的第一道程序，商标要成为品牌，还要着手品牌特性、品牌认同、品牌定位、品牌传播、品牌管理等各方面的工作。另外品牌无须注册；商标一般都要注册，其产权可以转让和买卖；商标是一个法律概念，是国家对汽车品牌认可的证明；商标具备品牌所不具备的特殊职能，即保护汽车品牌的职能；品牌主要表明产品的生产和销售单位，而商标则是区别不同产品的标记；商标掌握在企业手中，而品牌属于消费者。

6.2.4 品牌类型及策略

在企业经营活动中，品牌的使用方式是多种多样的，主要依据产品的种类、市场的性质和企业的规模与资源状况来选择不同的品牌策略。

1. 无品牌

产品的差异性小，消费者主要看品质，对品牌不做选择，宜采用"无品牌重品质"策略。例如，汽车装配时用的圈圈、垫垫、三滤的滤芯等（随着市场经济意识的增强，这些产品也大多结束了无品牌的状况）。

2. 家庭品牌

一般采用“单品牌”策略，用于企业所有产品差异性不大时，例如，维修用汽车配件。

3. 个别品牌

不同产品不同品牌（甚至是一品一牌），所以称为“多品牌”策略。一般产品差异性比较明显时，采用此法。例如，汽车及汽车零部件总成。

4. 特种品牌

这是对知名品牌为产生品牌延伸效应而广泛应用的方式之一。

5. 制造商品牌

也称“全国品牌”策略，大多数产品使用的都是制造商品牌，汽车行业就是其典型行业之一。随着我国加入 WTO，全国品牌策略已扩张成“全球品牌”策略。

6. 中间商品牌

中间商品牌策略是指产品使用中间商的品牌进行销售，同一企业生产的产品可以冠以不同中间商品牌，又称之为“私有品牌”策略。例如，国内知名的“亚飞连锁”汽车经销。

6.2.5 品牌管理

在企业或产品的管理中一般涉及多项决策，如图 6.21 所示。

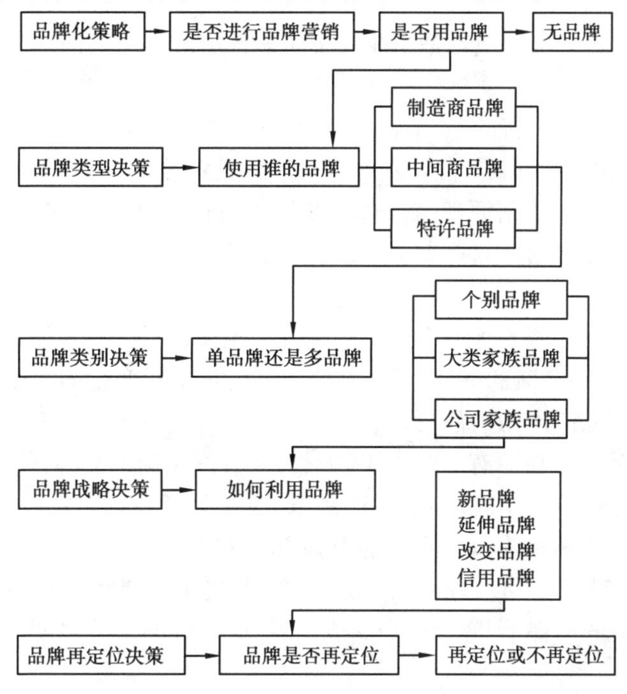

图 6.21　企业或产品的管理中一般涉及的多项决策

6.2.6 品牌保护

1. 品牌必须及时注册

如果品牌被他人先注册，往往会造成很大的损失。

2. 充分考虑注册的地域范围

产品全国销售——进行全国性注册。

产品出口——在出口国进行品牌商标注册,甚至全球范围进行国际注册。

对于同形、同义或其他类似的文字、图形或标志,尽可能先行注册,以免被人利用,对企业的产品进行仿冒,侵犯企业的权益。

3. 采取积极主动的措施

防止对自身品牌、商标的侵权和仿冒行为,其中包括对特许品牌的使用者加强质量监督——“监制”。

6.3 汽车新产品开发与产品组合策略

6.3.1 汽车新产品开发

1. 新产品的广义概念

在汽车市场上,首次出现或者是企业首次向某目标市场提供的,能满足用户某种消费需求的产品。

所谓新产品,并不是全新的意思,只要产品整体概念中任何一个方面,任何一个部分具有变革、改变和创新,都算新产品。新产品可以分成六类:

(1)全新产品。指应用新原理、新结构、新技术、新工艺和新材料制成,开创全新功能的产品。此类产品在面市的同时,大多数获得知识产权保护,利润空间较大,它占新产品总量的一成。

(2)改进型新产品。指在原有老产品的基础上改进,在结构、功能、质量、款式、造型及包装上具有的新的特点和新的突破,能更多地满足用户不断变化的需要,它约占新产品总量的 1/4。目前,在汽车轿车产品中约占 1/3 以上。

(3)改良新产品。指在原有的产品线(大类)中开发出新的品种,使其性能获得改进或增加其功能,从而延伸了产品线,加宽了产品系列,扩大了目标市场。该类产品约占新产品总量的 1/4。在汽车专用车新产品中能占到 40% 左右。

(4)成本降低产品。主要指企业应用新科技、改进工艺或形成经济规模生产,在保持产品质量、性能不变的前提下,降低原产品成本,相应售价的调节幅度加大,这类产品占新产品总量的一成。

(5)重新定位产品。是指在新的目标市场上或细分市场上推销现行产品。国内汽车厂商大多对此十分重视。例如,三农汽车市场,西部汽车市场等。

(6)仿制新产品。在不侵犯知识产权的前提下,对市场上已有产品进行模仿生产。汽车零部件新产品的开发必须翻版或模仿主机厂的产品,而汽车整车和摩托车整车产品切勿碰了侵权的红线,否则,连带后果严重。

2. 汽车新产品的开发过程

新产品的开发需要经过创意产生、创意筛选、概念发展与测试、营销战略发展、商业分析、产品开发、市场测试和商品化等八个步骤。

第一步，创意产生。

创意是对未来产品的基本轮廓架构的设想，是新产品开发的基础和起点。这些设想可以通过许多方式产生，既可能来自企业内部，也可能来自企业外部；既可以通过正规的市场调查获得，亦可以借助于非正式的渠道。

第二步，创意筛选。

对于所获得的创意，企业还必须根据自身的资源、技术和管理水平等进行筛选，因为有些创意甚至是比较好的创意并不一定能付诸实施。通过筛选可以较早地放弃那些不切实际的创意。当然，在筛选阶段，企业一定要避免“误舍”和“误用”两种错误。

筛选的过程主要包括两个步骤：首先，建立不同创意的评选标准；然后，确定评选标准中不同要素的权数，再根据企业的情况对这些创意进行打分。可供服务企业采用的标准有：市场大小，市场增长状况，服务水平和竞争程度等。必须强调的是没有任何一套标准，能适合所有的服务业公司，各企业都应该根据其本身的资源情况来开发并制订出自己的一套标准。

第三步，概念的发展与测试。

经过筛选后的创意要转变成具体的产品概念，它包括概念发展和概念测试两个步骤。在概念发展阶段，主要是将服务产品的创意设想转换成服务产品概念，并从职能和目标的意义上来界定未来的服务产品，然后进入概念测试阶段。例如，某汽车生产企业的产品概念：一种家庭旅游房车，走到哪里都是家。概念测试的目的是测定目标顾客对于产品概念的看法和反应。此外，在发展和测试概念的过程中还要对产品概念进行定位，即将该产品的特征同竞争对手的产品作一比较，并了解它在消费者心目中的位置。

第四步，营销战略发展。

营销战略计划包括三个部分：第一部分描述目标市场的规模、结构和行为，产品的定位和销售量、市场份额以及开头几年的利润目标。第二部分描述产品的计划价格、分销策略和第一年的营销预算。第三部分描述预期的长期销售量和利润目标，以及不同时间的销售战略组合。

第五步，商业分析。

商业分析即经济效益分析，是为了了解这种产品概念在商业领域的吸引力有多大及其成功与失败的可能性。具体的商业分析包括很多内容，但在这一阶段想要获得准确的预测和评估是不切实际的，企业只能作大体的估计。一些常用的分析方法如盈亏平衡分析、投资回收期法、投资报酬率法等将非常有助于企业的商业分析。在此阶段经常需要一些开发性技术和市场研究，以及新服务产品推出上市的时机掌握和成本控制手段。

第六步，产品开发。

产品创意经过概念发展和测试，又通过商业分析被确定为是可行的话，就进入了具体服务产品实际开发阶段。因此，企业要增加对此项目的投资，招聘和培训新的人员，购买各种服务设施，建立有效的沟通系统。此外，还要建立和测试构成服务产品的有形要素。

第七步,市场测试。

对于汽车产品来说,当新产品研制出来之后通常要经过市场测试,因为消费者对设想的产品同实际产品的评价会有某些偏差。实践表明,很多产品试制出来之后仍然会遭到被淘汰的命运。

比如,一种新的安全气囊产品,大多是采用无人驾驶进行碰撞试验,模拟的驾驶及路面行驶状况与实际情况不一定完全相符,但又不能采用有人驾驶进行测试。

最后一步,商品化。

这一阶段意味着企业正式开始向市场推广新产品,新产品进入其市场生命周期的导入阶段。企业必须在新产品上市之前做出以下决策,即在适当的时间和适当的地点、采用适当的推广战略、向适当的顾客群推销产品。

3. 新产品采用过程

新产品采用过程可分为以下5个阶段:

第一阶段,知晓:消费者对该产品有所觉察,但缺少关于它的信息;

第二阶段,兴趣:消费者受到激发,以寻找该新产品较详细的信息;

第三阶段,评价:消费者考虑试用期内购买该新产品是否明智;

第四阶段,试用:消费者小规模使用了该新产品,以改进对其价值的评价;

第五阶段,采用:消费者决定经常和全面地采用该新产品。

6.3.2 汽车产品组合的概念

1. 汽车产品组合

汽车产品组合是指某个汽车企业生产和销售的所有汽车产品项目和产品线的组合式,也就是某企业的全部汽车产品的结构。

产品项目,即汽车产品中各种不同品种、规格、质量的特定产品,企业产品目录中列出的每一个具体的品种就是一个产品项目。

产品线是若干产品项目的集合。这些产品项目具有功能相似、用户相同、分销渠道相同、消费上相连带等特点。

2. 产品组合坐标图(图6.22)

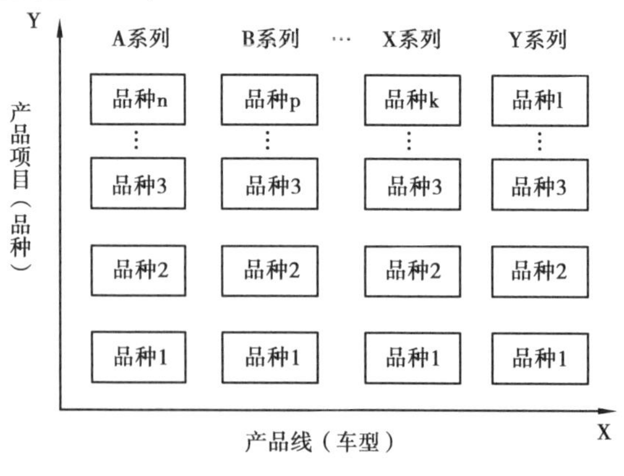

图6.22 产品组合坐标图

产品组合是指企业全部产品线、产品项目的组合方式,即产品组合的长度、宽度(广度)、深度和关系度。“四度”的表述如下:

长度:企业所有产品线中产品项目的总和;

宽度(广度):企业所拥有的产品线的数量;

深度:产品线中每一个产品有多少品种规格;

关联度:产品线的产品在最终用途、生产条件、销售渠道或其他方面相互关系的紧密程度。

6.3.3 优化汽车产品组合的途径

优化汽车产品组合的基本方法是产品组合的4个维度。

第一,增大产品组合的宽度(加长X坐标),即增加车型系列;

第二,增加产品组合的长度(加长Y坐标),即品种多元化;

第三,加强产品组合的深度,即增加每一车型系列的品种数目;

第四,加强产品的一致性,使汽车企业在某一特定市场领域内赢得良好声誉。

6.3.4 汽车产品组合策略

汽车产品组合策略是指企业应当针对(目标)消费市场,合理进行汽车产品组合决策。汽车产品组合决策对企业的营销决策有着重要意义。

1. 决策时必须考虑的因素

进行汽车产品组合决策时必须考虑三个因素:企业自身条件、市场基本需求、竞争对手及自身竞争能力。

2. 常用的产品组合有两种

一是产品项目(品种)发展策略。由于我国加入WTO后,面临的竞争形势与我国汽车买方市场的形式,汽车整车厂家总体上呈增加产品线长度,不断推出新的产品项目(品种)的趋势。营销人员必须经常根据汽车市场行情的变化,分析品种的销售增长率和利润率,调整品种、产量和市场投放节拍。

二是产品线(长型系列)发展策略。企业产品系列的发展受到各种因素的制约,只有对相关因素调查摸底,做到知己知彼后,才能制订科学的产品发展规划和计划。其实质是准确把握新产品开发决策的问题,主要是采取产品线延长策略。

产品线延长策略指全部或部分改变原有产品的市场定位,可分别情况采用“向上”“向下”“双向”(即分别采用高档产品策略或低档产品策略、异样化、细分化策略)三种延伸形式来实现。

6.4 汽车产品生命周期理论和营销策略

6.4.1 产品生命周期理论的框架

1. 基本概念

①产品从投放到市场,经历一段时间后,最终退出市场的全过程所经历的时间称为产品的生命周期。

②汽车产品的生命周期,是指从汽车产品研制成功,完成规范、权威的检测、鉴定,投入市场开始到被市场淘汰为止所经历的全部时间过程。

注意,汽车产品的生命周期不是指汽车产品的使用寿命,而是指汽车产品的市场寿命,如图 6.23 所示。

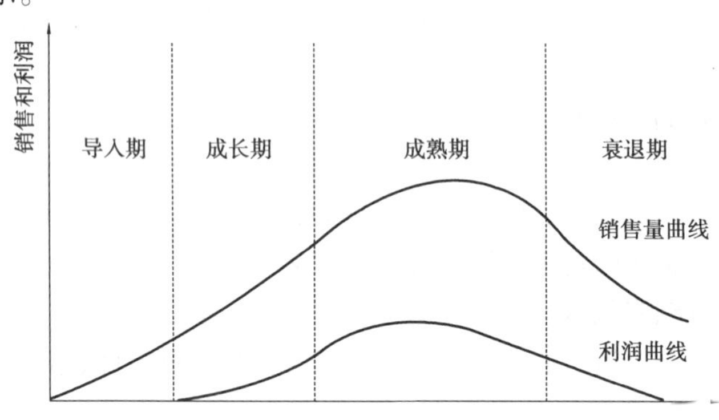

图 6.23 产品生命周期的四个阶段

(1)市场导入期——指汽车新产品面市、销售缓慢增长的阶段;

(2)市场成长期——指汽车新车型品种在市场上迅速被消费者接受,销售额迅速上升的阶段;

(3)市场成熟期——市场已普遍认同该产品,市场销售量“缓冲 —稳定——缓降”阶段;

(4)市场衰退期——销售额急剧下降,利润“下降——趋零——甚至亏损”阶段。

2. 产品生命周期寿命、产品技术(失效)寿命和使用寿命的区分

产品的产品生命周期寿命就是产品的市场寿命,即从产品入市到退出市场的全部时间过程。

产品设计使用寿命,是指产品设计的技术寿命,即从投入使用到产品性能完全失效的时间过程。一般情况下,汽车产品的设计寿命比汽车产品的市场寿命长。例如,化油器发动机汽车的市场寿命已结束,但在偏远的农村,一些化油器汽车仍在使用。

产品用户使用寿命,是指汽车产品以商品形式被用户购买后,由于用户的偏好和购买新款式、新技术产品欲望的驱使,在车况正常的情况下,提前弃之不用或转入二手车市场

卖出。产品用户使用寿命呈两种极端现象,城市私人用轿车的用户使用寿命,一般比产品市场寿命短,而经济欠发达农村的商用车用户使用寿命,甚至超过了其设计使用寿命的时间周期。

3. 生命周期曲线的其他形态

研究发现,产品生命周期还有多种形态。并非所有的产品都呈 S 形曲线产品生命周期。

汽车产品生命周期有三种常见形态:

(1)“增长—衰退—成熟”形态。汽车保修工具常具有此特点。例如,便携式工具箱在首次面市时销售量增长迅速,几乎一车一件,然后跌落到饱和滞销的水平,这个水平因不断有新车用户首次购买和早期用户更新产品新款工具箱而得以维持。

(2)“循环—再循环”形态。常用来说明汽车专用防冻液的销售。生产企业积极促销其新配方产品,从而产生了第一个循环;随着季节变化销售量下降,生产企业在秋末发动第二次促销活动,这就产生了第二个循环。

(3)“扇形”产品生命周期。它是基于发现了新的产品属性,发现了许多新的用途,用以推广出售就显示了这种扇形特征,因为许多新的用途一个接一个地被发现。市场营销观念与技术是构成特定产品生命周期的主要因素。

6.4.2 汽车产品市场生命周期的基本特点及营销策略

1. 汽车产品生命周期各阶段的基本特点及营销策略(表 6.1)

表 6.1 汽车产品生命周期各阶段的基本特点及营销策略

阶段 / 项目	导入期	成长期	成熟期	衰退期
销售额	低	↗	↗↘	↘
单位成本	高	—	↘	↘
利　润	无	↗		↘
营销策略	建立知名度“创牌”	提高市场占有率	争取利润最大化	实现产品更新换代

2. 导入期的市场特点与营销策略

(1)市场特点(图 6.24)

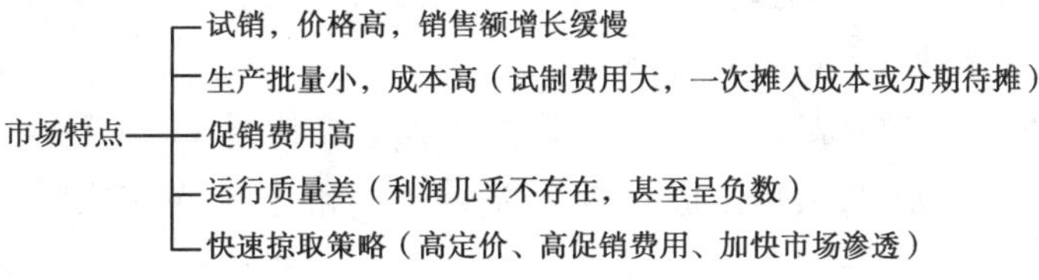

图 6.24 导入期的市场特点

(2)营销策略

①快速掠取策略。即以高价格和高促销费用的方式推出新产品。企业采用高价格是为了在每单位销售中尽可能获取更多的毛利,同时,企业花费巨额促销费用说明该产品物有所值。高水平的促销活动加快了市场渗透率。采用这一战略的假设条件是:潜在市场上的大部分人还没有意识到该产品;知道它的人渴望得到该产品并有能力照价付款;公司面临着潜在的市场竞争和想建立品牌偏好。

②缓慢掠取策略。即以高价格和低促销水平方式推出新产品。推行高价格是为了从每单位销售中获得尽可能多的毛利;而推行低水平促销是为了获取大量利润。

③快速渗透策略。即以低价格和高促销水平的方式推出新产品。这一战略期望能给公司带来最快速的市场渗透和最高的市场份额。采用这一战略的假设条件是:市场规模很大;市场对该产品不知晓;大多数购买者对价格敏感;潜在竞争很激烈;随着生产规模的扩大和制造经验的积累,企业的单位制造成本会下降。

④缓慢渗透策略。企业可降低其促销成本以实现较多的净利润。公司确信市场需求对价格弹性很高,而对促销弹性很小。采用这一战略的假设条件是:市场规模大;市场上该产品的知名度较高;市场对价格相当敏感;有一些潜在的竞争威胁。

3. 成长期的市场特点与营销策略

(1)市场特点(图 6.25)

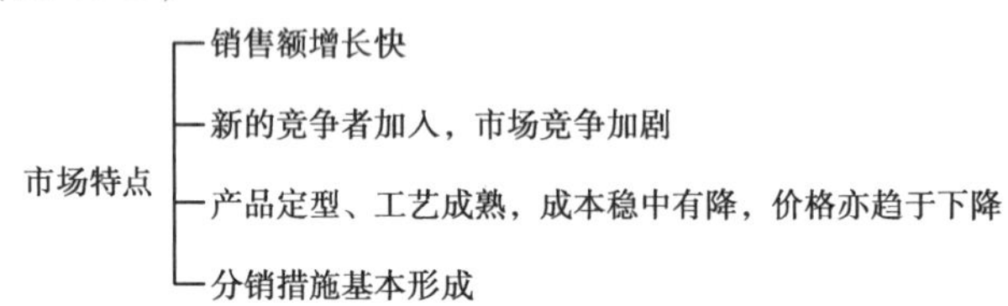

图 6.25　成长期的市场特点

(2)营销策略(图 6.26)

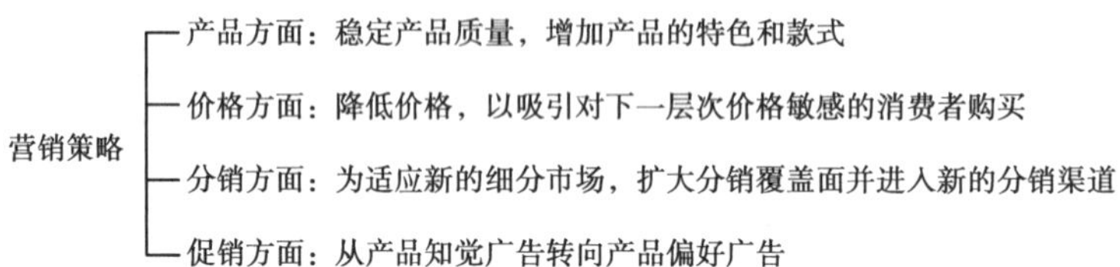

图 6.26　成长期的营销策略

4. 成熟期的市场特点与营销策略

(1)成熟期的产品生命周期曲线的特征(图 6.27)

成熟期的产品生命周期曲线由 A、B、C 三个曲线段组成,波峰出现市场由增长到下降的拐点。具体对三个曲线段的描述如下:

A 段:成长成熟期,某产品市场趋于基本饱和,增长率缓慢。

B 段:从拐点Ⅰ开始,进入稳定成熟期,市场基本饱和,销售在高峰层面稳定,开始出现下降拐点的征兆。

C 段:从拐点Ⅱ开始,进入衰退成熟期,销售趋降,竞争加剧,分化征兆明显。

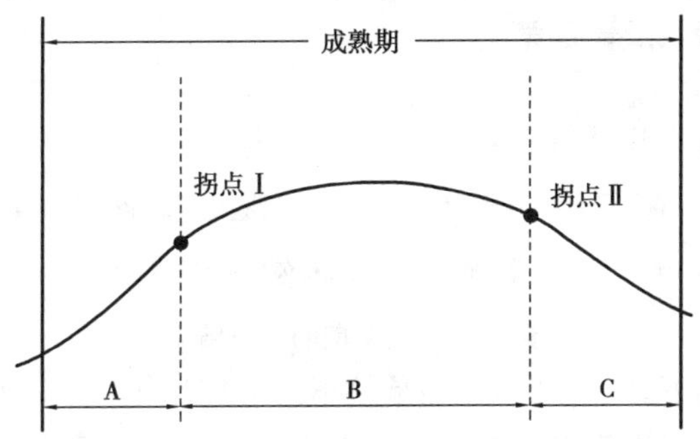

图 6.27　成熟期的产品生命周期曲线的特征

(2)营销策略及追求的效果

①在成熟阶段,许多生产企业会放弃渐弱的产品,它们把主要精力放在有利可图的产品和新开发产品上,但它们可能忽视许多老产品仍有的潜力,不应简单放弃而应采取改进策略,简称“六大改进”(图 6.28);

②市场多元化战略:开发新市场;

③汽车产品再推出策略:开发新产品。

以上策略,要多管齐下,同时有节拍地实施多重组合策略。需要强调一点,即投入产出综合考虑。

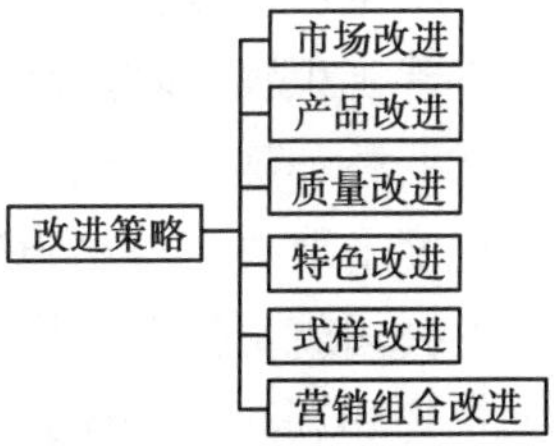

改进策略
- 市场改进
- 产品改进
- 质量改进
- 特色改进
- 式样改进
- 营销组合改进

图 6.28　营销六大改进策略

市场效果:

①通过开发新市场实施市场多元化战略。可以在不同的市场截面(形成 n 个市场),让同一产品的市场生命周期曲线产生错开峰谷的效应。在不同时间段的横向层面上,同一产品均有处于成熟期波峰的市场机会。

②通过开发新产品,实施汽车产品再推出策略。可以将在同一市场截面内的市场成熟期延长,出现若干个产品销售或利润的波峰,如图 6.29 所示。

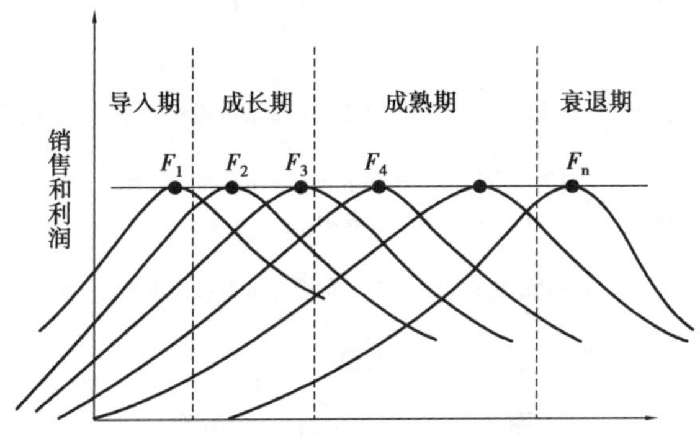

图 6.29　销售和利润曲线

③通过以上两种营销组合的双重协调组合,将会在不同市场截面的同一成熟期若干波峰组成一个相对稳定的最佳营销组合层面,使企业的产品销量和利润取得最大化。

采取以上三种产品营销组合,每个产品品种甚至每个产品线都必然会出现转折性拐点,企业经营者要从经营战术上坚持市场跟踪,对敏感性因素的变化进行调查、测量和预测,做好市场商情预报,有利于企业及时采取经营对策、防范风险,稳定持续发展。

5. 衰退期的市场特点及营销策略

(1)市场特点(图6.30)

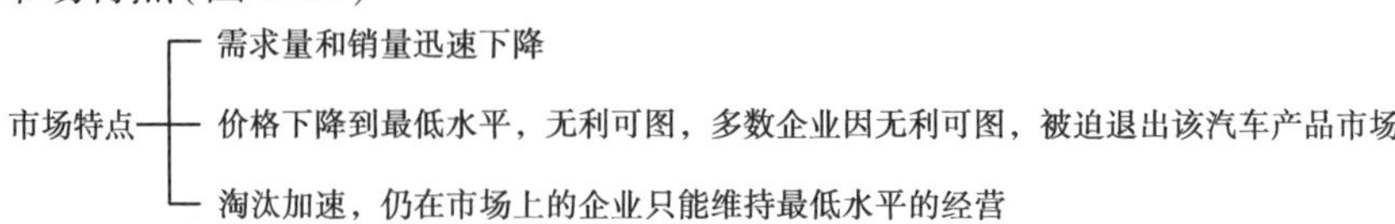

图6.30　衰退期的市场特点

在科技进步的推动下,汽车产品特别是整车产品层出不穷,不断面市。汽车产品最终都会衰退。这种销售衰退也许是缓慢的一个周期,但也许很迅速,像埃德塞汽车的例子。销售可能会下降到零,销售衰退的原因很多,且会导致生产能力过剩、削价竞争增加和利润被侵蚀。当销售和利润衰退时,有些公司退出了市场,留下来的公司可能会减少产品供应量。它们能从较小的细分市场和较弱的贸易渠道中退出,它们也可能削减促销预算和进一步降低价格。

一个生产企业在处理它的进入衰退期产品时面临着许多任务和决策。

①善于识别疲软产品。第一任务是建立识别疲软产品的制度。

②调整和确定营销战略。有些生产企业将比其他竞争对手率先放弃衰退市场。这在很大程度上取决于退出障碍的水平。退出障碍越低,企业就越容易脱离该行业,同时对留下来的公司就更具诱惑力,它们可以去吸引退出企业所拥有的消费群,留下来的企业将会增加销售和利润。因此,一个公司必须对是否要在市场上坚持到底做出决定。

③采取放弃决策。当企业决定放弃一个产品时,它面临着进一步的决策。如果产品有很强的分销能力并留存一些好名声,公司也可将它卖给一个小公司。如果公司找不到买主,就必须决定是迅速还是缓慢结束这个品牌。它还必须决定保留多少部件和服务项目为老顾客服务。

(2)营销策略(图6.31)

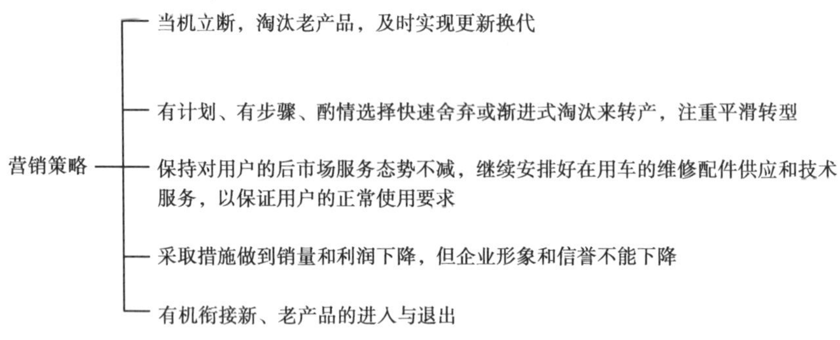

图6.31　衰退期的营销策略

思考题

1. 简述市场生命周期阶段的主要特征。

2. 为什么说产品策略是实施营销组合策略？
3. 简述品牌经营的内容。
4. 简述汽车产品市场生命周期的基本特点及营销策略？

第7章　汽车定价策略

学习要点

1. 汽车价格的构成及影响汽车产品定价的主要因素。
2. 汽车产品定价的方法及其应用。
3. 汽车产品定价的基本策略及定价策略与其他营销组合策略的配合运用。

7.1　汽车价格的构成及影响定价的主要因素

汽车产品的价格从经济学观点看是其价值的货币表现,是一个具体的、确定的货币量。从汽车市场营销的角度看,汽车价格是活跃的,是围绕汽车的价值上下波动的。汽车产品价格是汽车市场供需变化的最直观反映,汽车产品价格要以汽车消费者是否满意为出发点。所以,价格在市场营销组合中与产品、分销和促销相比,是增销获利的关键因素,在四大要素营销组合中,只有价格能产生收入,其他三个要素都表现为成本。

价格既是一门科学,又是一门艺术。随着我国汽车市场的国际化,汽车产品质量差别不断变化,市场营销环境日益复杂,竞争程度不断激烈,制订价格策略的重要性和操作难度将会越来越大,必须对此高度重视。

7.1.1　汽车价格的构成

1. 从汽车市场营销角度看,汽车价格的具体构成(图 7.1)

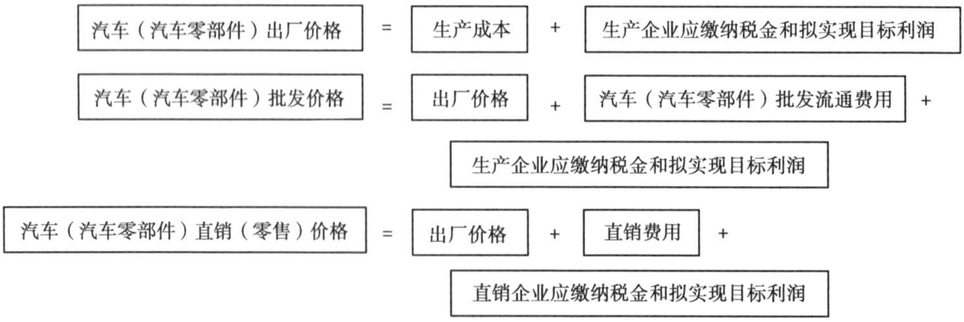

汽车（汽车零部件）出厂价格 = 生产成本 + 生产企业应缴纳税金和拟实现目标利润

汽车（汽车零部件）批发价格 = 出厂价格 + 汽车（汽车零部件）批发流通费用 + 生产企业应缴纳税金和拟实现目标利润

汽车（汽车零部件）直销（零售）价格 = 出厂价格 + 直销费用 + 直销企业应缴纳税金和拟实现目标利润

图 7.1　汽车价格构成

2. 汽车(汽车零部件)产品的成本

汽车产品的成本是汽车企业为研究开发、生产和销售产品所支付的全部实际费用,以其汽车企业为产品承担风险所付出的代价的总和。

成本是价格中最主要、最基本的因素。汽车产品的成本包括研发成本、制造成本、营销成本、储运成本等,按其变动的稳定程度产品成本可分为固定成本和变动成本。固定成本是企业产品的投资、折旧、房地设备租金及行政办公费等;变动成本是指随着产量或销售量的增减而变化的各种费用,如原材料的消耗、储运费用、计件工资等。还有一种叫“半固定成本”,它是产品产销量增加到一定数额后,原成本支出不足以支撑,对新增产销量需要追加的固定资本投入。

$$\text{总成本} = \text{固定成本} + \text{变动成本} + \text{半固定成本} \tag{7.1}$$

汽车产品成本构成(图 7.2)。

7.1.2 影响定价的主要因素

影响汽车产品的定价因素(图 7.3)是多方面的:

1. 定价目标

定价目标是指企业定价要达到的主要目标。企业生产经营的不同汽车产品在不同的时间,针对不同的目标市场有不同的目标。企业追求的目标是多元的,不止一个的,一般有利润目标、市场目标、竞争目标等。

企业目标不同,采取的价格策略亦不同。一般,企业定价目标有以下四种:

(1)维持生存

当汽车市场同类产品竞争激烈——企业处于生产能力过剩——或者产品已进入生命周期的衰退期——消费者需求发生重大变化时,一般采取低的价格(略高于成本的最低费用),以维持生产,保持企业活力,但维持生存仅是权宜之计,必须同时审时度势,因时因地制宜,调整并实施新的市场战略。

(2)当期利润最大化

企业通过对成本函数与需求函数的深入分析,按照边际成本等于边际利润最大化原则,求得企业可获得最大利润的产品价格。但是一般要把握两点:一是追求利润最大化并不等同于价格最高;二是不能长期采用过高的价格,要见好就收,否则会带来负面的连锁反应。

(3)市场占有率最大化

这就是所谓的薄利多销。采取这种定价目标必须具备下述条件:市场对价格弹性较大,产品成本随着销量增加呈现逐步下降趋势,而利润则能逐步上升,企业生产呈现规模经济特征,市场的低价能阻止生产规模较之为小的竞争者进入。

(4)产品质量最优化

这就是所谓的优质优价。拟采取制订较高价格的汽车企业,一般要具备以下三个条件:一是持有同类名牌产品的市场主导企业;二是产品质量胜人一筹;三是能提供优质的售后服务。

综上所述,可供选择的汽车定价目标,如图 7.4 所示。

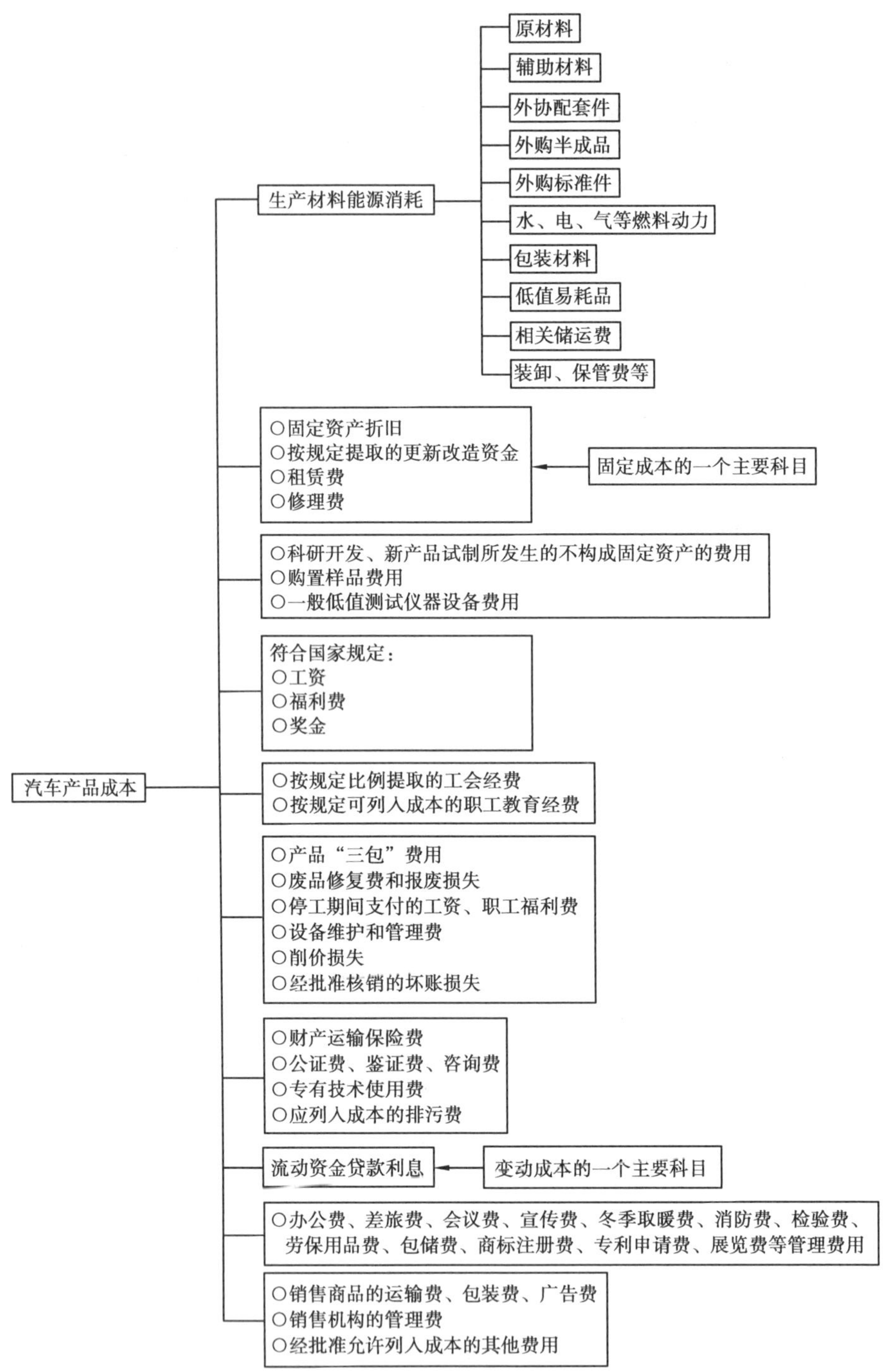

图 7.2　汽车产品成本构成框图

2. 产品成本

汽车(汽车零部件)是典型的规模生产的产品,生产规模的大小很大程度上决定着产品成本。所以,产品成本是影响产品价格的主要因素,市场需求的大小决定着企业为产品制订价格的最高限,而成本的高低决定着最低限。1999 年国家有关部委发布实施的《关于制止低价倾销行为的规定》明确规定:在正常情况下企业制订出厂价格的最低界限为生产成本,若低于这一界限,将被视为不正当竞争行为。所以制订产品价格,必须包括生产、销售的成本——承担风险的合理报酬补偿外,与竞争对手相比,在同样的市场价格水平内,应有尽可能的调节空间,这样才能形成价格竞争的比较优势。

图7.3 影响价格的主要因素

3.供需关系

价格机制就像一只无形的手协调着供需的变化。汽车产品的市场需求量和市场供给能力都受到多种因素的影响。其中最主要的因素是产品的价格。

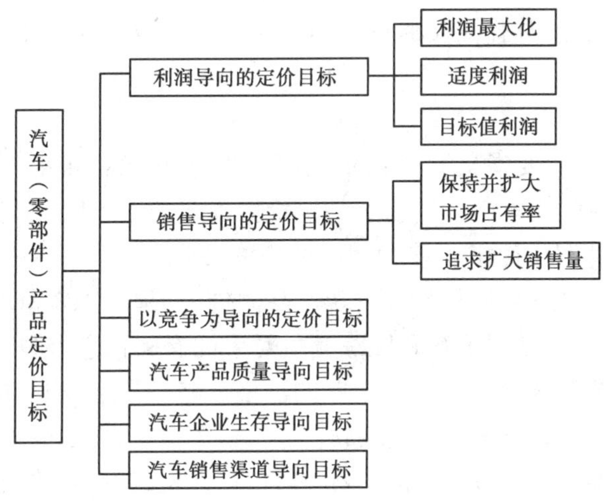

图7.4 汽车产品的定价目标

在其他因素不变或变化不明显的情况下,价格与需求关系一般是反比关系,当产品价格下降时,需求量增加;商品价格上升时,需求量下降。价格与供给量的变动方向相同,呈正比关系。

由于价格的影响,供给与需求变动的方向是相反的(图7.5)。

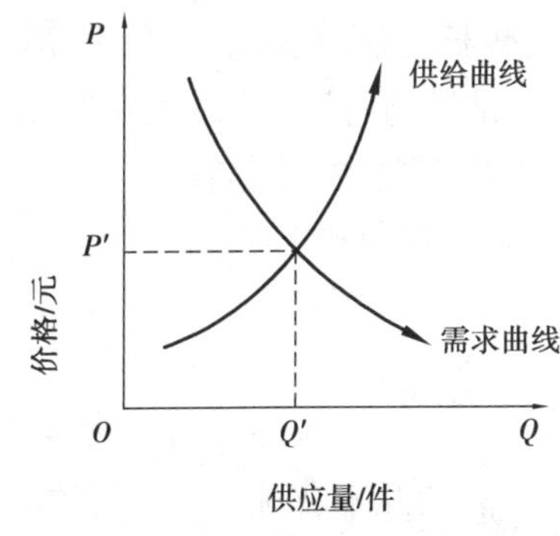

图7.5 供求均衡图

在价格变动中,供给曲线和需求曲线会相交于某点,这点就称为均衡点。与均衡点对应的价格(即O-P轴上的P′点),是市场供求平衡时的价格,称作供需双方都能接受的"均衡价格"。实际生活中,汽车产品市场营销中的售价,都是建立在买卖双方都能接受的"均衡价格"的水平上的,均衡价格是相对稳定价格,供求平衡只是相对的,有条件的,不平衡则是绝对的。

为了掌握需求变动对价格变动的敏感程度,应该了解需求价格弹性。所谓价格弹性是指因价格的变动而引起的需求相应的变动率,一般用弹性系数来衡量弹性的大小，其计算公式为：

$$Ed = \frac{\Delta Q/Q}{\Delta P/P} \tag{7.2}$$

式中 Ed——需求弹性系数；

Q——原需求量；

ΔQ——需求变动量；

P——原价格；

ΔP——价格的变动量。

不同的产品具有不同的弹性，需求弹性系数可分为三种类型：

第一种，富有弹性 $Ed>1$。定价时可采用薄利多销的降价措施。

第二种，不变弹性 $Ed=1$。价格的变动与需求量的变动是相适应的，定价时可以实现预期利润率为依据。

第三种，缺乏弹性（或称弹性较小）$Ed<1$。价格与总收入成正比，宜在定价时采用水涨船高的较高定价策略。

4. 竞争者行为

竞争者的行为这里主要指竞争对手的同种汽车产品的价格水平。从以上分析可以看出，市场的需求和企业的成本已分别为产品的价格确定了上下限，在上下限幅度内，企业的产品价格取决于市场上同种产品竞争对手的价格水平。

一般可归纳为三种方法：一是与竞争者产品同价；二是高于竞争者的价格；三是低于竞争者的价格。这就要求做到了解和跟踪竞争对手的有关信息资料，对竞争对手产品及价格进行比较分析，及时掌握竞争对手采取的价格策略，以便于积极应对。从长计议看，我们应清醒地认识到，市场竞争的重点应放在非价格竞争上，恶性的价格战往往造成两败俱伤，应通过产品创新、提高质量、促销策划和后市场开发，创造新的产品价值以对抗价格战，以增加销量，扩大市场占有率。

5. 汽车产品特征

一般指汽车产品的自身属性，如质量、性能、款式、造型、人性化程度、服务、商标和装饰等，它能反映汽车产品对消费者的吸引力。

汽车产品所处的产品生命周期的不同阶段对价格的影响也很重要，一是汽车产品具有耐用消费品和生产资料的双重属性，整车产品的生命周期较长，汽车配件的产品生命周期又比整车长，但由于整车新产品的不断推向市场，“总把新桃换旧符”。所以汽车整车，特别是轿车产品的市场生命周期往往比产品生命周期短。二是要关注不同周期阶段对产品的影响，把握不同周期阶段的汽车产品的变化规模，以此作为选择价格策略和定价方法的依据。

6. 汽车市场结构

从理论上讲，汽车市场结构可分为：完全竞争市场、完全垄断市场、垄断竞争市场和寡头垄断市场四种汽车市场类型。由于汽车市场总量上供大于需的基本状况，“完全竞争市场”（又称自由竞争市场）和“完全垄断市场”在当今的现实中是不存在或在局部区域市场实属少见。“垄断竞争市场”比较符合现实情况，其市场结构呈以下三个特点：其一，同类汽车产品(如汽车发动机,大中型客车等),在市场上有较多的生产企业,市场竞争十分激烈;其二,新成长的此类企业进入汽车市场相对容易;其三,不同企业生产的同类汽车产品存在着差异性,消费者对某种品牌产品产生了偏好,这类企业由于某种优势(品牌效应和企业发展史等)而产生了一定的垄断因素。

"寡头垄断市场"是介于完全垄断和垄断竞争之间的一种汽车市场形式。这是指某类汽车(如赛车、大吨位工程装载车、工程装药车等)的绝大部分由少数几家汽车产品生产企业相对垄断的市场,这种形式在技术含量高的专用性强的汽车产品中较为普遍。在这种汽车市场中,汽车的市场价格主要不是通过市场供求关系决定的,而是由几家或十几家这类汽车产品的企业通过协议或默契做出的。

7. 政府干预程度

政府干预企业价格制订也直接影响企业的价格决策,为了维护国家利益、社会公益和消费者的权益,规范正常的汽车市场秩序和公路交通运输秩序,改善城市的大气环境和交通阻塞现象,保持汽车产业的健康持续发展,国家不断制订和完善有关政策法规,鼓励或约束汽车产品企业的定价行为。

8. 企业状况

主要指汽车企业的生产经营能力和经营管理水平对制订价格的影响。不同的企业由于规模和实力的不同、销售渠道和信息沟通方式的不同以及企业营销人员的素质和能力高低的不同,对价格的制订和调整应采取不同的策略。

9. 社会经济状况

汽车是价值较大的耐用消费品和生产资料,由于经济状况不同,则对价格敏感性反应不同。一个国家或地区经济发展水平及发展速度快,人们收入水平增长高,购买力强时,对价格敏感性弱;反之,则价格敏感性强。价格敏感性弱时,有利于较自由地为汽车产品定价,价格敏感性强时,自由定价的活动空间就小。

10. 货币价值

汽车产品在国际化的大市场上营销,汽车价格不仅取决于汽车自身价值的大小,而且取决于货币价值的大小。近几年来,国家几个主要的币种,如美元、欧元、英镑、日元、人民币的互换汇率在不断变化,仅人民币对美元 2005 年/2006 年年度就升值 5% 以上,由于汽车价格与货币交换的比例关系,肯定对汽车进出口价格带来影响。

7.2 汽车产品定价方法

影响汽车价格的因素比较多,在制订汽车价格时主要考虑的因素有三个:一是汽车产品的成本;二是汽车市场的需求;三是竞争对手的价格。汽车产品的成本规定了汽车价格的最低基数,汽车市场的需求决定了汽车需求的价格弹性,竞争对手的价格提供了制订汽车价格的对比参照点。在实际操作中,往往侧重于影响因素中的一个或几个主要因素来选定汽车定价方法。

7.2.1　汽车产品定价方法

1. 定价步骤(图 7.6)

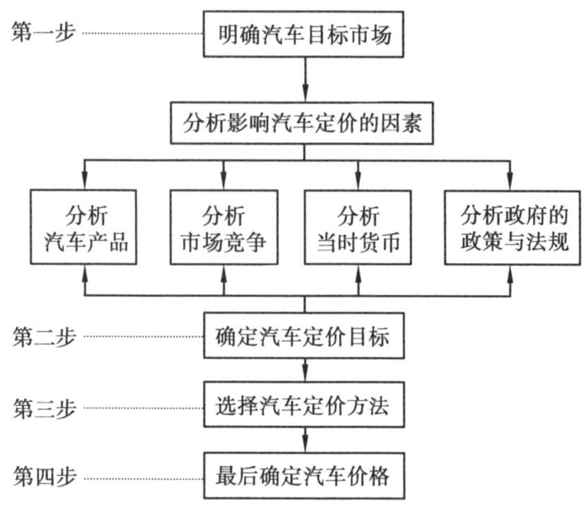

图 7.6　汽车定价的步骤框图

2. 汽车定价方法(图 7.7)

汽车产品定价主要有 3 种基本方法和 9 种具体方法。

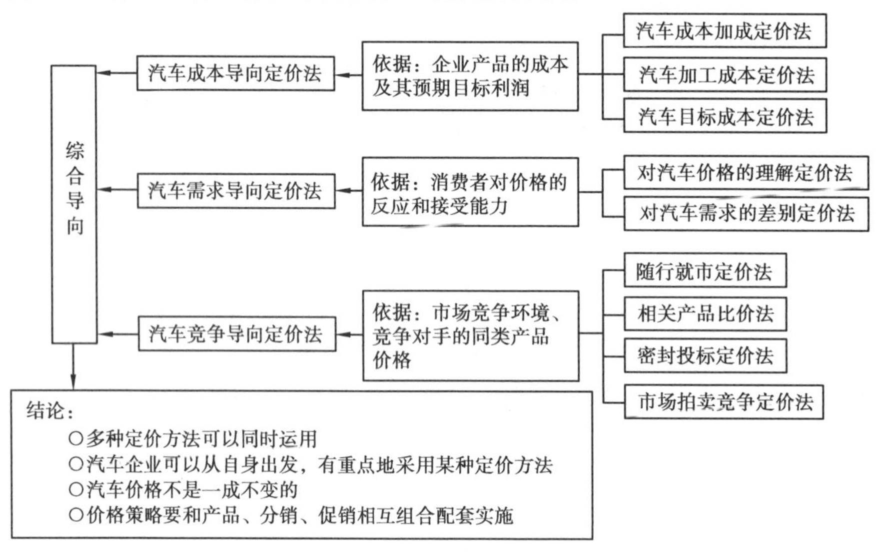

图 7.7　汽车定价方法框图

7.2.2　汽车成本导向定价法

汽车成本导向定价法是汽车企业定价首先要考虑的方法,即以汽车成本为基础,加上一定的预期利润和应纳税金来制订汽车价格的方法。这是一种按汽车企业自身的经营意图定价的方法。以汽车成本为基础的定价方法主要有以下三种:

1.汽车成本加成定价法

成本加成定价法是一种最简单的汽车定价方法，即在单台汽车成本的基础上，加上一定的预期利润（用百分比表示）作为汽车产品的售价。售价与成本之间的差额，就是利润。由于利润的多少是按一定比例反映的，这种比例习惯上称为“几成”，所以这种方法被称为汽车成本加成定价法。计算公式如式(7.3)所示：

$$\text{汽车单台销售} = \text{单台汽车完全成本} \times (1 + \text{成本利润率}) \tag{7.3}$$

其中，

$$\text{成本率} = \frac{\text{要求达到的总利润}}{\text{总成本}} \times 100 \tag{7.4}$$

汽车成本加成定价法的优缺点。

优点：

(1)能使汽车企业的全部成本得到补偿，并有一定营利，使汽车企业的再生产能继续进行；

(2)这种计算方法简便易行；

(3)有利于国家和有关部门通过规定成本利润率，对汽车企业的汽车价格进行监督；

(4)如果汽车行业都采用此法，就可缓解汽车价格竞争，保持汽车市场价格的稳定。

缺陷：

(1)由于汽车成本加成定价法忽视了汽车市场的需求和竞争对手的价格，只反映生产经营中的劳动耗费。因此，根据这种方法制订的汽车价格必然缺乏对汽车市场供求关系变化的适应能力，不利于增强汽车企业的市场竞争力；

(2)汽车企业成本不是正常生产合理经营下的社会成本，因此，有可能包含不正常、不合理的费用开支。

汽车成本加成定价法主要适用于汽车生产经营处于合理状态下的企业和供求大致平衡、成本较稳定的汽车产品。

2.汽车加工成本定价法

汽车加工成本定价法是将汽车企业成本分为外购成本与新增成本后分别进行处理，并根据汽车企业新增成本来加成定价的方法。对于外购成本，企业只垫付资金，只有企业内部生产过程中的新增成本才是企业自身的劳动耗费。因此，按汽车企业内部新增成本的一定比例计算自身劳动耗费和利润，按汽车企业新增价值部分缴纳增值税，使汽车价格中的营利同汽车企业自身的劳动耗费成正比，是汽车加工成本定价法的要求。其计算公式如式(7.5)所示：

$$\text{汽车单台销售价格} = \text{外购成本} + \frac{\text{汽车加工新增成本} \times (1 + \text{汽车加工成本利润率})}{1 - \text{加工增值税率}} \tag{7.5}$$

其中，

$$\text{汽车加工成本利用率} = \frac{\text{要求达到的总利润}}{\text{加工新增成本总额}} \times 100\% \tag{7.6}$$

$$\text{加工增值税率} = \frac{\text{应纳增值税金总额}}{\text{销售总额} - \text{外购成本总额}} \times 100\% \tag{7.7}$$

这种汽车加工成本定价法主要适用于加工型汽车企业和专业化协作的汽车企业。此方法既能反映汽车企业的全部成本，又能使协作企业之间的利润分配和税收负担合理化，避免按汽车成本加成法定价形成的行业之间和协作企业之间苦乐不均的弊病。

3. 汽车目标成本加成定价法

汽车目标成本加成定价法是指汽车企业以估算的预期能够达到的目标总成本和销量为定价依据，在此基础上加上按成本利润率确定的目标利润来制订汽车价格的方法。这里，目标成本与定价时的实际成本不同，它是拟定的一种"预期成本"，一般都低于定价时的实际成本。其计算公式如式(7.8)所示：

$$\text{汽车单台销售价格} = \frac{\text{汽车目标总成本} \times (1 + \text{汽车目标利润率})}{\text{预期总销量}} \tag{7.8}$$

其中，

$$\text{汽车目标成本利用率} = \frac{\text{要求达到的总利润}}{\text{目标成本} \times \text{预期总销量}} \times 100\% \tag{7.9}$$

上述表明，汽车目标成本的确定要同时受到价格、税率和利润要求的多重制约。即汽车价格应确保市场能容纳目标产销量，扣税后销售总收入在补偿目标产销量计算的全部成本后能为汽车企业提供预期的利润。此外，汽车目标成本还要充分考虑原材料、工资等成本——价格变化的因素。

汽车目标成本虽非定价时的实际成本，但也不是主观臆造出来的，而要建立在对"量、本、利"关系进行科学测算的基础上。小批量生产成本高的主要原因是固定总成本按产量分摊后单位固定成本高，如果在设备能力范围内将目标产量增大，就能使固定总成本分摊额减少(平均变动成本一般变化不大，并还可能由于工艺技术更熟悉而降低一些)，使单台汽车成本大大降低。预期的成本降低便可使汽车价格达到能吸引消费者的水平，从而为汽车打开销路。但是，并非汽车目标成本定得越低越好，因为，要降低目标成本就必须增大目标产销量，而汽车目标产销量如果太接近一个汽车企业的生产能力极限，单台汽车成本水平反而又会升高。按照许多汽车企业的实践经验，汽车目标成本应留有调整空间和变动裕度，一般是在保本点往后直到设备利用率达到80%左右的产量区间内确定的。

汽车目标成本加成定价法是为谋求长远和总体利益服务的，较适用于经济实力雄厚、生产和经营有较大发展前途的汽车企业，尤其适用于新产品的定价。采用汽车目标成本加减定价法有助于汽车企业开拓市场，降低成本，提高设备利用率，提高汽车企业的经济效益。

7.2.3 汽车需求导向定价法

汽车需求导向定价法是汽车企业以汽车消费者对汽车产品价值的理解程度和对汽车需求强度的差别为依据的定价方法。

1. 对汽车产品的理解价值定价法

所谓对汽车产品的理解价值定价法也叫感受价值定价法，就是汽车企业不以成本为依据，而按照汽车消费者对汽车产品的理解价值来制订汽车价格。

对汽车产品的理解价值定价法同汽车在市场上的定位是相联系的。其方法是：

①首先应以各种营销策略和手段，影响消费者对汽车的产品质量、提供的服务等方面

的认知，形成对企业和产品的价值观念；

②判定汽车所能达到的售价；

③估计在此汽车价格下的销量；

④由汽车销量计算出所需的汽车生产量、投资额及单台汽车成本；

⑤计算该汽车是否能达到预期的利润，以此来确定该汽车价格是否合理，并可进一步判明该汽车产品面市后的表现。

运用对汽车产品的理解价值定价法的关键是把自己的汽车产品与竞争者的汽车产品相比较，正确估计本企业的汽车产品在汽车消费者心目中的形象，找到比较准确的理解价值。因此，在定价前要搞好市场调研和影响、引导消费者的工作。

2. 对汽车产品区分需求的差别定价法

根据对汽车需求方面的差别来制订汽车产品和后市场服务的价格，主要有以下三种情况：

(1)按汽车的不同目标消费者采取不同价格

同一商品对于不同消费者，其需求弹性不一样。有的消费者对价格敏感，适当给予优惠引导购买，有的则不敏感，可照价收款。

(2)按汽车的不同颜色、款式、配置确定不同价格

对同一品牌、规格汽车的不同颜色、款式、配置，消费者的偏好程度不同，需求量也不同。因此，定不同的价，能吸引不同需求的消费者。

(3)按汽车的不同销售时间采用不同价格

同一种汽车因销售时间不同，其需求量也不同，汽车企业可据此制订不同的价格，争取最大销售量。

总之，对汽车需求的差异定价法能反映汽车消费者对汽车需求的差别及变化，有助于提高汽车企业的市场占有率和增强其汽车产品的渗透率。但这种定价法往往和成本控制脱节。

7.2.4 汽车竞争导向定价法

汽车竞争导向定价法是企业通过对竞争对手的生产条件、服务内容、价格水平的调研，依据自身的竞争实力，参照成本和供需状况来确定产品价格。这是一种汽车企业为了应付汽车市场竞争的需要而采取的特殊的定价法。主要有以下三种方法：

1. 随行就市定价法

随行就市定价法，即以同类汽车产品的平均价格或市场流行价格水平作为汽车企业定价的基准。这种方法适合汽车企业既难于对消费者和竞争者的反应做出准确的估计，自己又难于另行定价时运用。在实践中，有些产品难以计算，采用随行就市定价法一般能比较切合实际地体现汽车价值和供求情况，保证能获得合理效益，同时，也有利于协调同行业的步调，融洽与竞争者的关系。

此外，采用随行就市定价法，其汽车产品的成本与利润要受同行业平均成本的制约。因此，企业只有努力降低成本，才能获得更多的利润。

2. 相关商品比价法

相关商品比价法，即以同类汽车产品中消费者认可某品牌汽车的价格作为依据，结合本企业汽车产品与认可汽车的成本差率或质量差率来制订汽车价格。它有以下三种计算方式：

(1)当汽车产品与认可汽车相比，成本变化与质量变化方向程度大体相似时，可按成本变化，实行“按值论价”：

$$汽车价格 = 认可汽车价格 \times (1 + 成本差率)$$

(2)当汽车产品与认可汽车相比，成本上升不多而质量有较大提高，可根据“按质论价、优质优价”原则，结合考虑供求关系，在下列区域中定价：

$$认可汽车价格 \times (1 + 成本差率) < 汽车价格 \leqslant 认可汽车价格 \times (1 + 质量差率)$$

式中，质量差率要通过对汽车质量效用的综合评估而确定。

(3)当汽车产品与认可汽车相比，成本下降不多而质量下降较多时，则应严格执行“按质论价”原则，实行低质廉价：

$$汽车价格 = 认可汽车价格 \times (1 - 质量差率)$$

采用这种定价法，由于价格常与认可汽车保持由信誉、质量和成本等方面的差别而形成的一定距离，因此，这是一种以避免竞争为主要意图的定价方法。

3. 密封投标定价法

密封投标定价法是一种竞争性很强，公开程度很高的定价方法，一般的对象是组织机构的业务购买和政府采购。买方发表招标公告，在同意投标人所提出的条件的前提下，密封投标，然后买方同时公开开标，请专家评估后确定选择卖方企业及产品。其显著特点是招标方只有一个，处于相对垄断的地位；而投标方有多个，处于相互竞争的地位。能否成功的关键在于投标者的出价能否战胜所有竞争对手而中标，中标者与买方签约成交。

4. 市场拍卖竞争定价法

也称竞拍定价法，这是一种独特的竞争定价方法，一般是通过公开价格竞争形成的，包括以下三种定价法：公开提价拍卖法；降低拍卖定价法和约定标志定价法。此定价法主要在政府公开处理走私没收汽车、汽车总成件产品(如发动机)和企业转产、破产或处理多余汽车时采用。

7.3 汽车产品定价策略与价格变动策略

从前两节的学习中，我们已了解到两个重要内容：一是在市场营销的实践中，影响企业的定价因素非常多；二是已研究的定价方法，是依据成本、需求和竞争因素等决定产品基础价格的方法，其价格尚未计入折扣、运费等因素的影响。企业为了实现预期的经营目标，应根据企业的内部条件和外部环境，采用灵活多变的价格技巧，选择最优定价目标的定价策略和价格变动策略。

7.3.1 定价策略

1. 新产品定价策略

汽车企业开发新产品,特别是技术含量高,复杂系数大的新产品,一般会出现三种情况:一是付出的成本高;二是消费者尚不了解;三是竞争对手的出现,还有一个滞后的时间差。所以新产品价格确定就成了企业价格策略的重点,它关系到新产品能否抢占先机、顺利进入市场,并为后续营销打下基础。理论上讲,新产品定价策略有三种。

(1)撇脂定价策略

撇脂定价策略,是指企业在新产品刚投放市场时采取高价保利策略,以求在尽可能短期限内迅速获取高额利润,随产品的进一步成长再逐步降低价格。采用此策略的企业主要利用时间差,商品一上市便高价厚利,这是因为新产品能够带给消费者一些新的满足,产生新的吸引力。

它的优点是:新产品初上市,竞争者还没有进入,利用时间差和顾客求新心理,以较高价格刺激消费,开拓早期市场。由于价格较高,因而可以在短期内取得较大利润。定价较高,在竞争者大量进入市场时,便于主动降价,增强竞争能力,同时也符合消费者对待价格“买涨不买落”“价高肯定质优”的心理。

它的缺陷是:在新产品尚未建立起声誉时,高价不利于打开市场,有时甚至会无人问津。如果高价投放市场销路旺盛,很容易引来竞争者,加速本行业竞争的白热化,容易导致供需失调、价格下跌、产生经营节拍速进速退的局面。因此,在采用高价策略时,要注意这种方法的适用条件。

撇脂定价法一般适用于以下几种情况:

①有些新产品上市初期,新产品比现有产品有明显的技术质量、性能等方面的比较优势,产品即使高价格也能吸引消费者。

②新产品上市阶段,商品的需求弹性较小,或者早期的购买者对价格的反应还不敏感。

③在短时期内竞争者还不容易进入该产品市场。比如有知识产权、专利保护的汽车电子产品在高价情况下,仍可独家经营,竞争者在短期内无法与之抗衡。

④价格高与消费者的购买心理关系密切,往往能使消费产生是高档产品的印象。

(2)渗透定价策略

渗透定价策略也称渐取定价策略或低价促销策略,是指企业在新产品投放市场的初期,将产品价格定得相对较低,以吸引大量购买者,获得较高的销售量和市场占有率。这种策略与撇脂定价策略相反,具有鲜明的渗透性和排他性。

企业采用渗透定价策略的条件如下:

①消费者对这类产品价格显得极为敏感,采取低价措施会极大刺激市场需求量的增长。

②产品的市场规模很大,存在很大的市场潜力,企业的生产成本和经营费用会随着生产经营规模的增加而下降。

③低价不会引起竞争者的注意,对竞争对手的进攻有很大的隐蔽作用。

它的优点是:可以占有比较大的市场份额,通过提高销售量来获得企业利润,也较容易取得销售渠道成员的支持,低价薄利不仅能使竞争者不感兴趣或者使其望而却步,从而获得一定的市场优势。

它的缺陷是:因其定价过低,一旦市场占有率扩展缓慢,不利于企业尽快收回成本,有时还容易引起消费者"一分钱一分货""价低质低"的心理疑惑,不信任商品的质量。

(3)满意定价策略

这是一种介于撇脂定价策略和渗透定价策略之间的折中定价策略,其新产品的价格水平适中,风险小。所以,企业采用满意定价策略既能保证企业获得合理的利润,又能兼顾中间商的利益,还能为消费者所接受,从而产生多赢效应。

它的缺点是:价格比较保守,缺乏主动进攻,不适于竞争激烈或复杂多变的市场环境。这一策略适用于需求价格弹性较小的汽车产品。所要强调的是,满意定价策略也是参考产品的经济价值决定的,所以当大多数潜在的购买者认为产品的性价比相当时,即使价格很高也属满意价格。

以上三种新产品定价策略各有利弊,并有其相应的适用环境。企业在具体运用时,究竟采用哪种策略,应从企业的实际情况(即生产能力、市场需求特征、产品差异性、预期收益等),以及消费者购买能力和对价格的敏感程度等因素出发,综合分析,灵活运用。

2.心理定价策略

这是一种根据汽车消费者心理要求所使用的定价策略,运用心理学的原理,依据不同类型的消费者在购买产品时的不同心理要求来制订价格。通过汽车消费者对产品的偏爱或忠诚,以诱导消费者增加购买,扩大企业销售量。心理定价有以下六种:

(1)整数定价策略

在定价时,特别是高档车定价时,把产品的价格定成整数,不带尾数,使消费者产生"一分钱一分货"的感觉,以满足消费者的某种心理需求,提高汽车品牌的形象。

(2)尾数定价策略

这是指在商品定价时,与整数定价正相反,取尾数,而不取整数的定价方法,例:一种经济型轿车,定价为9.999万元,而不定价为10.001万元,仅相差20元,但使消费者购买时在心理上产生两种感觉:一是10万元以下买车,一种便宜的感觉;二是企业定价是经过认真的成本核算才定价的感觉,从而由价格产生了对生产企业的信任度。

(3)分级定价策略

这是指在定价时,把同类产品分为几个等级,不同等级的产品,其价格有所不同。这种定价策略能使消费者产生货真价实、按质论价的感觉,因而容易被消费者接受。采用这种定价策略,等级的划分要适当,要适应行业产品和消费者的购买习惯,级差不能随意,也不能太大或太小;否则,起不到应有的分级效果。

(4)声望定价策略

根据汽车产品,特别是汽车产品品牌的声誉,把商品价格与个人的愿望、情感、消费心理结合起来,通过这种比拟来满足心理上的要求或欲望。定价时可利用这种比拟心理,将有声望的商品制订比市场同类商品高的价格,即为声望定价策略。此种定价法有两个目的:一是提高产品的形象,以价格说明其名贵名优;二是满足消费者的自尊需求,适应购买者的消费心理。消费者已对某些跨国大汽车公司的名牌产品产生了信任感,即使价格定得比其他汽车高一些，消费者也能接受。

(5)招徕定价策略

这是指在多车型品种经营的汽车企业中，对某些汽车产品价格定得很高或者很低，以引起消费者好奇心或观望行为，目的是招徕消费者并带动其他产品的销售。采取招徕定价方式时，要注意两个方面：一是特廉价格商品的确定，这种商品既要对顾客有一定的吸引力，又不能价值过低以致大量低价销售会给企业造成较大的损失；二是降价车型产品要常销、常换、常推、常新。比如，采用每周一次优价特供车型面市。

(6)习惯定价策略

有些汽车产品特别是易损汽车配件产品在顾客心目中已经形成了一个习惯价格。这些商品的价格稍有变动，就会引起消费者的不满。提价时，容易使消费者产生抵触心理，降价反被误认为降低了质量。因此，对于这类商品，企业宁可在商品的内容、包装、容量等方面进行调整，也不宜采用调价的办法。

3. 折扣和折让定价策略

折扣是一种减价策略，即按照原定价格少收顾客部分货款。折扣价格策略，常有如下形式。

(1)数量折扣

为了鼓励分销渠道的营业中介多购买，根据其购买汽车整车或配件所达的数量标准，给予不同的折扣，购买量越多、折扣越多。其折扣方式分为累积和非累积数量折扣两种。

累积数量折扣——即规定在一定时期内购买达到一定数量(额)，给予一定的价格折扣。它适合于长期性的交易活动，以便吸引和鼓励分销渠道内的客商，建立长期关系，稳定销售渠网和销售量。

非累积折扣——指按照一次购买总量多少给予不同的折扣。目的是鼓励其一次大量购买，从而降低企业销售成本，对买卖双方都有利。

(2)现金折扣

现金折扣又称付款折扣，它是对付款及时、迅速或提前付款的分销渠道营业中介为主的购买者给予的价格折扣。如在付款条件中注明“5/10 净价 30”，指在成交后 10 天内付款，可获 5% 的现金折扣，但最迟应在 30 天内付清全部货款。现金折扣的目的是鼓励交易对象按期或提前付款，以加快企业资金周转，减少库存积压，避免呆账发生。

(3)季节折扣

为了鼓励分销渠道的营业中介商淡季进货，或鼓励淡季购买，而给予的一定的价格折扣优惠。这种折扣主要是为了保证生产企业生产经营活动能均衡进行。季节折扣率必须高于同期银行存贷款率，否则就没意义了。

(4)分销鼓励折扣

中间商为企业进行广告宣传、布置橱窗、展销等推广，供货企业在价格方面给予一定的折扣。折扣的多少，随行业、产品及中间商推广功能多少而定。

(5)旧货换新折扣

一般用在二手车经营领域，消费者可以以旧换新，新汽车价格减去旧车折算价格，为消费者实际支付金额，此举为鼓励消费者随着新产品的不断投向市场周期性换用新车，以此培养品牌忠诚的基本用户。

4. 地理区位定价策略

它是指与地理位置有关的修订价格的策略，汽车在制订价格策略时，针对不同地区的消费者，采用不同的价格策略。主要是在价格上灵活反映和处理运输、装卸、仓储、保险等多种费用，这种策略在对外贸易中更为普遍。主要有下列四种。

(1)产地价格

产地价格指商品报价为生产地起货价格，由买主负担全部运输、保险等费用。在国际贸易中称为FOB价(Free On Board)，即商品价格，商品所有权也从离开仓库(岸)时起转移到买方。采用这种方法能公平合理地分派运输费用，但对偏远地区的顾客来讲，购买产品的价格则会上升。

(2)统一运送定价

统一运送定价俗称邮标定价，不管地理位置的远近，向所有顾客收取同样价格加上运费，这个运费是按平均运输成本来定的。采用此方法，对企业营销者来说容易管理，有利于巩固和发展企业的远距离目标的市场占有率，但容易失去较近位置的部分市场。

(3)区域定价

区域定价是指将商品的销售市场划分为若干区域，在每个区域内实行统一价格。企业将销售市场划为若干区域，同一区域内的用户所付价格相同，较远区域的用户的价格略高一些。不同价格区域的两个相邻用户，对价格差异的存在具有较强的敏感性，所以在划定区域界线时，要注意价格差异程度，否则会引起消费者的不满。

(4)免收运费定价

免收运费定价即运费全部由卖方承担的定价，运费包括在价格中，其目的是迅速促成交易，增加销售，使平均成本降低到足以补偿多余的运费开支，以实现市场渗透，在市场竞争中站稳脚跟。

5. 产品阶段定价策略

这里指的是在“产品市场生命周期”分析的基础上，依据产品市场生命周期不同阶段的特点而制订和调整价格。具体可分为以下四种：

(1)导入期定价策略

一般可参考新产品的定价策略，对上市的新产品(或者是结构、性能、款式明显提升的老产品)采取差异较大(较高或较低)的定价。

(2)成长期定价策略

这一阶段，消费者接受产品，销售量增加，一般不贸然降价。但如果产品进入市场时价格较高，市场上又出现了强有力的竞争对手时，企业为较快地争取较高的市场占有率，也可以适当降价。

(3)成熟期定价策略

这一阶段，消费者人数、销售量都在高位运行并开始出现逐落拐点，市场竞争比较激烈，一般宜采用平滑渐落的降价销售策略，但如果竞争者少也可持续维持原价。但注意阶段性拐点出现的征兆。

(4)衰退期定价策略

这一阶段，销售量急剧下滑，一般宜采用果断的降价销售策略，如果算总账已经保本获利，甚至可采取低于成本的售价。但如果同行业的竞争者都已退出市场，或者经营的该产品仍有市场维持价值，也可以维持原价，甚至提高价格。

各类产品在其产品生命周期的某个阶段一般具有共同的特征，但由于不同种类产品的性质、特点及其在市场结构和消费者关联中的重要程度、市场供求状况的不同，对不同的产品采取的定价策略要紧紧跟踪市场需求变化，机动灵活，以变应变。

6. 产品组合定价策略

当企业向市场提供一个产品组合，需要考虑整体的最大利润。

第一种：产品线定价。

当企业生产的系列产品存在需求和成本的内在关联性时，可采用产品线定价策略。定价时，首先确定某种产品的最低价格，以吸引顾客购买产品线中的其他产品；其次，确定产品线中某种产品的最高价格，让它充当品牌质量和收回投资的角色；再次，产品线中的其他产品也可分别依据其在产品线中的角色不同而制订不同价格。

第二种：选择品定价。

企业在提供主要产品的同时，还要提供一些与主要产品密切相关的可选择的产品。汽车用户可以购买汽车卫星导航系统、防撞预警系统、安全防盗系统等。

第三种：补充品定价。

有些产品需要附属或补充产品，如专用汽车和汽车零部件总成的计算机 CAD 软件。企业通常对补充品制订较高的价格。

第四种：分部定价。

汽车租赁企业经常收取一笔固定费用，再加上可变的使用费。如按月收取一笔固定费用，月使用行驶里程超过规定，再加上超出的使用费。一般固定费用可低一些，以吸引消费，利润则从变动费用中获取。

第五种：产品系列定价。

经常以某一价格出售一组产品，如国际汽车配套零部件业务中，汽车全车铸造件（成品件或光坯件）系列供应。成套产品价格应优于单独购买其中某几种产品的价格（例如仅购买发动机三大铸件）。

7.3.2 价格变动策略

在激烈竞争的汽车市场环境中，对于汽车产品价格来说，稳定是相对的，其变动是绝对的，为此汽车企业必须做出相应的调整，主动出击，才能提高产品的竞争能力。下面主要研究企业如何根据市场环境主动降价，并如何对竞争对手的价格变动做出适当的回应。

1. 企业调整价格的原因分析

通常来讲，企业调整价格的动力可能源于内部，也可能源于外部。如果企业由于自身的产品或成本优势，主动调整价格，将其作为有力的竞争武器，即可称为主动调整价格。倘若出于应付竞争的需要，则称其为被动调整价格。无论主动还是被动，其表现形式无非是企业降价与企业提价两种。

（1）企业降价的原因

企业降价的原因主要有以下 4 个方面。

①整个市场的生产能力过剩，造成市场上同类商品供大于求，企业无法通过产品改进或者加强促销力度来提高销量。这种情况下企业一般采取主动降价措施。

②行业内的其他竞争者挑起价格战,以阻止和抵制同行业其他企业的快速发展,企业为了应对价格战,保持自己原有的市场份额,不得不采取被动降价措施。比如,20 世纪 70 年代的国际能源危机时,当日本轿车以明显优势大量进入美国市场后,美国通用汽车公司在美国市场份额明显减少,最后不得不将其超小型汽车在美国西海岸地区降价 10%。

③企业可以通过降价开拓新的市场,若企业具有成本、技术等领域的优势,在降价不会对原有目标市场消费群产生负面影响的情况下,企业可以利用降价方式扩大市场份额。

④企业为了战胜竞争对手,可以通过降价使竞争对手无利可图。企业降价可以采取两种方式,一种是直接削价,即直接降低产品的销售价格;另一种是间接削价,即不降低产品的销售价格,但增加汽车的附加配置、增加服务项目、提供免费服务或维修、附赠品、提高产品质量、改进或增加产品性能、提高折扣比例等。

(2)企业提价的原因

企业提价的措施确实能增加企业的利润,但同时会引起连锁反应,诸如竞争力下降、消费者不满、分销渠道内经销商抱怨,以至于受到政府和同行的不满等,给企业造成不利影响。尽管如此,在实际中仍然存在较多的提价现象,主要原因如下:

①应付产品成本增加。由于多种原因原辅材料和配套产品价格上涨,或者生产经营管理费用增加,为保持原有的利润水平,则会采取提价措施。

②当企业产品处于供不应求而企业生产规模又不能及时扩大时,企业可以通过提价来遏制需求,这样既可以取得高额的利润又可以缓解市场压力,使供需平衡的同时,又为下一步扩大生产创造了条件。

③对于新产品、高档产品或者产能受到限制而难于短期扩大的产品,可以利用提价营造心理影响,使得消费者产生优质优价的心理定势以提高企业的知名度和产品的声望。

企业提价的操作方法:

——在企业可以预期成本会上升需要提价时,可以采取延后报价的方式。直到产品生产出来或者面市时再确定价格;

——使用价格自动调整条款,即在供货合同中规定在一定的时期内,可以按照某种价格指数来调整价格;

——缩减服务项目,但不调整产品的销售价格,或者对所提供的服务项目采取另费计算的办法;

——减少各种折扣的比例。

应注意的是,企业采取的某些变相提价措施(如降低产品质量等),尽管可以减少企业的价格压力,但会损失企业的无形资产(声誉与市场形象),给企业的长远发展带来不利影响。企业采取任何提价措施,总会引起消费者、经销商和企业推销人员不同程度的抱怨,为了减少相关利益者的不满以及负面影响,企业提价时应尽可能向有关方面开诚布公说明提价的原因,尽量让相关者能够理解。

2. 消费者对价格变动的反应

企业或升或降的价格变动对消费者都会产生触动,了解消费者对变价的反应方式、反应程度及可能产生的影响,有利于企业适时适当地安排与调整营销活动,采取针对性的应对措施。

企业变价之后,要及时跟踪,全方位注意分析各方面的情况,特别是消费者对价格变动的反应。由于顾客对价格变动不理解,可能会产生一些对企业不利的后果。

(1)降价反应

企业降价本应吸引更多的消费者,进一步扩大销量。但有时却适得其反,某些消费者可能会产生以下心理活动:认为降价是为了处理积压存货;降价的产品一般无好货;企业可能出现了财务危机;该产品今后可能要停产;价格可能还会进一步下跌。在这种情况下很可能造成消费者"看涨不看落"持币观望的局面。因此,不适当的降价反而会使销售量减少。

(2)提价反应

产品提价在通常情况下会影响销量,抑制购买,但顾客也可能认为高价是因为这种产品是畅销货,不及时购买将来可能买不到;或者以为该产品有特殊价值,值得购买,或认为该产品可能还要涨价,赶快去买。结果是涨风越大,抢购风越大。其后果是短时获利,长期可能衰减企业的元气。

因此,企业在产品涨价、降价前后,都尽可能向消费者介绍清楚,让消费者了解情况,以便对变价做出正确的购买反应。

一般地说,购买者对价格不同的产品的价格变动会有不同的反应。购买者对价值高(诸如汽车特别是轿车等)或经常购买的产品(如燃油)的价格变动较为敏感,反应较强;而对于价值低、不经常购买的产品的价格变动不太注意,反应较弱。除此之外,顾客还比较关心产品的使用、维修的费用及售后服务的保障等因素。因此,从这一点来说,如果企业能使购买者相信某种产品取得、使用和维修的总费用比竞争者的产品低,就可以把这种产品的价格定得适当高一些,从而提高这种产品的市场竞争力并取得较高的利润。

3.竞争者对价格变动的反应

企业做出价格调整后,竞争对手和消费者一样,也会有各种不同的质疑。

调价前,企业应掌握竞争者的心理,必须了解竞争者目前的财务状况,近年来的生产、销售、顾客的忠实程度和企业目标等情况。比如,竞争者的目标是提高市场占有率,它就可能追随本企业的价格变动而调整价格。如果竞争者的目标是取得最大利润,它就可能采取改进产品质量、加强广告宣传等对策。

那么,竞争者对企业调价会有什么反应呢?由于竞争者对企业每一次价格调整,都会有不同理解,所以问题比较复杂。以企业降价为例,竞争者可能认为:企业想夺取它的市场;企业想引起全行业降价,以刺激需求;企业经营不善,想改进销售状况;企业可能有替代产品上市。不同的认识导致竞争者不同的对应行为。

汽车企业在市场上面临的竞争者很多,竞争者对企业的主动调价可能有完整的对策,也可能是对每次价格变化采用不同的对策。所以预先对竞争者的反应进行估计,这是关系到企业调价后竞争格局的变动,因此对企业来说显得非常重要。企业进行主动调价,离不开对企业在行业中所处地位的判断。如果企业在行业中处于优势地位,则企业的主动调价就是整个行业价格变动的导火线。特别是降价,势必引发同行业竞争者之间的降价大战,最终获胜的仍是实力最强的优势企业。如果企业在行业中处于劣势地位,则企业主动调价要非常谨慎,因为很可能导致行业中的优势企业对其反制,企业在竞争中就面临着出局的危险。但另一方面,劣势企业如果选择好时机,果断出击,主动调价,会使具有竞争优势的企业措手不及,迅速扭转在市场上的被动局面,在竞争中谋求改变自身处境的转折点。

4. 企业对竞争者价格变动的反应

在汽车产业全球一体化的营销环境中，汽车市场的价格竞争从未停止过，企业必须建立自身的价格反应机制，始终关注市场价格动向和竞争者的价格策略。

(1)企业在应对之前必须要做详细的调查和分析，要了解以下几个问题：

第一，竞争者为什么要变动价格？是想扩大市场，以充分发挥它的生产能力，还是为了适应成本的变化？或者是希望引起全行业的一致行动，以获得有利的需求？对此，要有一个基本的判断。

第二，竞争者的价格变动是暂时的，还是长期的？

第三，对竞争者的价格变动静观而不出手，本企业的市场占有率和利润等会受到什么影响？业内其他企业又会如何动作？

第四，对本企业每一个可能的反应，竞争者和其他企业又会有什么举动？

根据以上调查结果，结合自身的具体情况，再采取相应的对策。

(2)企业还应该了解，一般对于不同的产品市场，其应对措施是不相同的。

当一个企业在同质的市场上提高它的价格时，其他企业可能不会盲目跟进，若是认为企业提价对整个行业有好处，则其他的企业也会随之提价；若是认为提价对自己或行业没有好处，则坚持不提价，那么首先发动提价的企业将很难成功。

若是竞争对手降价，企业随之降价，否则将会失去原有的用户。

(3)当一个企业在异质市场上时，企业对竞争对手的反应就灵活得多，这是因为顾客在选择异质产品时，除了价格因素之外，还要考虑比如产品质量、性能、外观、服务等其他因素。企业有较大的余地对竞争者调整价格做出反应，如不改变原有价格水平，采取提高产品质量和服务水平、增加产品服务项目、扩大产品差异等来争夺市场竞争的主动权。

(4)如果企业处于汽车市场的主导地位，对于竞争者的价格变动更应该重视。在现代市场经济的条件下，企业人才流动越来越频繁，产品被改头换面复制，避开知识产权的可能性越来越大，当一些企业认为自己的产品与处于主导地位企业的产品相差无几，通过价格进行市场进攻的频率越来越高时，主导企业一般有以下策略可供选择：

第一，维持原价，相信自己的实力能挽留住高档消费群，而将低端市场让给竞争对手。降价会使利润减少过多；市场份额不会失去太多；随时卷土重来夺回市场份额。

第二，降低价格，可将价格降到竞争对手的价格水平。它可以这样做的原因是：随着销量的增加，成本下降；市场对价格十分敏感，不降价就会使市场份额下降；市场份额一旦下降，以后就将难以恢复。当本企业降低价格时，应尽量维持产品质量不受影响。

第三，提高价格并改进质量，可以在提高价格的同时，引进新的品牌来对进攻性品牌进行前后夹击。

思考题

1. 汽车价格由哪些方面构成？其影响因素有哪些？

2. 请你说出汽车产品的定价步骤。
3. 请你对汽车产品的不同定价策略进行优劣势对比分析。
4. 结合近年来汽车市场价格的不断变化谈谈你的看法。

第8章　汽车分销渠道策略与分销体系建设

学习要点

1. 在汽车市场营销组合四大策略中，分销渠道策略是属于企业管理层面最重要的决策之一，其他三个策略主要在经营层面和职能部门执行。

2. 正确理解分销渠道、汽车物流和中间商的含义。

3. 掌握分销渠道的类型、功能、特点和设计方法、管理方法。

4. 形成我国汽车分销体系建设的发展思路。

汽车生产企业制造的产品，只有通过一定的市场营销渠道，才能在适当的时间、地点，以适当的价格提供给消费者，才能满足市场需要，实现企业的市场营销目标。

分销渠道策略和分销体系建设是企业管理层面的最重要的决策之一。

渠道决策的正确与否、体系建设的质量好坏与企业的经济效益、生存发展息息相关，分销渠道和渠道体系是促使汽车产品或服务项目顺利地被消费者接受、接收的一整套相互依存的组织，它作为4Ps组合（产品、价格、分销、促销）的要素之一，在市场营销中起着“路和桥”的重要作用。

8.1　分销渠道与汽车物流

8.1.1　分销渠道

1. 分销渠道的含义

分销渠道又称营销渠道，即我们常说的流通渠道。是指以实现产品所有权转移为目的，在产品从生产者向消费者或企业转移过程中所经历的一切相互依存的组织群体。分销渠道通过供应链实现产品实体的转移。

实体的转移过程就是实体流，即物流，又叫实体分配，指通过有效地安排商品仓库、运输和管理把商品在需要的时间送到指定地点的经营活动。物流管理的职能作为市场营销的一部分，不仅包括汽车产品的运、管、包装，而且还包括同步进行的所有权流（商流）、资金流（付款流）、信息流和促销流。

它们的流程如下：

(1)实物流(正向流程)

供应商→运输仓储→生产企业→运输仓储→经销商→运输→消费者

(2)所有权流(正向流程)

供应商→生产企业→经销商→消费者

(3)资金流(付款流——反向流程)

供应商←银行←生产企业←银行←经销商←银行←消费者

(4)信息流(双向流程)(图8.1)

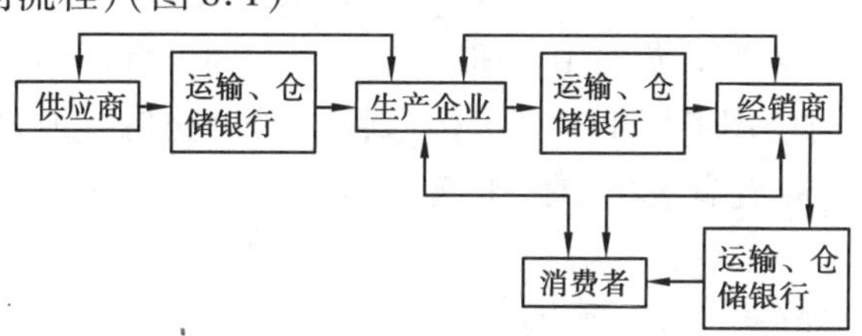

图8.1 信息流程图

(5)促销流(正向流程)

供应商→广告代理商→生产企业→广告代理商→经销商→消费者

从以上五个营销流可以看出，汽车产品一旦进入分销渠道，就会出现极为复杂的关系。

分销渠道虽然复杂，但由于其具有强有力的传递功能和执行功能，因此，渠道(物流通道)对所有汽车生产企业都是不可缺少的。

2. 分销渠道的类型

根据不同的标准，对分销渠道可做不同的分类。

(1)按产品的性质，可分为消费者市场分销渠道和生产者市场分销渠道。

(2)按使用渠道数量，可分为单渠道和多渠道。

(3)按渠道在营销战略中的地位和作用，可分为创新性渠道和战略性渠道。

汽车分销渠道按产品性质的分类是最主要的分类方法(图8.2)：

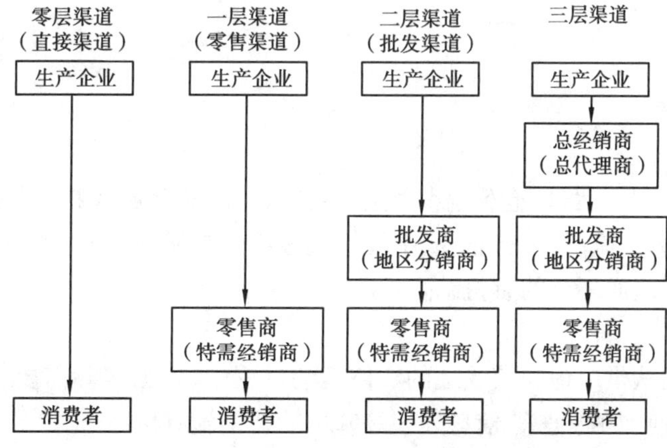

图8.2 汽车分销渠道的主要分类方法

3. 分销渠道的经济效果和功能

(1)分销渠道的经济效果示意图(图 8.3)

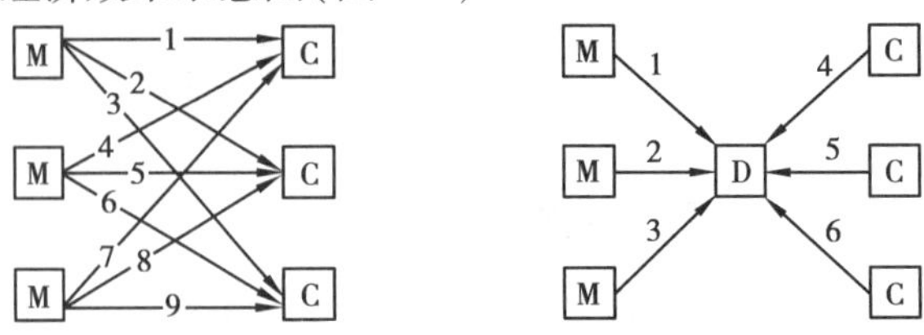

图 8.3　分销渠道的经济效果示意图

图中:M——生产企业;C——消费者;D——营销中介。

从上图可以看出,如果没有营销中介机构,三个生产企业和三个消费者之间总共发生 9 次交易行为(左图),而使用了营销中介机构之后(右图)交易行为总共只有 6 次,节省了交易成本,因而更为经济,更有效率。以上仅为示意框图,实践营销活动中,情况是很复杂的。

(2)分销渠道的功能(表 8.1)

表 8.1　分销渠道的功能

功　能	内　容
售卖功能	营销渠道的最基本的使用,以实现所有权的转换
物流功能 (实体储运职能)	保质、保量、按时把汽车产品送达指定地点
投入功能	实现企业的营销目标,获得最佳效益
信息功能	收集和传递营销环境中有关信息,进行市场预测
促销功能	对面市的汽车产品创造和传播有关促进产品销售,具有说服力的信息沟通
洽谈功能	与可能的购买者进行商务洽谈,努力促成销售
融资功能	收集和分散资金,以承担渠道运作所付出的成本
承担风险功能	承担营销渠道工作的全部风险
服务功能	售后服务

8.1.2　汽车物流

汽车物流是集现代运输、仓储、保管、搬运、包装、产品流通及物流信息于一体的综合性管理,是沟通原料供应商、生产企业、中间商及最终用户满意的桥梁,更是实现汽车产品从生产到消费各个流通环节的有机结合。

1. 物流的定义

物流——物品从供应地向接受地的实体流动过程中,根据实际需要,将运输、库存、装卸、搬运、包装、流通加工、配送、信息处理等基本功能实施有机结合。

全面、准确理解物流的定义应注意以下几点:

第一，物品不只是指生产的商品，还伴随着生产和销售出现的包装容器、包装材料等废弃物；

第二，消费者也不是指一般意义上的个人消费者，它包括制造业者、批发商、零售业者等需求者；

第三，由于流通加工可以产生物品的形质（形体和性质）功效，也可以把它归入生产领域。

2. 物流的基本类型

物流是一个内涵丰富，并在不断完善过程中的概念。根据其所处的位置、业务性质、活动范围等可进行不同的分类。

（1）按物流发生的位置分类，可以分为企业内部物流和企业外部物流。分销渠道就是企业外部物流的通道。即从汽车产品成品库到各级经销商，最后送达最终用户的物流过程，当然也包括了原材料、配套件从供应商所在地到生产企业仓库为止的物流过程。

（2）按物流运行的性质分类，可以划分为供应物流、生产物流、销售物流、回收物流和废弃物流等。其中销售物流是指汽车产品由生产企业向外部用户出售，或经过营销渠道（各级经销商）直到消费者（最终用户）为止的物流过程。

（3）按物流活动的范围分类，主要有企业物流、区域物流和国际物流等。其中企业物流不仅限于企业或企业集团内部，还涉及相关的外部物流活动，如原材料供应和产品销售市场。企业物流活动必须考虑供应物流与生产物流、销售物流与生产物流的协调，以及供应物流、生产物流和销售物流的一体化经营。

（4）按物流构成的内容分类，主要有专项物流和综合物流，其中汽车物流属于综合物流。

3. 物流供应链管理

供应链是指一个组织网络，它涉及企业为形成最终消费者所拥有的产品或者服务价值而进行的不同加工过程和活动。

从市场营销观点看，物流的供应链管理应从市场需求出发，并将信息反馈到企业的相关部门。供应链管理的目的就是创造价值，创造消费者满意，成就差异化优势，以提高企业的收益率及物流链上有关成员的整体和持久成功。企业要考虑消费者提货便捷的要求，要制订一个综合的物流策略，包括产品的运输方式，仓库的存货水平以及仓库的合理布局，以便向消费者提供最佳的服务。此外，还应知己知彼，了解掌握竞争对手的服务水平，设法赶超。努力兼顾服务水平和服务成本的互动匹配，实现营销服务水平最高和物流整体成本最低的矛盾统一。

4. 物流成本及控制

（1）物流系统构成

每一个特定的物流系统都由以下要素构成：

三个硬件要素：仓库数目、仓库位置和仓库规模（库容量）；两个软件要素：运输策略和存货策略。

（2）汽车物流系统总成本计算公式

$$D = T + FW + VW + S \tag{8.1}$$

式中 D——汽车物流系统总成本；

T——该系统的总运输成本；

FW——该系统的总固定仓储成本；

VW——该系统的总变动仓储成本；

S——因延迟销售所造成的销售损失的总机会成本。

从上式可以看出，T、FW、VW、S 中任一值的增减都会影响物流系统总成本的上升或下降。

(3)物流成本的控制

物流成本主要控制仓储成本和运输成本。其途径为：

——选择位置好，便于进、出货和减少运输费用和库存费用；

——库存容量保持在最适当水平，既能保持市场流通量的需要不出现脱销，又不至于造成库存积压，增加资金占用，降低经济效益；

——勤进快销，始终让库存量保持在最低库存量边缘，但能及时补充进货。

最低库存量(订货最低量)的计算公式如下：

$$R = LT \times D/365 \tag{8.2}$$

式中 R——最低库存数量；

LT——送货天数；

D——全年用货量。

——选择兼顾运输成本和运输安全的最合理的运输方式；

——选择运输里程能够减少，同时能够确保交货时间的运输路线。

企业在编制物流计划时，一是不能简单地追求“快、短、省、简”，而必须在企业市场营销总体战略和经营战略规划确定的目标前提下，从市场环境和自身条件出发，灵活应用，科学运筹，努力满足用户的最主要需求，同时尽量实现用户的其他要求，做到双方共赢。

8.2 中间商

汽车分销渠道是由生产企业、总经销商、批发商、经销商、运输商和消费者组成，除起点(生产企业)和终端(消费者)外，其余营业中介统称为中间商。

现代市场营销将中间商分为两种类型：一类是做批发，一类是进行零售。批发系指那些以进一步转卖为目的，成批买卖货物的商业组织和个人；零售是指那些从生产企业或从批发环节批量买进货物，然后再零卖给最终用户的商业组织和个人。就批发环节而言，通常有三种类型：

第一种，批发商。是指独立经营，对所经营的商品取得所有权的批发商，他们是批发商的主要类型。批发商又有仅以批发为业务的完全服务型批发商和批零兼营的有限服务型批发商两种类型。

第二种，经纪人和代理商。是指没有取得商品所有权，只是在买卖双方之间撮合交易，获取佣金和代理费的中间商人。他们一般也是专业化的，通过经纪人和代理商促成交易和开拓市场，是国际市场营销的一种惯用而重要的手段，是十分普遍的现象。

第三种，生产企业的分销部（分公司）或办事处。分销部（分公司）一般有商品储备（区域性仓储中心），其形式如同批发商，不同的它是直属于生产企业，没有独立性；办事处一般没有存货，是企业驻外地的业务代办机构。企业设立分销部（分公司）和办事处，有利于在划定范围的区域市场开展市场营销活动。

目前，我国汽车产品的批发商，主要有有限服务型批发商和企业的销售分公司（经理部）。此外，经纪人和代理商制在我国尚在成长之中。

8.2.1 中间商的分类

汽车销售渠道中的中间商一头连着汽车生产企业，另一头连着汽车的最终消费者。中间商的基本功能有两个方面：第一是调节汽车生产企业与最终消费者之间在汽车供需数量上的差异。这种差异是指汽车生产企业所生产的汽车数量与最终消费者所需要的汽车数量之间的差别。第二是调整汽车生产和最终消费者之间在汽车品种、规格和等级方面的差异。

汽车销售渠道中的中间商按其在汽车流通、交易业务过程中所起的作用和有无汽车产品所有权，可分为总经销商（或总代理商）、批发商（或地区分销商）和经销商（或特许经销商）。

1. 总经销商（或总代理商）

总经销商是指受汽车生产企业或生产企业销售总公司的委托，从事汽车总经销业务，并拥有汽车商品所有权的中间商。而总代理商同样是受汽车生产企业或生产企业销售总公司的委托，从事汽车总代理销售业务，但不拥有汽车商品所有权的中间商。

2. 批发商（或地区分销商）

批发商是处于汽车流通的中间过程，实现汽车的批量转移，使经销商达到销售目的的中间商。它一头连着生产企业或总经销商（总代理商），另一头连着经销商，并不直接服务于最终消费者。它是使汽车实现批量转移，使经销商达到销售目的的中间商。通过批发商的转销汽车的交易行为，汽车生产企业（销售总公司）或总经销商（总代理商）能够迅速、大量地转售出汽车，减少汽车库存，加速资金周转。地区分销商是处于某地区（一般是省、地级市及一些交通枢纽、商品集散地、省际边域）汽车流通的中间阶段，它帮助生产企业的分销部（分公司）或总经销商（总代理商）在某地区促销汽车，提供地区汽车市场信息，承担地区汽车的转销业务。

汽车批发商按其实现汽车批量转销的特征，可分为独立批发商、委托代理商和地区分销商。

（1）独立批发商

它是指自己独立、批量购进汽车，再将其批发出售的经营。汽车独立批发商按其业务职能和服务内容又可分为以下两种类型：

第一种，多品牌汽车批发商。它是指批发转销多个汽车生产企业的多种品牌的汽车，它批发转销的范围较广、品种较多、转销量较大，但因其批发转销的汽车品牌较杂，无法获得诸多汽车生产企业的全力支持，也没有能力为经销商提供某品牌汽车转销中的专业化售后服务。

第二种,单一品牌汽车批发商。它是指只批发转销某个汽车生产企业的单一品牌的汽车,现在多为品牌授权经营,它批发转销的范围较窄、品种单一、转销量有限,但因其批发转销的汽车品牌单一,能够获得此品牌汽车生产企业的直接支持和帮助,因而它具备此品牌汽车转销的专业能力,能为经销商提供授权品牌转销中的4S店等专业化售后服务。

(2)委托代理商

委托代理商区别于独立批发商的主要特点是,他们对于其经营的汽车商品没有所有权,只是替委托人(汽车生产企业或汽车总经销商)组织推销汽车,以取得佣金为目的,促进买卖的实现。委托代理商按其代理职能和代理内容又可分为:总代理商和分代理商,生产企业的代理商和总经销商的代理商,多品牌汽车代理商和单一品牌汽车代理商等。

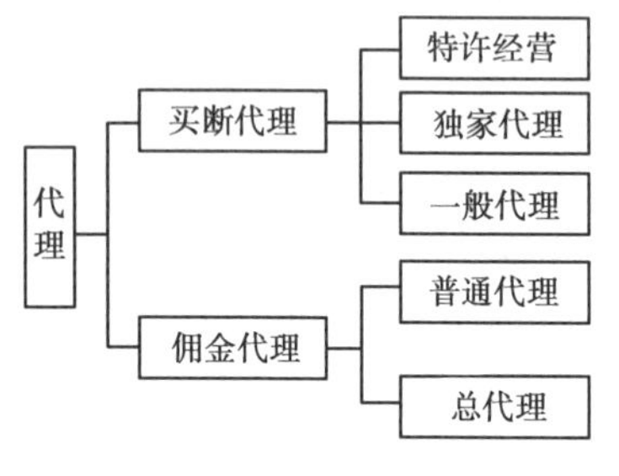

图 8.4　代理分类示意图

代理制是生产企业通过合同等契约形式把产品销售权交给代理商,从而形成生产企业与代理商之间长期稳定的代理关系。代理制作为产品分销渠道,其形式多种多样,从目前的实践来看,按代理商与厂家的交易方式,代理可分为两大类:佣金代理和买断代理,如图 8.4 所示。

(3)地区分销商

它是指在某一地区为生产企业(或总经销商)批发转销汽车的机构,是由汽车生产企业(或总经销商)为解决层层批发和跨地区销售等问题而设立的。它使汽车从生产企业(或总经销商)到某地区内的经销商只经过其一道批发转销环节,经销商将全部直接面对其所辖区域内的消费者进行直销。

3. 经销商(或特许经销商)

经销商是汽车营销的零售环节,在汽车营销流程中处于终端位置,它是直接将汽车销售给消费者的中间商,它的基本任务是直接为最终消费者服务,使汽车直接、顺利并最终到达消费者手中。它是联系汽车生产企业、总经销商、批发商与消费者之间的桥梁,在汽车销售渠道中具有突出的作用。特许经销商(亦称受许人)是从特许人(一般是总经销商)处获得授权在某一特定区域内直接将特定品牌汽车销售给最终消费者的中间商,按照特许经营合同,受许人可以享用特许人的商誉和品牌,获得其支持和帮助,参与统一运行,分享规模效益。这是一种新型的汽车销售渠道模式。国内各大汽车生产企业通过建立遍布全国的特许经销商网络,进一步提高了渠道服务水平,大大促进了汽车的市场销售。

8.2.2　中间商的作用

1. 中间商的共性作用

(1)中间商沟通汽车生产企业与最终消费者,完成汽车商品从生产企业向最终消费者的所有权等的"五个流"转移。

供需双方在地域、时间、信息沟通、价值评估及对汽车所有权等方面存在着差异,供需双方自行完成汽车交易有一定的困难。而中间商的环节功能,可以沟通生产企业和最终消费者,促成汽车交易,使汽车顺利地从生产领域经由流通领域转移到消费者手中。

(2)中间商代替汽车生产企业完成市场营销职能,为汽车生产企业节省物流时间及人力、物力和财力。

中间商的价值就在于其能代替汽车生产企业执行所有的市场营销职能,如进行市场调查、刊登汽车广告、安排汽车储运、开展汽车销售以及做好售后服务工作。同时,中间商还能为生产企业提供商业信贷,催收债款,帮助汽车生产企业在消费者中培育品牌,树立信誉,拓宽产品市场。

(3)中间商的服务增加了汽车的价值

由于中间商在物流系统中进行汽车商品的运输和存储,提供售前、售中和售后服务,从而增加了汽车的价值。

(4)中间商是汽车生产企业的信息来源

中间商最了解汽车市场情况,知道哪些汽车畅销,哪些汽车滞销,以及畅、滞的深层原因。这样可以及时把信息反馈给汽车生产企业,使汽车生产企业能够根据汽车市场的情况研发新产品、改进老产品,增强生产中的针对性。

(5)中间商有利于汽车企业进入新市场

汽车企业在自行开发新市场时,往往缺乏经验和不了解新市场的情况,使开发工作进展缓慢。而中间商市场营销经验丰富,了解新市场行情,如果汽车企业依靠中间商开发新市场,可以减少风险,大大提高成功的可能性。

(6)中间商有利于汽车企业销售新产品

当汽车生产企业向市场推出新产品时,依靠中间商,既可以节省在新产品营销工作中的大量资金,又可以利用中间商与消费者的多年联系,使新产品能够顺利销售导入,为企业占领市场赢得时间,使新产品的导入期和成长期大大缩短。

2. 汽车批发商在营销渠道中所处的位置和功能

(1)位置(图8.5)

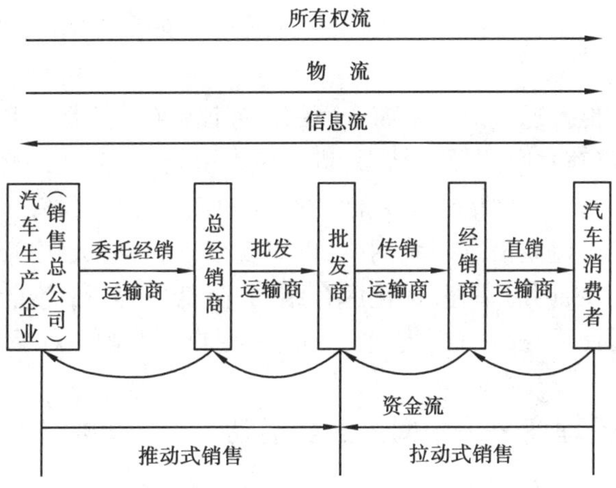

图8.5　批发商在汽车营销渠道中的位置

在这条营销渠道中,批发商处于传统的推动式销售和以市场为导向的拉动式销售之间的过渡位置。在消费者、经销商和总经销商之间,批发商更大程度上是由消费需求拉动着经销商的销售活动和批发商转销业务的开展;又由汽车生产企业(总经销商)年度目标和销售任务的要求推动着批发商批发业务的进行。因此,批发商最主要的功能是在目前买方市场条件下，通过发展营销网络，改进转销方式，提高转销能力，来协调供需矛盾，平衡销售计划和市场需求。

同时，批发商能有效地协调管理总经销商与经销商、消费者之间的连续的物流所有权流、信息流、资金和促销流，构建营销渠道网络，提高汽车品牌的影响力和商品的市场竞争能力。

(2)功能

从上面可以看出，汽车批发商在汽车营销渠道和营销网络系统中处于重要的地位，因此，它应具有以下几个方面的功能：

①销售管理功能。批发商通过销售管理，使经销商在自己的领域内规范销售，减少经销商之间的内耗，合理处理渠道冲突(水平渠道冲突及垂直渠道冲突)，稳定销售价格，更好地集中精力，开拓市场，服务营销。它主要进行供需矛盾的协调、销售计划的制订和执行、销售模式的转换以及对经销商销售网络的重组。

②售后支持功能。批发商应对经销商提供维修技术、产品知识资料、咨询及零部件供应的支持，提高经销商的专业水平，承上启下，双向协调。要对经销商进行技术支持和零部件的集散调度。

③市场营销功能。批发商通过行之有效的市场营销活动，可以建立和完善经销商销售网络系统，促使经销商销售体系正规化。

④储运分流功能。批发商应更及时、更准确地把车送至经销商，减少甚至免除经销商在“拿车”上投入的精力和财力。它主要进行质量把关、二次配送以及中转库的管理。

⑤资金结算与管理功能。批发商应免除经销商频繁奔波于销售当地与总经销商之间的时间和精力，让经销商更集中于销售及服务。它主要进行经销商购车结算、资金管理和业绩评估。

⑥经销商培训功能。通过对经销商的培训，提高经销商的整体业务素质。它主要进行熟悉所管辖地区的现状、制订培训计划以及开展多方面培训，落实属地营销渠网的调控职能。

⑦经销商评估功能。通过对经销商全面的业务评估(包括业务水平、营销技巧及经营业绩)，综合参考顾客满意度的评价结果，进行定期奖惩，达到实现经销商业务过程的目标。它主要进行硬件与非硬件指标体系的评估、用户满意度的考核。

⑧信息系统功能。建立信息系统网络，以实现以下目标：大幅度缩短汽车储运时间，并使脱库现象尽可能少；调剂库存，优化库存结构，降低库存量；完善信息库，供营销决策参考及考核经销商时使用；及时准确地通过销售和用户获取竞争对手的信息。

8.2.3 经纪人与代理商——中间人业务活动

随着我国市场经济的发展和汽车市场的国际化，经纪活动和代理活动越来越多。概括地讲，经纪活动是在市场经济条件下，介绍买卖双方进行商品交易的一种活动。代理活动是代表被代理人(法人或自然人)所从事的活动。两者都是一种中间人业务活动，是遵循市场经济规律和国家法制的商业性服务活动，都属于第三产业的范畴。

所以，经纪人是从事经纪活动的主体(具有民事责任能力的个人或法人)，即是受买方或卖方委托撮合交易而获取佣金的中间商。在我国,俗称"掮客"。代理人是从事代理活动的主体。

1. 经纪人、代理商的主要特征

(1)受托性。经纪人和代理商所从事的活动都是接受委托人(法人或自然人)受托的活动,是一种服务性活动。接受委托的方式,既可以是委托人找上门来要求经纪人或代理商接受委托,也可以是经纪人或代理商主动找委托人申请受托业务。后一种方式,在当今市场竞争日渐激烈的情况下变得更为普及。

(2)中间性。虽然说经纪人和代理商是中间商人,但他们本身并不占有商品,不具备商品生产者或者自主经销商的身份。

(3)有偿性。经纪活动和代理活动绝不是一种义务活动,经纪人和代理商是要获得报酬的,这种报酬的专业名词叫佣金。佣金是他们的唯一报酬来源,也是经纪活动及经纪业务、代理活动及代理业繁荣的强大驱动因素。

(4)经纪人是民事法律关系的主体,是以自己的名义从事活动;而代理商自己不是民事法律关系的主体,其代理行为不能违背委托人的意愿和授权范围,在授权范围内是不承担法律责任的,从事商业活动中以委托人名义进行。在这一点上,经纪人与代理商是有区别的。在现实生活中,经纪人和代理商所从事的商业活动,一般不仅仅限于经纪活动、代理活动、中介活动、咨询活动等,甚至还利用自己的资金从事买卖活动,即从事正当的买卖活动。只是在从事这类活动时,他们的身份已不再是原身份,而变化了角色。在商业性活动中身份不同的人,其权利、义务及法律责任是不一样的,经纪人、代理商、用户及其他的委托人都必须认识清楚。

2. 经纪人和代理商的权利与义务

一般来说,经纪人或代理商在同委托人签订合同后,双方的权利与义务关系就生效了,而且双方的权利与义务是相对的。即一方的权利也应当是另一方的义务,一方的义务也应当是另一方的权利。一方面,权利的实现有赖于义务的履行;另一方面,权力的大小也与义务的多少相联系。因此,全面细致地规定双方的权利与义务,是经纪活动和代理活动实行法治的核心内容。

(1)经纪人和代理商的权利

①有获取佣金的权利。经纪人或代理商按合同成功地完成经纪活动或代理活动后,便有权要求委托人按合同规定给付佣金。

②有请求支付开展经纪活动或代理活动必须经费的权利。经纪人或代理商在开展经纪活动或代理活动过程中,必须要有一些开支,如差旅费、邮电费等,这部分开支称为经纪成本或代理成本。一般地说,这些成本的支付与经纪人或代理商活动的成功与否无关。但成本支付方式与佣金支付方式有关,如以包干形式,将佣金与成本合在一起,则委托人就没有另外给付成本的义务了。

(2)经纪人或代理商的义务

①积极热情,以娴熟的服务技能勤勉地工作,在委托人授权范围内与第三者实施法律行为,完成委托事项。

②诚信忠实,其行为必须为善意的。其包括不隐瞒和谎报实情,不另谋佣金以外的好处,不受买方行贿,不与第三方串通损害委托人的利益。

③保守相关商业秘密及履行委托人要求的其他合理义务。

3. 佣金

佣金是经纪人或代理商为委托人提供经纪服务或代理服务后获得的劳动报酬，是经纪人或代理商劳动报酬的唯一来源，也是此类活动再进行和再发展的动力源。可见，佣金对经纪人或代理商来讲具有重要的意义。

现实生活中，有许多人，甚至包括舆论宣传和某些经济政策，都不能够将佣金同“回扣”“提成费”“好处费”“酬金”“红包”“馈赠”“交际费”“劳务费”等区别开来，常常把它们相提并论，混为一谈。其实，佣金是一种劳动报酬，正如薪水是劳动报酬一样，本不应该有争议。既然经纪人是合法的，那么其报酬——佣金自然也应是合法的。

4. 经纪人或代理商的选择

为了保证委托给经纪人或代理商的业务能够取得尽可能大的成功，委托人首先必须认真地选择适合自己委托业务的最佳经纪人或代理商。对一般汽车企业而言，请代理商更为常见。

(1)是否需要委托代理商

代理商可以对企业的销售业务带来好处，企业可从中获得一定的利益；但同时，企业又必须向代理商支付佣金。企业决定是否雇请代理商的依据就是企业通过委托代理商后所获利益必须大于支付给代理商的费用。

通常，委托代理商具有许多好处。代理商一般是业务的专家，因而委托代理，企业可以获得许多专业帮助，如了解市场特点、市场行情等；代理商一般具有广泛的人际关系和销售渠道，可以在较为广阔的范围内销售汽车商品，可与更多的潜在买主磋商，从而找到更多更好的买主。

因此，一般来讲，企业委托代理业务所获收益都会大于支付给代理商的佣金。但这并不是说所有的委托代理都一定会给委托人带来更多的收益。有些业务由委托人自己亲自处理可能比委托他人代理更能获利。故委托人必须对自己的业务在委托他人代理前做好成本效益的“效、本、利”分析，以确定是否真正需要代理商。若需要，一般选择长期代理为宜。

(2)代理商的选择方法

委托人在把自己的业务委托给某一代理商之前，必须对该代理商的基本情况有一个概括的了解。选择时也应重点从以下几个方面进行：

①代理商的身份及其经营范围是否合法。

②代理商的优势。不同的代理商，尽管其服务领域是相同的，但每个代理商拥有的用户群、渠道能力、当地影响力、顾客反映经济实力、经营规模是不同的。

③合作态度和工作作风。合作态度与诚意是影响代理商和委托人合作成效的重要因素。工作作风是影响代理商业务和企业形象的主要因素。

④令委托人满意的业务记录，如代理商的销售额，当地的市场占有率，发展趋势等。

在进行了上述有关调查之后，委托人才能做出合理选择。选定后，企业应同代理商签订合同，明确双方的权利和义务，并对代理商所代理的业务进行指导、管理、考核、监督和服务。

8.3 分销渠道的设计与管理

8.3.1 分销渠道的设计

1. 影响分销渠道设计的要素

一般,影响汽车分销渠道设计的主要要素包括以下方面:

(1)企业特征。不同的汽车生产企业的经济实力强弱、规模大小、声誉高低等方面存在差异,这对中间商具有不同的吸引力。因而企业在设计分销渠道时,应结合企业特性选择中间商的类型和数量,决策企业分销渠道模式。

(2)产品特性。汽车整车产品和大部分汽车零部件总成由于体大量重,价值大,运输不便,相对储运费用高,技术服务专业性强等原因,对中间商的设施、设备条件、技术服务能力和管理水平要求较高,汽车产品的销售渠道宜采取短而宽的分销渠道,并以自建分销体系为主。但不同企业的汽车产品在上述特性方面也存在差异,因而不同企业的销售渠道在渠道长短、宽窄等具体特点上不应强求一律,各企业在建设分销体系时应充分考虑本企业的产品特性。

(3)市场特性。不同企业的不同汽车产品,其市场特性也是不一样的。就我国汽车市场的发展趋势看,轿车将是市场的主角,市场分布面广及全国城乡,这就要求相应汽车企业的销售渠道尽量宽一些,以提高市场覆盖面。但对于专用汽车、特种燃料汽车(例工程装药车、代用燃料汽车等)的生产企业来讲,因其市场相对集中,故渠道的宽度可以窄些,长度也可短些。

(4)生产特性。汽车生产在时间或地理上比较集中,而使用者高度分散,一般不宜采用直销渠道,而应用少层次少环节的中间商。

(5)竞争特性。设计销售渠道时,应充分、仔细、深入、全面研究竞争对手的渠道情况,分析本企业的渠道是否比竞争对手更胜一筹、更具活力。否则,应及时调整渠道策略,修正设计。

(6)政策特性。企业在选择中间商或建立自销网点时,应充分考虑国家政策法规,充分了解当地的政策特点,选择合法的、有诚意、在当地市场信誉好、能够分担风险的中间商。

2. 设计汽车渠道涉及的参考数

(1)销售渠道的层次

汽车销售渠道的层次是指在汽车产品物流的过程中,对汽车产品拥有转移过程中所有权或销售职能权力的机构的层次数目。

零层次渠道不经过任何中间商转手;一层渠道是经过一个中间商的分销渠道;二层渠道是经过两次中间商的销售渠道;三层渠道是经过三次中间商过手的销售渠道等。

(2)销售渠道的长度

汽车销售渠道的长度是指汽车产品在物流过程中,所经过的中间层次或环节数。中间层次或环节越多，则渠道的长度越长；反之，则越短。生产商的分销渠道按其流通（购销）环节的多少一般分为直接渠道和间接渠道。

直接分销渠道，又称零级渠道，是指生产商根据市场目标和市场条件的实际情况设立销售机构，配备销售人员，无中间商参与，将产品（服务）直接销往用户的渠道组织形式，是长度最短的分销渠道。其适用于生产商销售力量雄厚、产品技术含量高或作为高档工业品销售的生产企业。在消费品市场，鲜活商品和部分手工业制品、特制品有着传统直销习惯，直接邮购、电话电视和网上直销等也迅速发展。

间接分销渠道，是指生产商对产品（服务）的分销是在中间商的参与条件下实现的。采用间接渠道，意味着生产商在某种程度上放弃对如何销售产品和售给谁等方面的控制，增大了市场风险。然而，生产商之所以做出这种选择，是因为通过有专业化职能的中间商分销产品，能获得更大的比较利益。具体表现在以下几个方面：

①大多数生产企业的人力、财力、物力全方位组织市场销售的辐射能力对一些区域市场“不服水土”，采用中间商可提高进入目标市场的效率，从而集中企业资源拓展其主营业务。

②用中间商的销售网络、商务关系与经验、专业化水准和规模经济优势，通常会比生产企业自营销售节约费用，省下的就是挣下的。

③中间商承担着协调生产企业提供的产品组合与消费者所需组合之间的矛盾功能，如产品差异、地点差异和所有权差异等，这是生产企业难以替代的。

(3)销售渠道的宽度

汽车销售渠道的宽度是指组成销售渠道的每个层次或环节中，使用或设置相同类型中间商的数量。同一层次或环节的此类中间商越多，渠道就越宽；反之，渠道就越窄。根据参与各环节中间商的数量，生产企业分销渠道一般分为：密集式分销、选择式分销和独家式分销。

①密集式分销渠道，是指生产企业在一个销售地区发展尽可能多的中间商销售自己的产品（服务）。其优点是可以广泛占领市场，方便消费者购买，交货及时。缺点是中间商市场分散难以控制。策略重心是扩大市场覆盖或快速进入一个新市场，使众多消费者可以随时随地地买到这种产品。

②选择式分销渠道，是指生产企业在特定的市场内有选择地发展少量几个中间商销售自己的产品（服务）。其优点是生产厂对市场的控制较强、成本较低，可获得适当的市场覆盖率以保留渠道成员间的竞争。缺点是渠道成员之间的冲突往往较多，生产企业协调的难度加大。策略重心是维护本企业产品的良好信誉，建立稳固的市场竞争地位，并致力于与少数中间商形成良好的协作关系。

③独家式分销渠道，是指生产企业在一定的地区只选择一家最合适的中间商专门销售公司产品。其优点是对渠道的控制力最强，利于统一市场政策和厂商产品形象。缺点是渠道成员缺乏竞争压力，厂商在当地的销售情况受中间商左右，市场覆盖率小的可能性较大。

(4)销售渠道的多重性

汽车销售渠道多重性是指汽车生产企业除上述长度结构中的两大类型（直接分销渠道、间接分销渠道）和宽度结构中的三大类型（密集式分销渠道、选择式分销渠道和独家式分销渠道)之外,还可以按渠道成员相互联系的紧密程度不同,分为传统渠道系统和整合渠道系统两大类型(图8.6)。

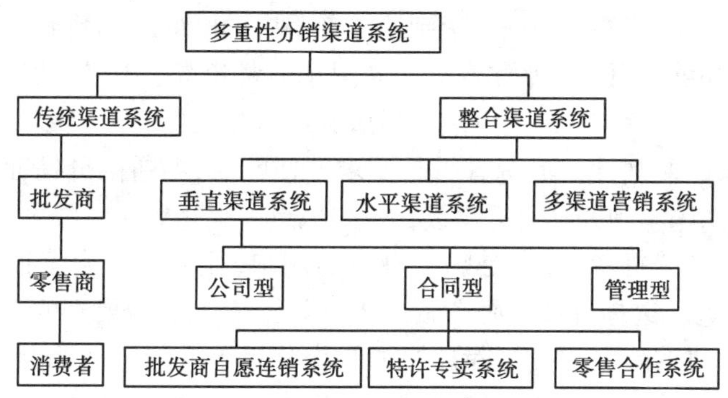

图8.6 多重性分销渠道系统示意图

①传统渠道系统,是指由各自独立的生产企业、批发商、零售商各消费者组成的分销渠道。传统分销渠道系统成员之间的系统结构是松散的。这种渠道的每一个成员均是独立的,它们往往各自为政,各行其是,都为追求其自身利益的最大化而激烈竞争,甚至不惜牺牲整个系统的利益。在传统渠道系统中,几乎没有一个成员能完全控制其他成员。

②整合渠道系统,是指在渠道系统中,渠道成员通过不同程度的一体化整合形成的分销渠道,整合渠道系统主要包括垂直渠道系统、水平渠道系统和多渠道营销系统。其中,垂直渠道系统在汽车销售渠道设计中最为常见。

所谓垂直渠道系统,是由生产企业批发商和经销商纵向整合组成的统一系统。该渠道成员或属于同一家公司,或将专卖特许权授权其合作成员,或有足够的能力使其他成员合作,因而能控制渠道成员行为,消除渠道冲突。垂直渠道系统有三种主要形式:

一是公司式垂直渠道系统,即由一家公司拥有和管理若干工厂、批发机构和零售机构,控制渠道的若干层次,甚至整个分销渠道,综合经营生产、批发和零售业务。公司式垂直渠道系统要么是由大的厂商拥有并管理,采取工商一体化经营方式;要么是由大型零售公司拥有并管理,采取工商一体化经营方式。

二是管理式垂直渠道系统,即通过渠道中某个有实力的成员来协调整个产销通路的渠道系统。

三是合同式垂直渠道系统,即不同层次的、各自独立的生产企业和中间商以合同为基础建立的联合渠道系统。如批发商组织的自愿连锁店、零售商合作社、特许专卖机构等。

生产企业可以根据目标市场的具体情况,使用多种销售渠道销售其汽车产品。

3. 设计步骤

汽车分销渠道设计是指建立以前从未存在过的分销渠道或对已存在的渠道进行修订变更的策划活动。设计一个渠道要求建设渠道目标和限制要素,同时,必须在理想的渠道设计和现有的实际可能利用的调整或新建的渠道之间做出选择。一般步骤为:

(1)分析消费者对分销渠道服务水准的要求

分销渠道的服务水准是指所选择的渠道策略对消费者购买商品(包括服务)的解决程度、物流速度和费用高低,包括消费者购买什么、在哪里购买、为什么购买、什么时候买、如何购买,通常表现在以下五点:

①一次购买批量的大小。如轿车市场，一个城市更新出租车辆，大都是批量购买，而“轿车进入家庭”，一般是一次买一辆，为此，必须视购买批量的不同，分别建立渠道。

②渠道内消费者的等候时间——货到消费者手中的时间。消费者对交货时间要求越短，分销渠道需要提供的服务水平越高。如商用车消费者购了10辆载货车则可采用送货上门，调试好后向用户交钥匙，同时开启售后服务第一步工作。

③消费者购买的便利性。消费者越是要求方便购买，渠道的分销面就要越广。努力做到一站式服务，从购车到办妥所有手续在一个地点一次完成。

④商品多样化。消费者，特别是购买整车的用户，往往要求商家提供多样化产品组合，以方便其“货比货”选择挑选。而产品组合的宽度越大，相应要求的服务水准就越高。

⑤渠道可以提供的附加服务。附加服务是指分销渠道能给消费者提供的服务支持，如购车后协助办理保险、购车信贷、安装调试和定期上门养护等。提供的服务支持越多，渠道的工作量和吸引力也就越大。

(2)设置和协调渠道目标

渠道目标是在企业总体目标的要求下，所设计的分销渠道应达到的服务产出目标，这种目标一般要求所建立的分销渠道达到总体营销规定的服务水平，同时使整个渠道费用减少到低而合理的程度。

渠道目标要和营销组合策略目标(产品、价格、促销)互动协调，并要和本企业相关的财务目标、生产目标等相协调。渠道目标要明示，让营销工作人员、决策管理人员和消费者都知道。

(3)明确渠道的任务

渠道任务的设计应反映不同类型营业中介(中间商)的差异，同时还需根据不同产品或服务的特性进行一定的调整，以最大程度适应渠道目标。

(4)设计渠道结构方案

企业在确定了目标市场和期望的服务目标任务之后，可以按照不同的长度策略和宽度策略设计几个主要的渠道方案。渠道选择方案涉及三种要素：中间商类型、中间商的数量和渠道成员的交易条件及责任。

①中间商类型。生产企业首先要明确可以完成其渠道任务的中间商类型。根据目标市场及现有中间商的状况，可以参考同类产品经营者的经验，设计自己的分销渠道方案。如果暂时没有合适的中间商可供选择，企业也可以设计直销渠道或直复营销渠道。

②确定中间商数目。生产企业必须确定在每一渠道层次利用中间商的数目。由此形成所选择分销渠道的宽度类型，即密集式分销、选择性分销或独家经销。

密集式分销多为维修市场汽车配件和汽车用品生产企业采用。选择性分销多为信誉良好的企业和希望以某些承诺来吸引经销商的新企业所采用。独家经销多用于有特色品牌产品的分销。

③规定渠道成员的交易条件及责任。生产企业必须确定渠道成员的交易条件和应负责任。在交易关系组合中，这种责任条件主要包括：

——价格政策。企业制订的价格目录和折扣标准，要公平合理，中间商认可。

——销售条件。销售条件是指付款方式和生产企业承诺，使分销商免除后顾之忧，大量进货。

——经销商的区域权利。这是渠道关系的一个重要组成部分,应仔细推敲并加以明确。

——各方应承担的责任。应通过互惠互利,风险共担的条款,来明确各方责任。

(5)评估渠道设计方案

①要结合影响渠道设计的以下六个要素:市场要素、产品要素、企业要素、环境要素、行为要素、中间商要素,修改和完善渠道方案。

②从三个方面进行评估:

第一个方面,经济性标准评估。本评估主要是比较每个方案可能达到的销售额水平及其费用水平。首先考虑哪一种做法会带来较高的销售额;其次,要考察每一渠道的销售费用。采用这项评估的中间商多为小企业,或虽为大公司但只在较小的细分市场中销售产品时才采用。

第二个方面,可控性标准评估。利用独立的中间商或代理商可控程度较低。渠道越长,控制问题就越突出。对此需要进行多方面的利弊比较和综合分析。

第三个方面,承担一定的义务。如果市场环境发生变化,这些承诺将降低生产企业的适应能力。为此,应考察企业在每一种渠道方案中承担义务与经营灵活性之间的关系,包括承担义务的程度和期限。对一种涉及长期(5 年以上)承担义务的渠道的选择,应在经济或控制方面有非常优越的条件时,才能予以考虑。

(6)在评估的基础上,选择最可行的渠道设计方案

即要求用最少的投入成本来确定各渠道任务在中间商之间的最有效性。

8.3.2 分销渠道的管理

分销渠道的管理主要表现在以下方面:

第一,制订兼容规范、约束和激励内容的分销渠道所有当事方的共同准则,共同遵守,相互监督,定期检查,跟踪调查。

第二,评估渠道成员。定期评估,及时了解情况,发现问题、解决问题。评估内容包括销售量完成情况,平均存货水平及保管质量,应收应付货款状况,对消费者的服务质量及消费者的反映。

第三,奖励销售业绩和售后服务双佳的渠道成员(荣誉奖和物质奖双管齐下)。

第四,对连年经营业绩差、消费者投诉多,或造成人为经济损失额度较大的渠道成员要给予相应处罚。

第五,调整分销渠道成员和分销渠道。

由于目标市场区域购买力、消费者购买方式的变化或由于渠道设计不合理,渠道成员不称职等原因,为了适应市场环境变化,现有分销渠道经过一个考核周期的运作后,需要加以修改和调整。其主要有三种调整方式:一是增减某一渠道成员;二是增减某一分销渠道;三是调整、改进直至重设整个分销渠道。

第六,协调渠道成员间的矛盾。特别是实行扁平式分销体系时,同一层面的中间商数目较多,总会出现冲突和竞争,需要及时加以协调解决,以保证整个渠道高效运行。

8.4 汽车分销体系建设

8.4.1 汽车分销体系的概念

1. 汽车分销及分销体系的含义

汽车分销是汽车生产企业将其产品从产出到用户手中整个传递过程能够持续进行所涉及的所有活动。

汽车分销体系是指生产企业为消费者提供产品和服务,实现企业总体战略规划的理念和目标而构建的组织体系及其运行规则。

2. 汽车分销体系的组成(图 8.7)

(1)网络组织成员

——分销网络是指汽车分销体系所有构成成员按一定的规则连接构成的组织系统。

——分销体系构成成员从分销网络的概念出发,又可称为分销网络成员。

——网络的纵向关系构成分销渠道,其显著特点是具有层次性,这也是我们研究的主要内容。

——网络的横向关系构成地域分布,具有疏密性。

(2)分销渠道

——分销渠道是由分销网络纵向关系所建立的汽车产品从生产企业传递到最终消费者的通道。

——分销渠道的层次性决定渠道的长短。不同类型渠道的数量决定渠道的宽度(图 8.7)。

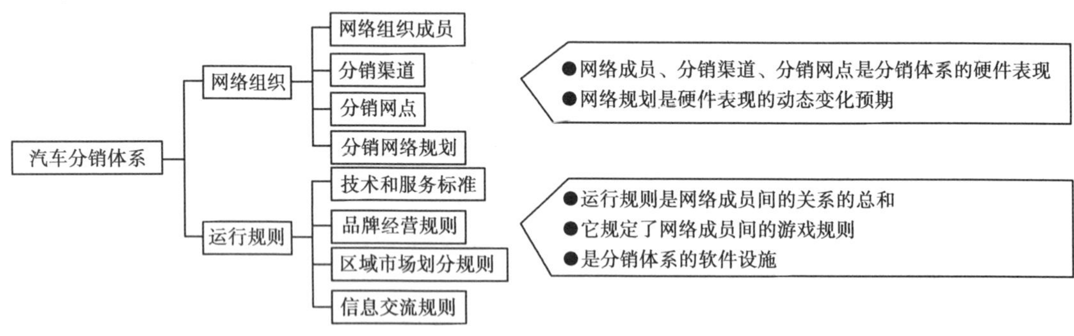

图 8.7 汽车分销体系的组成

图中,生产企业 A 有两种渠道:

- 生产企业 A→总经销商→经销商→消费者
- 生产企业 A→总经销商→经销商→二级经销商→消费者

生产企业 B 有三种渠道:

- 生产企业 B → 总经销商 → 经销商 → 消费者
- 生产企业 B → 总经销商 → 消费者
- 生产企业 B → 消费者

由图 8.8 可知,生产企业 A 有 4 条分销渠道,生产企业 B 有 5 条分销渠道,可见生产企业 B 的分销渠道宽度大于生产企业 A 的渠道宽度。

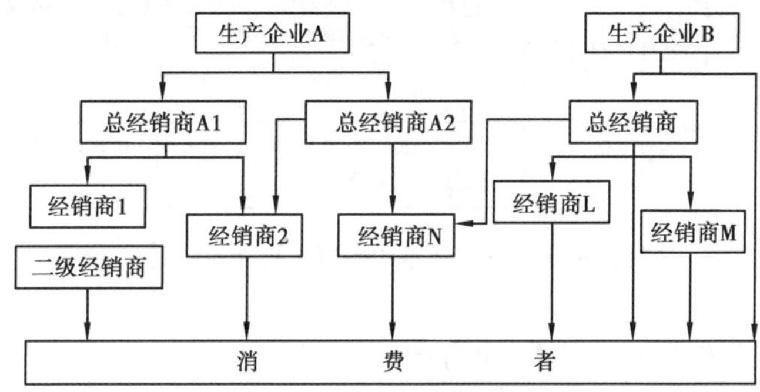

图 8.8　不同类型分销渠道的宽度

(3)分销网点

分销网点是指分销网络成员中,直接面向最终消费者的单一成员(经销商)。生产企业自建分销网络的分销网点,一般均为该生产企业的特约经销商。

分销网点一般应具有以下功能:销售、技术服务、配件供应、信息及咨询、培训等。按分销网点具有的功能划分,可分为单一功能网点(如销售店、特约维修站等)和多功能一体化网点(如 3S 店、4S 店等)。

根据汽车产品与最终消费者实现交易方式和场所的不同,分销网点形成若干种不同的网点形态,目前主要有品牌专卖店、连锁店、汽车超市等。

(4)分销网络规划

分销网络规划是指汽车生产企业为建设分销体系而做的整体策划方案(图 8.9),包括分销网络整体设计、网点数量、网点的标准、网络的功能目标、实施安排等。

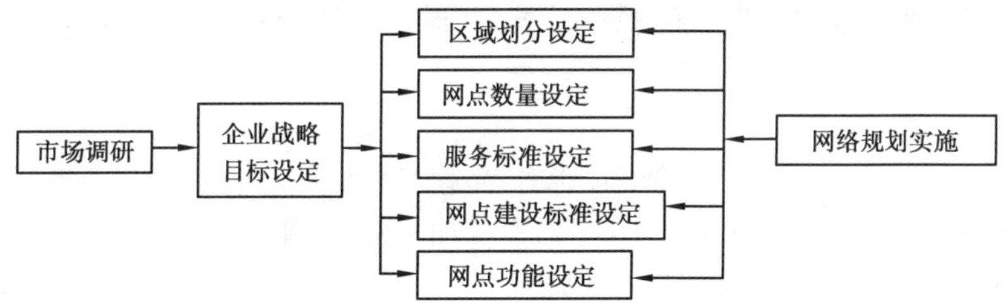

图 8.9　策划程序框图

(5)分销体系运行规则的含义

分销体系运行规则界定了生产企业、经销商之间的权利义务关系,通过合同契约条款来履行。

各运行规则的含义如图 8.10 所示。

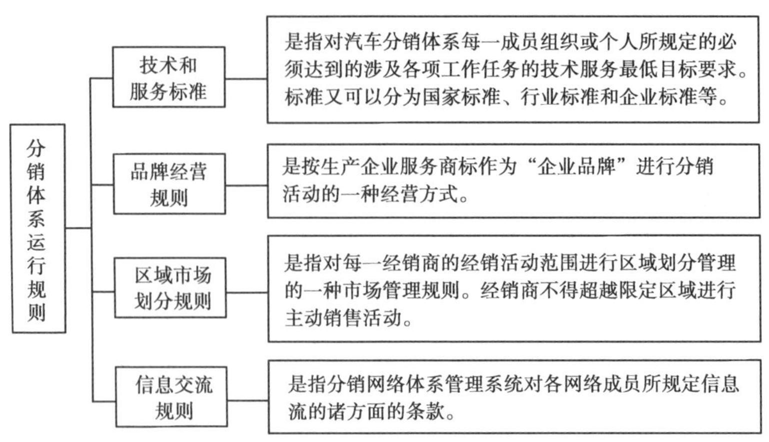

图 8.10　分销体系中各运行规则的含义

8.4.2　汽车分销体系的建设目标方向

1. 网络系统化

明确生产企业为主体，授权总经销/总代理商，进行网络规划实施（表 8.2）。

表 8.2　汽车分销体系的网络系统化

生产企业为主体	唯一的总经销商/总代理商	网络规划与实施
产品质量责任的市场主体； 产品或者企业品牌的所有者和经营主体； 提高“品牌经营”的重要手段。	生产企业在特定区域及功能上的授权代表，它代表生产企业的经营理念； 在特定区域必须是唯一的； 进口车只能在国内设立唯一的总代理商，以保证国内消费者的权益。	网络规划内容包括网点数量、区域规划，网点规模规划以及网络建设实施进度等。

2. 经营品牌化

汽车生产企业必须建立自己的服务品牌，并通过特许经营方式实现与品牌销售商的紧密合作。

（1）服务品牌

——品牌已经成为企业经营的核心能力，品牌经营的核心是给用户不断提供产品，而且提供长期稳定服务。企业除了产品品牌，需要加快建设“服务品牌”。

（2）特许经营

——品牌经营的法律依据是特许经营相关法规。授权内容包括服务商标的使用权、产品销售权、产品技术培训权等。统一标准：外观标识、服务质量、技术、管理模式等统一。

（3）排他性

——“品牌”可以以“企业”为单元，也可以以“产品”为单元，但它们均具有排他性。排他性（通过生产企业的服务商标）具有保护和实现“品牌经营”的功能。

3. 功能多样化

分销网点功能逐步实现销售、服务功能一体化（图 8.11）。

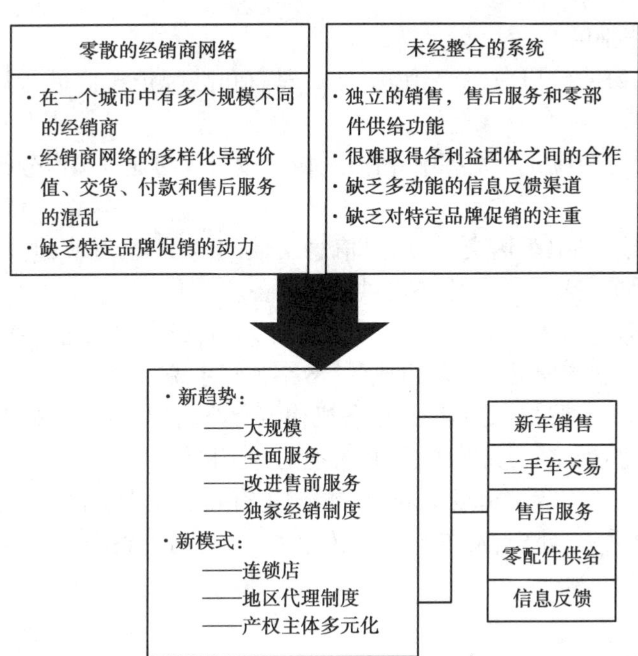

图 8.11　分销网点功能示意图

4. 分销渠道的扁平化

汽车生产企业销售渠道力求扁平，这是总的发展趋势。这样可以减少流通环节，加快物流，降低营销成本，方便消费者。

传统的分销渠道（图 8.12）。

发展中的销售分销渠道（图 8.13）。

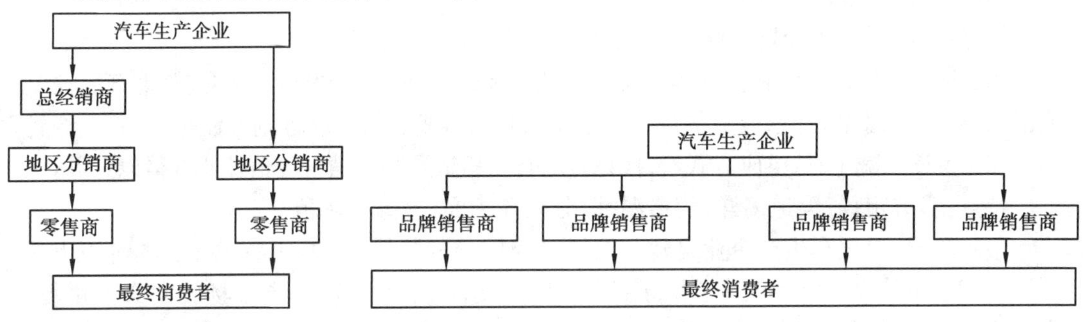

图 8.12　传统的分销框图　　**图 8.13　发展中的销售分销渠道**

5. 管理规范化

建立规范的企业准入管理制度和公正、规范的中介评估机制，主要包括：

（1）总经销商/总代理商准入制度

——总经销商必须由生产企业授权；

——经过政府部门核准，方可行使网络规划权。

（2）品牌经销商准入制度

——品牌销售商须由总经销商统一提出申请；

——经有关部门备案。

(3)中介评估机制

——中介机构协助政府对总经销商/总代理商和品牌销售商进行评估,并提供评估报告;

——汽车行业协会应充分发挥中介作用,协助政府部门促进国内分销体系发展。

6. 信息电子化

实现汽车分销过程中车辆交付、用户信息反馈的电子化,逐步建立完善的用户信息库,并为召回、二手车交易等其他服务提供信息准备。

(1)在分销管理中,逐步形成了由企业资源计划(ERP)系统、客户关系管理与呼叫中心、自动仓储系统和物流配送系统等组成的"数字神经系统"。

(2)企业信息系统通过为分销网点中各机构定义明确的权责,并对业务流程进行重组和优化,帮助企业建立一个责权明晰、流程可控的分销网络。

(3)电子商务手段将为渠道成员的合作提供更有效的技术手段,为渠道成员之间提供了更低成本的信息采集、处理、发布与指令传递方式,提高了整个渠道的反应能力和反应速度。

8.4.3 国内外分销体系比较

1. 发展过程比较

(1)我国汽车分销体系大体经历了三个发展阶段

第一阶段,政府计划分配阶段(1978 年以前)。在这阶段经历了如下三个时期:a. 中央政府统一控制;b. 中央为主,地方为辅;c. 中央、地方两级管理。汽车生产企业没有自主分销权,分销由国家指定部门负责。

特点:产品严格按计划分配,生产与销售完全脱节。

第二阶段,汽车生产企业自建分销体系形成阶段(1979—1993)。本阶段政府的控制范围和供应方式发生转变,企业的自建分销体系开始形成。从政府计划控制范围看,指令计划分配比重逐渐减小;从供应方式看,代订货、协作、租赁及联营销售等信托业务得以开展。

特点:卖方市场,渠道多样,价格混乱,分销高利润,服务不规范。

第三阶段,以汽车生产企业自建分销体系为主导的阶段(1994 年至今)。本阶段市场环境和竞争主体发生巨大改变:市场性质发生改变,汽车市场从卖方市场转向买方市场;竞争主体改变,境外轿车企业纷纷进入中国汽车制造领域,并渗透分销领域;开始品牌经营之路。

特点:面临加快自身分销体系建设和应对境外企业分销体系竞争的双重压力。

(2)国外以美、日、欧为代表的三类分销体系的发展历程

①美国汽车分销体系的五个发展阶段(图 8.14)

②日本汽车分销体系的五个发展阶段(图 8.15)

③欧盟汽车分销体系发展的三个阶段(图 8.16)

2. 国内外的不同特点

(1)美国、欧盟各国和日本在营销渠道的长度,对经销商的控制能力和网点功能设置上有所不同,但从以上框图中可以看到,它们都经历了营销体系由成长期进入成熟期的发

展过程。其共同点是：

——营销渠道的建设都是以汽车生产企业为中心；

——营销网络一般都是扁平化的二层次构架；

——网点密集，多功能一体化；

——都具有分工明确，管理严细的批发商和代理商制度；

——按区域市场划片，目标市场和分工责任明确。

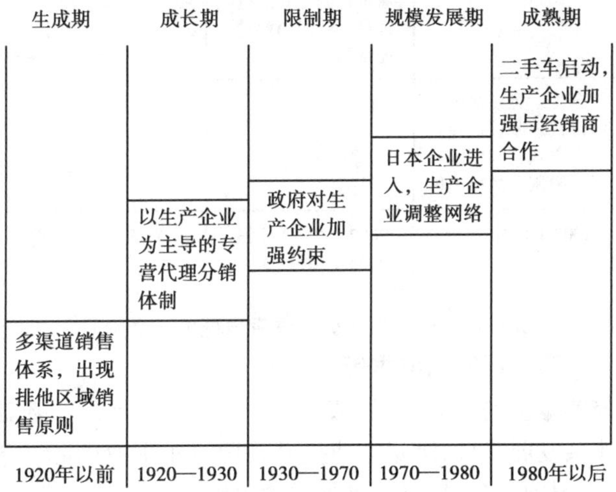

生成期	成长期	限制期	规模发展期	成熟期
多渠道销售体系，出现排他区域销售原则	以生产企业为主导的专营代理分销体制	政府对生产企业加强约束	日本企业进入，生产企业调整网络	二手车启动，生产企业加强与经销商合作
1920年以前	1920—1930	1930—1970	1970—1980	1980年以后

图 8.14　美国汽车分销体系的五个发展阶段

生成期	成长期	发展期	成熟期	整理期
一县一店	向多渠道系列化销售体系转变	开始按产品系列管理销售工作	增设销售网点，自建分销网点，建立多渠道销售体系	进入平台整理期，汽车生产企业开始合并一些汽车品牌系列
第二次世界大战以前	1950—1960	1960—1970	1970—1990	1990年以后

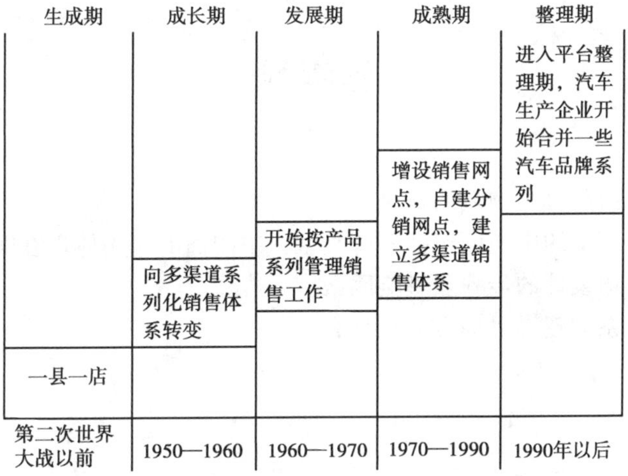

图 8.15　日本汽车分销体系的五个发展阶段

(2)我国汽车分销体系的特点：

——生产企业在分销体系中的主体地位已经初步确立，正处于自建分销渠道阶段；

——汽车生产企业一般承担着总经销商的角色，分销体系正在向扁平化发展；

——轿车生产企业多为合资企业，网络控制权的争夺非常激烈；

——生产企业正在调整和强化网点建设，加强对经销商的筛选、培训和管理；

——生产企业与经销商的关系松散，但正处于与经销商互动改制，建立资产关系的整合期间；

——分销渠道多样化，适合我国不同区域和消费者的需求。

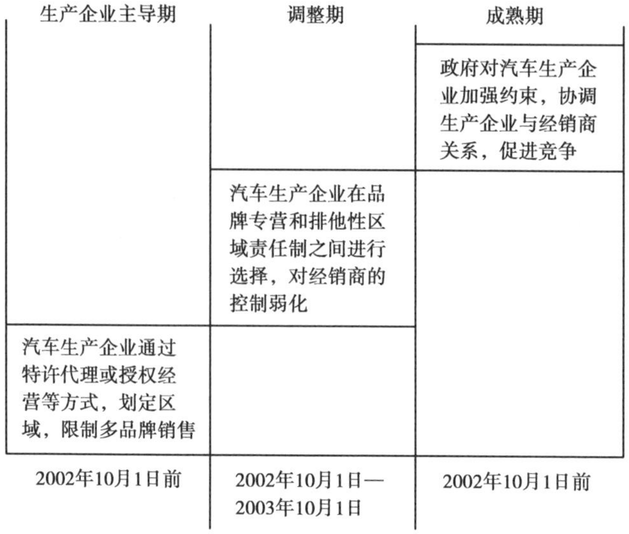

生产企业主导期	调整期	成熟期
		政府对汽车生产企业加强约束，协调生产企业与经销商关系，促进竞争
	汽车生产企业在品牌专营和排他性区域责任制之间进行选择，对经销商的控制弱化	
汽车生产企业通过特许代理或授权经营等方式，划定区域，限制多品牌销售		
2002年10月1日前	2002年10月1日—2003年10月1日	2002年10月1日前

图 8.16　欧盟汽车分销体系发展的三个阶段

3. 我国汽车分销体系建设的指导思想

掌握国际汽车分销体系的主要特征、发展趋势、国内外差距的基础上，加快追赶现代国际汽车营销服务体系发展步伐，满足迅速提升我国汽车工业国际竞争力的迫切要求，结合中国国情，创新突出中国特色，探索一条加快中国汽车分销体系建设的道路。

思考题

1. 简述分销渠道和汽车物流的含义。
2. 汽车销售渠道中的中间商包括哪些类型？中间商的作用体现在哪些方面？
3. 说出分销渠道设计的步骤及影响因素。
4. 汽车分销体系的建设目标方向是什么？

第9章 促销工具与汽车促销策略

学习要点

1. 全面理解市场营销四种促销工具:广告,人员推销,营业推广,公共关系的含义。

2. 各种促销工具各自的三个结构要素:

——广告的媒体选择、预算、效果评价;

——人员推销的结构人选、系统培训、考核报酬;

——营业推广的方式选择,怎样对消费者进行营业推广的程序,促销与营业推广的联系与区分;

——公共关系的公关手段、公关内容和执行评价。

3. 掌握各种促销工具的运用方法和优化组合的策划方法。

随着我国汽车市场的成熟及与国际市场的接轨,要求汽车生产企业开发、生产优质的汽车产品,制订具有竞争力和吸引力的产品价格,构建顺畅的分销渠道,使产品顺利让目标消费者接受。除此而外,还要求汽车企业与现有的消费者、潜在的消费者及相关的公众消费者沟通,激发消费者的购买欲望,实现销售的目的。这些都需要通过企业运用有效的促销工具,实施有效的促销组合策略来完成。因此,促销工具的使用与促销组合的策划已成为现代汽车市场营销"连锁互动"(产品、价格、分销、促销四要素连锁),使用最广泛,使用频率最高,使用效果最显著的营销策略。

9.1 汽车促销和促销组合

9.1.1 促销的含义

促销是指生产企业向目标消费者传递产品信息,促使目标消费者做出购买行为而进行的一系列说明性沟通活动。

汽车促销是汽车企业对汽车消费者所进行的信息沟通活动,通过向消费者传递汽车企业和汽车产品的有关信息,使消费者全面了解感兴趣的汽车产品,并对汽车生产企业和销售企业产生信任,进而引发购买的欲望。为了支持和促进汽车销售,需要采用多种促销工具进行多种方式的促销。通过广告,传播有关汽车企业和汽车产品的信息;通过营业推广,加深消费者对汽车产品的了解,促进其购买汽车;通过人员推销,面对面地与消费者沟通,帮助消费者选购汽车;通过各种公共关系及宣传手段,改善汽车企业和汽车产品在公众心目中的形象,为今后的营销活动做好战略性铺垫。

促销和营业推广是有本质区别的。营业推广的称谓很多,诸如销售促进、销售宣传等,它是指广告、人员推销、公共关系以外的种种营销活动,意在刺激消费者的购买欲望和经销商的积极性。营业推广通常是一种通过对产品或服务的"降价或增值"来刺激即时需求增长的短期工具。促销就是把有说服力的产品信息,采用特定的方式和渠道,对特定沟通对象(目标消费者)购买心理、购买态度和购买行为进行有效的影响。促销与其他市场营销活动有着不同的特点。企业促销活动是在企业与其目标消费群或社会公众之间进行的,而其他市场营销活动只在企业内部或生产企业与中间商之间进行。为什么说促销实质上是一种信息沟通活动呢?沟通是信息提供者或发送者发出作为刺激物的信息(如某个时间几款汽车新车型将面市等),并把信息传递到一个或更多的目标对象,以影响其态度和行为。

9.1.2 汽车促销的工具

汽车促销的方式主要有两类:人员促销和非人员促销。人员促销主要是指派出汽车销售人员进行汽车销售活动。在非人员促销中,又分为广告、营业推广、公共关系等多种方式。汽车促销策略就是这几种工具的最佳选择、组合和运用。各种汽车促销工具的主要特点如下:

1. 广告

汽车广告是一种高度大众化的汽车信息传递工具,其信息传播面广,形式多样,渗透力强,可多次重复同一汽车信息,便于消费者记忆。

2. 人员推销

人员推销是经销商与消费者的直接沟通,面对面地传达汽车信息,推销方式灵活,针对性强,容易促成即时成交。而且,通过人与人之间的沟通,可以培养经销商与消费者之间的感情,以便建立个人友谊及长期的合作关系,亦可迅速反馈消费者的意见及要求。

3. 营业推广

"营业推广"也称"销售促进",是一种沟通性极好的促销工具。通过提供汽车信息,诱导消费者接近汽车产品;通过提供优惠,对消费者产生牌效应;通过提供奖励,对消费者产生激励。

4. 公共关系

公共关系具有较高的可信度,其传达力较强,吸引力较大,容易使消费者接受,可提高企业的知名度,树立汽车企业良好的社会形象。

9.1.3 汽车促销组合

1. 定义

所谓汽车促销组合就是把广告、人员推销、营业推广和公共关系四种不同的汽车促销工具有目的、有计划地结合起来，并加以综合运用，以达到特定的促销目标。

促销组合既可包括上述四种工具，也可包括其中的两种或三种。由于各种汽车促销工具分别具有不同的特点、使用范围和效果，所以要结合起来综合运用，才能更好地突出汽车产品的特点，加强汽车企业在市场中的竞争力。

2. 汽车促销组合框图（图9.1）

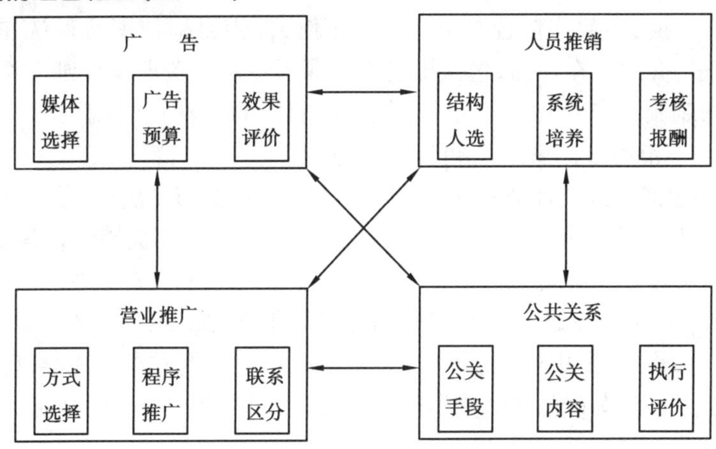

图9.1　汽车促销组合框图

3. 在制订汽车促销组合时应考虑的因素

（1）汽车促销目标

要确定最佳的汽车促销组合，首先需考虑汽车促销目标。汽车促销目标不同，应有不同的汽车促销组合。如果汽车促销目标是为了提高汽车产品的知名度，那么汽车促销组合重点应放在广告和营业推广上，辅之以公共关系宣传；如果汽车促销目标是为了让消费者了解汽车产品的性能和使用方法，那么汽车促销组合应采用适量的广告、大量的人员推销和某些营业推广；如果汽车促销目标是立即取得某种汽车产品的销售效果，那么重点应该是人员推销，并安排一些广告宣传。

（2）汽车“推动式”销售与“拉动式”销售

在汽车销售过程中，采用“推动式”销售还是“拉动式”销售，对汽车促销组合有较大的影响。“推动式”销售是一种传统的销售方式，是指汽车企业将汽车产品推销给总经销商或批发商；而“拉动式”销售则是以市场为导向的销售方式，是指汽车企业（或中间商）针对最终消费者，利用广告、公共关系等促销方式，激发消费需求，经过反复强烈的刺激，消费者将向中间商指名购买这一汽车产品，这样，中间商必然要向汽车生产企业进货，从而把汽车产品拉进汽车销售渠道。

（3）汽车市场性质

不同的汽车市场，由于其规模、类型、潜在消费者数量不同，应该采用不同的促销组合策略。规模大、地域广阔的汽车市场，多以广告为主，辅之以公共关系宣传；反之，则应该以人员推销为主。汽车消费者众多却又零星分散的汽车市场，应以广告为主，辅之以营业推广和公共关系宣传；汽车消费者少、购买量大的汽车市场，则应以人员推销为主，辅之以营业推广、广告和公共关系宣传。潜在汽车消费者数量多的汽车市场，应采用广告促销，有利于开发需求；反之，则应采用人员推销，有利于深入接触汽车消费者，促成交易。

(4)汽车产品档次

不同档次的汽车产品,应采取不同的促销组合策略。一般说来,广告一直是各种档次汽车市场营销的主要促销工具;人员推销是高档、低档汽车的主要促销工具。

(5)汽车产品生命周期

汽车产品生命周期阶段不同,促销目标也不同,因而要相应地选择、策划不同的促销组合策略。在导入期,多数消费者对新产品不了解,促销目标使消费者认知汽车产品,应主要采用广告宣传介绍汽车产品,选派推销人员深入特定消费群体详细介绍汽车产品,并采取展销等方法刺激消费者购买。在成长期,促销目标是吸引消费者购买,培养汽车品牌偏好,继续提高汽车市场占有率,仍然可以广告为主。但广告内容应突出宣传汽车品牌和汽车特色,同时也不要忽略人员推销和营业推广,以强化产品的市场优势,提高市场占有率。在成熟期,促销目标是战胜竞争对手、巩固现有市场地位,综合运用促销组合各要素,应以提示性广告和公共关系为主,并辅之以人员推销和营业推广,以提高汽车企业和汽车产品的声誉,巩固并不断地拓展市场。在衰退期,应把促销规模降到最低限度,尽量节省促销费用,以保证维持一定的利润水平,可采用各种优惠方式来销售汽车存货,尽快处理库存,盘活流动资金。

图 9.2 显示了在汽车产品生命周期的不同阶段,四种促销工具的相对效益。

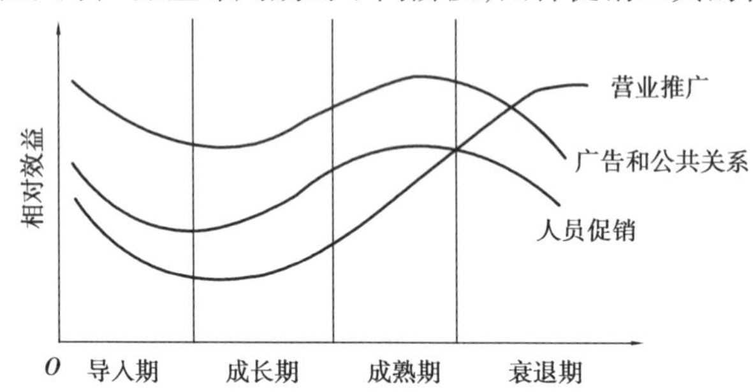

图 9.2　汽车产品寿命周期的不同阶段四种促销工具的相对效益

从上图分析可见:

导入期——不论哪种促销方式都是一个投入过程,即促销预算的支出过程。

成长期——各种促销措施的上升曲线基本一致。从下到上,营业推广、人员推销、广告和公关关系依次增高。

成熟期——营业推广的效果相对滞后。

衰退期——营业推广维持和延续生命周期成熟期的曲线波峰。

9.1.4　汽车促销预算

企业要实现促销目标,就会产生促销费用,因此必须为企业总的促销活动进行预算,这是最困难的也是不可或缺的营销决策之一。

企业如果没有促销预算,那将一事无成;如果预算不准,要么是事倍功半,要么是浪费资金,增大成本。

1. 常用的促销预算方法

(1)销售比例法(也称赢利比例法)

这是以促销与销售额或利润的关系确定预算的方法,即以以往的财务决算为基础,按计划销售额或销售利润，测算出一定的百分比来确定开支的促销费用额。

(2)任务法

根据完成促销目标必需的相关开支，计算促销成本，得出的累计数就是促销预算。

(3)产品类比法

根据产品的不同生命周期阶段和产品类别体现的性质差别、行业差别来确定促销预算。

(4)竞争平衡法

这是根据同行业，特别是竞争对手的平均促销或某项重要的促销活动支出来确定本企业的促销预算。

(5)投资收益法

把促销投入看作是投资，按一定的回收标准来确定促销预算。首先确定投资目标，按一定的投资回报率来确定，然后根据促销得到的收入或收益的测算编制预算。

2. 汽车促销预算的编制过程

第一步：分析汽车年度营销计划，建立营销目标，预测汽车的销量和利润。

第二步：制订广告、人员推销、营业推广和公共关系的预算分配。可以按往年数据进行分配，也可以依据竞争者的实际促销情况和其他因素，对该分配进行调整。例如，获悉竞争对手要增加广告宣传费，则应把更多的预算转向广告宣传。

第三步：总促销预算送交高层决策者审查、修改后执行。

3. 影响汽车促销预算分配的因素的分析

(1)在汽车产品生命周期的导入期和成长期，特别是市场成长率高时，投向广告的预算应多于营业推广，拥有最多市场份额、毛利和产品差别化较强的汽车企业也要投入相对较多的广告费。

(2)汽车促销预算越高，竞争越激烈，越要集中精力抓好短期内的管理。

(3)相对于人员推销，广告往往对汽车消费者的态度和长期市场份额有正面影响，而对短期市场份额有负面影响。

(4)相对于广告，人员推销往往对短期市场份额有正面影响，而对汽车消费者的态度和长期市场份额有负面影响。

9.2 汽车广告策略

9.2.1 广告的概念和作用

1. 广告的定义

广告是企业财务列支，以公开付费的方式而进行的非个人观念对产品或服务而进行的非人员接触的宣传活动。汽车广告是一种高度大众化的汽车信息传递方式，其信息传播面广、形式多样、渗透力强，可多次重复(甚至高频率重复)。

2. 汽车广告的作用

(1)建立知名度

通过各种媒介的组合,向汽车消费者传达新车上市的信息,吸引目标消费者的注意,汽车广告宣传可避免促销人员向潜在消费者描述新车所花费的大量时间,快速建立知名度,迅速占领市场。

(2)促进理解

新车具有新的特点,通过广告,可以向目标消费者有效地传递新车的外观、性能、特色、使用等方面的信息,引发他们对新车的好感和信任,激发其进一步了解新车的兴趣。

(3)有效提醒

如果潜在消费者已了解了这款新的车型,但还未准备购买,广告能不断地提醒他们,刺激其购买欲望,这比人员推销要经济得多。

(4)公开承诺

广告能提醒消费者如何使用、维修、保养汽车,对他们再度购买提供保证。

(5)树立企业形象

对于汽车这样一种高档的耐用消费品,消费者在购买时,十分重视企业形象(包括信誉、名称、品牌、商标等),广告可以提高汽车生产企业的知名度和美誉度,扩大其市场占有率。

9.2.2 制订汽车广告策略的过程(图9.3)

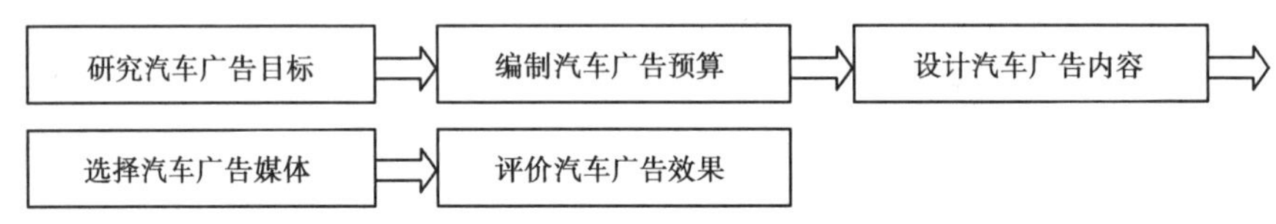

图9.3 制订汽车广告策略

其中:最主要的是媒体选择、广告预算和效果评价。

1. 确定汽车广告目标

制订汽车广告策略的第一步是确定汽车广告目标。汽车广告目标是指在一个特定时期内,某个特定的公众所要完成的特定传播任务。这些目标必须服从有关汽车经营目标、汽车市场定位和汽车营销组合等决策。汽车广告按其目标可分为通知性、说服性和提醒性广告三种。

(1)通知性广告

通知性广告主要用于汽车新产品上市的开拓阶段,旨在为汽车产品建立市场需求。日本丰田汽车公司在进入中国市场初期,打出哲理性、文化性很强的“车到山前必有路,有路必有丰田车”的经典广告,至今让消费者难忘。

(2)说服性广告

说服性广告主要用于竞争阶段,目的在于建立对其某一特定汽车品牌的选择性需求。在使用这类广告时,应确信能证明自己处于优势的宣传,并且不会遭到更强大的其他汽车品牌产品的冲击。

(3)提醒性广告

提醒性广告用于汽车产品的成熟期,目的是保持消费者对该汽车产品的记忆。

2. **编制汽车广告预算**

汽车广告有维持一段时期的延期效应。虽然汽车广告费可以进入成本按当期开支来处理，但其中一部分实际上是用来逐渐建立汽车品牌与产品商誉这类无形价值的投资。因此，制订汽车广告预算要根据汽车企业实际需要和实际财务状况量入为出。此外，还要考虑以下五个因素：

(1)产品生命周期阶段

在推出新车型的导入阶段，一般需要花费大量广告预算，才能建立其市场知名度。

(2)市场份额和消费者基础

想增加市场销售或从竞争者手中夺取市场份额，则需要大量的广告费用。

(3)竞争程度

在竞争者众多和广告开支很大的汽车市场上，一种汽车品牌必须加大宣传，才能引起目标消费者的注意。

(4)广告频率

把汽车产品传达到消费者的重复次数，即广告频率，也会决定广告预算的大小。

(5)产品替代性

当一家整车厂打算在汽车市场众多品牌中树立自己与众不同的形象，宣传自己可以提供独特的物质利益和特色服务时，广告预算也要相应增加。

3. **设计汽车广告内容**

汽车广告的有效性远比广告花费的金额更为重要。一项汽车广告的创意只有获得消费者的注意才能创造增加销量的机会，因此汽车广告内容能否引起消费者注意十分重要。

标题、文稿的选择等能对汽车广告的效果产生不同的影响。一个汽车广告标题为"新世纪、新款式、新轿车"荣誉登场，另一个广告标题为"这款轿车为你量身定做，合不合适请您试试?!"。第二个标题运用了一种称为"贴标签"的广告战略，在这种战略中，消费者被表明是对这类汽车产品感兴趣的人。两幅汽车广告的区别在于，第一幅广告描述了汽车的特点，而第二幅描述了汽车的利益。试验表明，第二幅广告在整个印象方面远胜于第一幅广告，消费者更容易对购买该产品产生兴趣，还有可能向朋友介绍。

在此，再举几则成功的汽车广告：

"福特永远关心您"系列性广告寓企业于公益，包括"为了您和您的孩子，请遵守交通规则""在高速公路上只有福特关心您""在高速公路上您不再孤立无援""在高速公路上福特帮您再上路"等，颇能赢得信赖与好感。

德国大众的甲壳虫车，曾有一则广告是这样写的："如果有人发现我们的甲壳虫车发生故障，被修理厂拖走，我们将送你一万元美金。"充分表现它对品质和性能的自信。甲壳虫车的另一则广告也很有意思，该广告是针对一般人误认为甲壳虫车无法在高速公路上超车加以澄清。广告标题是："他们说它根本就办不到。"画面则是一位骑摩托车的警察，正在高速公路上给一位驾驶甲壳虫车的青年开超速的罚单。

劳斯莱斯汽车的广告手法更高一筹：有位富翁在非洲人烟绝迹的沙漠上，他所驾的劳斯莱斯汽车发生故障进退不得，只好徒步回城，打电报给英国总公司的工厂，该厂当天就派直升机前往修理。数天之后，这位富翁又打电报给该公司问修理费多少，该公司打回来的电报，电文是："我们并没有修理过你的车子，也许是你搞错了吧!"

4. **选择汽车广告媒体**

汽车广告媒体的分类

①按媒体的物质自然属性分为四类：

第一类为印刷品媒体，如报纸、杂志、书籍、宣传册、包装、传单等。

第二类为电波媒体，如电视、广播、手机、网站、电子招牌等。

第三类为销售现场媒体，如橱窗和店内灯箱广告、货架陈列、实物演示等。

第四类为纪念品媒体，如年历、贺卡、纪念册、产品和企业宣传册、纪念性工艺品等。

②从接受者的感觉角度分为三类：

第一类为视觉广告媒体，如报纸、杂志、电视、印刷册、路牌等。

第二类为听觉广告媒体，如广播、手机等。

第三类为视听觉广告媒体，如电视、彩屏手机等。

广告媒体种类繁多，功能各有千秋，只有选择适当的汽车广告媒体，才能使汽车企业以最低的成本达到最佳的宣传效果，对汽车的销售起到推波助澜的作用。

①不同目标消费者对不同媒体的注目习性。特别要注意新的目标市场的潜在消费者。比如，购买跑车的大多数消费者是中青年的成功人士，所以广播和电视就是宣传跑车的最有效的广告媒体。

②汽车产品的专业特性。对汽车来说，电视和印刷精美的杂志由于在示范表演、形象化和色彩方面十分有效，因而是最有效的媒体。有的汽车的杂志广告主要选用了能充分体现汽车外观美的设计，利用杂志印刷精美的特点，给受众以视觉上的冲击。而有的汽车的广告就未必适合用在杂志和报纸上。

③广告信息交流的特性。比如交流的普及程度、权威性、反复性、保存性和适应用。

包含大量技术资料的汽车广告一般要求专业性杂志作媒介，一条宣布明天有重要出售信息的广告一般用广播或报纸作媒介。一般情况下，汽车产品的针对性很强，因此比较适合在专业杂志和报纸上做广告，能直接面向特定的受众，有助于用较低预算实现预期效果。

④费用广告成本。尽量用最小的成本达到最大的广告效果。比如，电视广告费用非常昂贵，以播出时间长短、次数和播放时段来计费，而报纸广告相比而言则稍便宜。

⑤媒体策略针对不同地区，不同目标消费者的注目习性。

——实施不同媒体组合策略；

——不同的策划到达率与暴露频率策略；

——设计不同的媒体的播放频率策略。

9.3 汽车营业推广策略

9.3.1 汽车营业推广的概念

1. **概念**

汽车营业推广(即销售促进)是汽车市场营销活动的一个关键因素。汽车营业推广包括各种短期性的刺激工具，用以刺激汽车消费者和经销商较迅速或较大量地购买某一品牌的汽车产品或服务。汽车营业推广在汽车行业中被广泛使用，是刺激销售增长，尤其是销售短期增长的有效工具。例如，自20世纪90年代以来，日本汽车生产企业在国内市场上进行营业推广活动的投入以年平均近10%的速度增长。

2. 汽车营业推广的目标

汽车营业推广的具体目标要根据汽车目标市场的类型变化而变化。

——对消费者来说，汽车营业推广的目标包括鼓励消费者购买汽车和促使其重复购买，争取未使用者购买，吸引竞争者品牌的使用者购买。

——对经销商来说，汽车营业推广的目标包括吸引经销商经营新的汽车品牌，鼓励他们购买非流行的汽车产品；抵消竞争性的促销影响，建立经销商的品牌忠诚度和获得进入新的经销网点的机会；促使经销商参与生产企业的促销活动。

——对营销人员来说，汽车营业推广的目标包括鼓励他们支持一种新的汽车产品，激励他们寻找更多的潜在消费者。

9.3.2 选择汽车营业推广的方式

选择汽车营业推广的方式时，要综合考虑以下要素：汽车市场营销环境；目标市场的特征；竞争者状况；营业推广的对象与目标；每一种方式的成本效益预测等；汽车营业推广同其他促销工具如广告、人员推销、公共关系等互动配合。

1. 用于消费者市场的工具

(1)分期付款

由于汽车价格一般比较高，因此世界各汽车公司大都采用分期付款业务。分期付款通过“首期付款”的方式，把价格“降”下来，适应和吸引了较低消费层次的现实购买力，并以余款延期缴纳的方式，解决了购销双方资金和资源的双重闲置。但对汽车生产企业来说，分期付款占用资金大，周转回收慢，企业承担了较高的风险。因此，需要制订分期付款的法规，明确各方的权利和责任，建立信用评估机构，推进“分期付款购车”的健康发展。

(2)汽车租赁销售

汽车租赁销售是指承租方向出租方定期交纳一定的租金，以获得汽车使用权的一种消费方式。汽车专业租赁公司，是继出租用车市场后又一大主体市场，是汽车生产企业长期、稳定的用户之一。租赁销售是刺激潜在需求向现实需求转化的有效手段。

租赁营业推广了汽车销售，使汽车工业获得了自我发展的资金来源，为汽车生产企业技术更新提供了资金保证。租赁销售促使经销商不断改进服务，大大提高了消费者满意度。

(3)汽车置换业务

汽车置换业务包括汽车以旧换新、二手汽车整新跟踪服务、二手汽车再销售等项目的一系列业务组合。汽车置换业务已成为全球流行的销售方式。

汽车置换业务加速了汽车的更新改造，汽车置换业务的投资回报很快，加速折旧及置换，还可使企业在缴纳税赋方面得到实惠。

(4)赠品

购买汽车附带赠送某些礼品，如印有产品标识的日常用品、夹克衫、伞等小型纪念品，不同年限的汽车维修卡，不同价值的保险费（如第三者责任险），不同里程的汽车免费保养卡，免费代办汽车牌照等。对汽车这样的产品来说，尽管一般的小礼品对营业推广的影响不大，但可以提高消费者满意度，在一定程度上刺激消费者的购买欲望，使某些汽车产品品种特别是家用经济型轿车在局部地区的销售直线上升。

(5)免费试车

邀请潜在消费者免费试开汽车，刺激其购买兴趣。免费试车为消费者提供亲身体验的机会，有利于进一步增强消费者的购买欲望，最终达成交易。

(6)售点陈列和商品示范

在汽车展厅通过布置统一标准的室内装饰画、广告陈列架等结合汽车的陈列，向消费者进行展示。现在国内大部分合资轿车上市时，生产企业销售公司都要为所有特许经销商提供统一的品牌汽车现展，带有浓烈的现代感，符合大多数潜在消费者的审美观念。

(7)使用奖励

生产企业为了促进汽车销售，对使用该品牌汽车产品的优秀用户给予精神和物质上的奖励。

2. 用于经销商的方式

(1)价格折扣

对所有品牌授权经销商的销车采取统一市场销价。但价内给予低于市场价格的相应幅度的折扣，增加其进货的数量。如果经销商能够提前付款，还可以再给予一定的现金折扣等，从而刺激其销售的积极性。

(2)折让

汽车生产企业的折让用以作为经销商宣传其产品特点的补偿。“广告折让”用以补偿为该产品做广告宣传的经销商；“陈列折让”用以补偿对该产品进行特别陈列的经销商。大多数生产企业对其产品的专营公司一般都免费提供广告宣传资料，一些整车生产企业以成本价向授权经营公司提供本企业品牌的业务专车，优先对本企业品牌商品的营销人员进行培训等。

(3)免费商品

对销售特定车型的汽车或销售达到一定数量的经销商，额外赠送一定数量的汽车产品，也可赠送促销资金，如现金或礼品等。

3. 用于人员推销的方式

(1)贸易展览会和集会

参加国内外大型汽车展览会，在大型汽车展览会上租用摊位，展示新车产品和新开发的概念车最新推出的优点和性能。如上海国际汽车展，很大程度上受中国车市的推动，展会规模越来越大，云集了越来越多的国内外各大汽车企业，成为其展示各自汽车新款车型的舞台。

(2)销售竞赛

汽车生产企业出资赞助经销商和促销人员的年度竞赛，对出色完成销售目标者给予一定的奖励，刺激他们的推销积极性。

(3)纪念品广告

促销人员向潜在消费者赠送标有产品信息但价格不贵的物品，这些物品及宣传资料通常由汽车生产企业提供，建立与消费者的联系渠道。

9.3.3 制订汽车营业推广方案

汽车营业推广方案的一般制订程序如图 9.4 来描述：

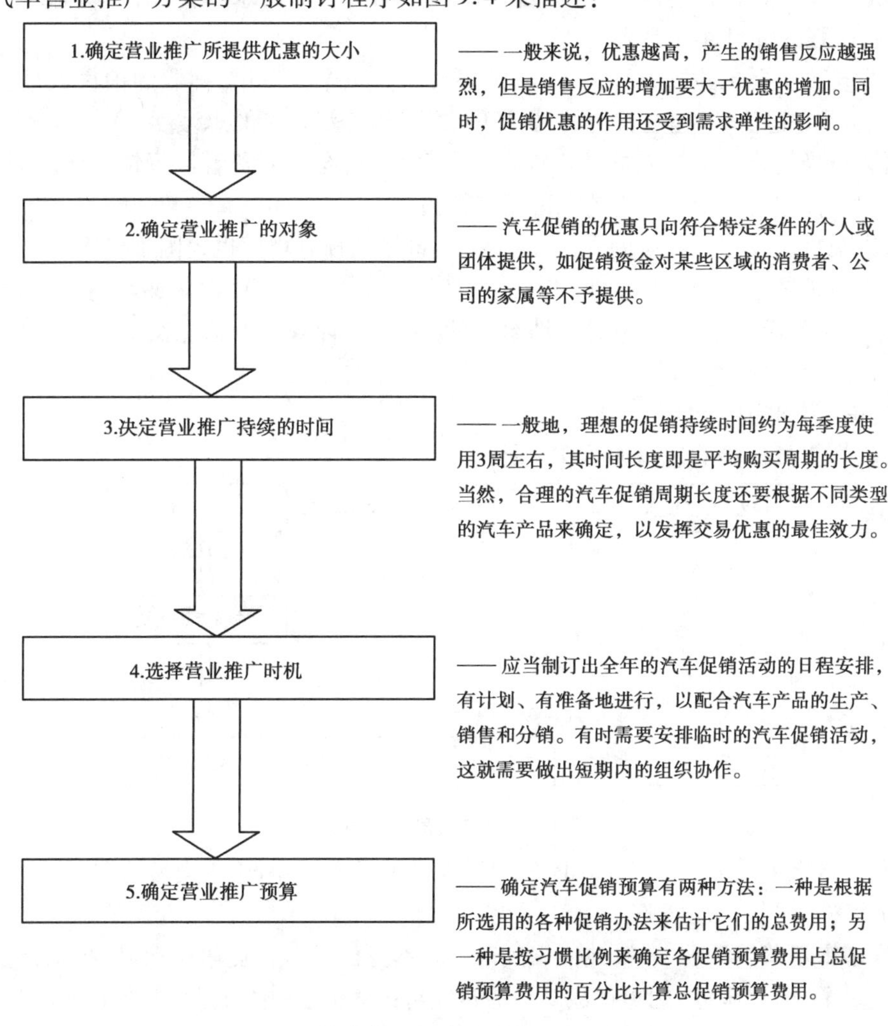

图 9.4　汽车营业推广方案的一般制订程序

9.4 汽车人员推销策略

9.4.1 汽车人员推销的特点及过程

1. 汽车人员推销的特点

汽车人员推销是指汽车企业的推销人员利用各种技巧和方法，帮助或劝说消费者购买该品牌汽车产品的促销活动。由于汽车具有技术含量高、价值较大等特点，人员推销在汽车销售中占有很重要的地位。与广告和营业推广相比，人员推销有五个明显的特征：

(1)人员推销是在两个或更多的人之间，在一种生动的、直接的和相互影响的关系中进行的，是一种面对面的接触，要求销售人员观察消费者的需求和特征，在瞬息之间做出调整，具有很强的针对性和灵活性。

(2)人员推销要求建立各种关系，从销售关系直至个人友谊，称职的销售人员会把消费者的兴趣爱好记住，以建立长期的、良好的关系，培养消费者的忠诚度。

(3)人员推销要求销售人员具备较高的综合素质，在对消费者进行销售访问时，销售人员必须做出积极的反应，即使是一句"谢谢"。

(4)人员推销承担着长期的责任，改变人员推销的预算规模也较困难。

(5)人员推销不仅可以将企业和产品的信息及时、准确、全面地传递给消费者，而且能面对面听到消费者的意见，并及时反馈给企业，通过这种双向的信息交流，为企业改进经营管理和营销活动提供依据。

2. 汽车人员推销的过程

(1)汽车人员促销的过程如图 9.5 所示。

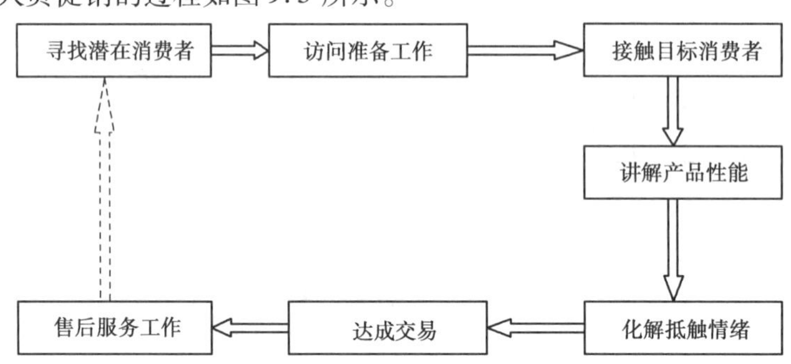

图 9.5　汽车人员促销过程

汽车人员推销的过程是一个不断发展潜在的消费者，不断达成交易的循环过程。

(2)汽车人员推销的任务

在汽车市场营销活动中，单纯依靠汽车产品本身已难以在竞争中取胜，越来越多的汽车企业采取了"营销服务"的总体战略。通过完善的售前、售中和售后服务，最大限度地提高消费者的价值，从而提高汽车产品的竞争力，扩大市场份额。所以，人员推销的关键就是"服务 + 服务 + 再服务"，就是不断向消费者提供优质的服务，从而加深消费者对企业的了解和对产品的信赖，树立良好的企业形象。日本汽车公司的营销人员的做法可以说做到家了，难怪一些日本人的消费者常诙谐地说"要想摆脱曾经卖给你一辆汽车的推销员的唯一办法，就是离开这个国家"。

①售前服务。

售前服务即企业与潜在用户的沟通。企业的销售人员要有计划地、主动地收集消费需求信息，及时将企业及汽车产品的情况传递给潜在用户(如企业的宗旨、规模、在同行业中的地位，产品的性能、规格、销售方式及售后服务的内容等)，并了解其反应，更好地满足消费者的要求，达到引导消费，坚定潜在用户的购买信心和决心。目前，国内的主要汽车生产企业都做出服务承诺，而且实践表明大多数企业的售后服务队伍可以在 48 小时之内到达用户身边。

②售中服务。

售中服务即企业与现实消费者的沟通。企业的销售人员要将自己产品的优势、产品能给消费者带来的特殊利益传达给消费者,引导协助消费者使用本品牌的汽车。如散发汽车宣传资料,介绍汽车的有关技术指标,讲解新车的性能特点协助消费者办理购车取证和保险手续等,这些工作一般都由销售人员完成。

③售后服务。

售后服务即企业与产品用户的沟通。及时征询用户的意见,提供优质的维修服务,了解用户的反馈信息,改进服务方式,建立持久的合作关系,树立良好的服务形象。有人说:"第一辆汽车是靠销售人员推出去的,第二辆、第三辆则是靠售后服务卖出去的。"可见售后服务对汽车销售的影响。法国的雷诺、雪铁龙称 24 小时全天接受和受理用户的售后服务要求,由此培养了自己忠实的消费群体。

(3)确定销售人员的结构

①按区域分片。

对于汽车经销商来说,只对分布在各地的最终消费者销售汽车这一种产品,这时候的销售人员结构比较单一,一般按区域结构来安排销售人员,即对市场进行区域划分后,每个销售人员被指派负责一个区域。

其优点是销售人员"定岗负责",责任明确;有利于销售人员与消费者建立长期联系,提高促销成功率;销售人员仅在某一区域工作,可减少差旅费等管理费用。

②按消费者结构。

经销商可以按照消费者细分市场,即出租车公司、行业业务用户和私人用户这三个市场来安排销售人员。

其优点是每个销售人员对该特定消费群体的消费习惯和特定需要十分熟悉。但如果消费者分散范围广,则会增加相应的经营管理费用。

③按产品结构安排。

经销商按销售的汽车产品的不同来安排销售人员,如整车销售和零部件销售需要不同类型的销售人员。这种销售人员十分熟悉所销售的汽车产品,有利于更好地与消费者沟通,向消费者传递产品信息,进行专业化的销售。

④综合要素安排。

当汽车公司在一个广阔的地理区域内向许多不同类型的消费者推销多种汽车产品时,可以将以上三种销售人员结构根据不同情况加以综合采用,充分发挥各种结构的优点。

(4)确定汽车销售人员的规模

确定汽车销售人员的结构之后,就可以安排销售人员的规模了。营销人员是经销商极具生产力和最昂贵的资源之一。扩大人员的规模,将使销售量增加,但同时也会带来成本的相应增加。因此,应该使销售人员保持在一个"相对稳定,适当调整"的合理规模。

一般可以采取工作量法和销售百分比法来确定促销人员的规模。

①工作量法。

——按年销量大小将消费者分类;

——确定每类消费者所需访问的次数(对每个消费者每年的促销访问次数)。通常参考竞争对手的水平,也可以根据过去的经验而定;

——计算推销访问的总次数。即将消费者数量乘以各自所需促销访问的次数;

——确定一个销售人员每年可进行的平均访问数;

——计算所需销售人员数量。即将访问总次数除以一位销售人员的年平均访问数。

例:某汽车销售企业将消费者分为A、B两类,每类消费者的数量及访问次数见表9.1。

表9.1 某汽车销售企业消费者数据

消费者类别	消费者数目	年访问次数/次	总访问次数/次
A类	30	20	600
B类	90	10	900
合计	120	30	1 500

该企业每年对消费者进行1 500次访问。如果一个销售人员每年平均访问300次,则该企业需要销售人员5人。

销售人员数量=年访问总数/人均年访问次数=1 500/300=5(人)

②销售百分比法

汽车企业根据一个特定的销售量或销售额(现行的或预测的)的百分比计算销售人员的耗费,从而确定销售人员的数量。汽车生产企业往往以计划的汽车价格为基础,按固定的百分比决定销售人员的规模预算。

其优点是可根据公司的承担能力相应变动销售人员规模,但没有考虑到市场机会对销售人员规模的影响。

(5)汽车销售人员选聘

促销工作能否取得成功,关键在于选择高素质营销人员。好的营销人员可以从企业内招聘,也可以从社会上招聘。

首先,制订招聘标准。对消费者来说,好的销售人员是诚实、可靠,十分了解产品知识和热心助人的人。对经销商来说,销售人员应该是能承受风险、认真对待每一位消费者和每一次访问,具备市场学、行为心理学、口才表演等综合知识与能力的人。销售人员应具备以下基本素质:

第一,强烈的公关意识。这是一种综合的职业意识,是汽车销售人员应具备的素质的核心,包括对汽车市场新事物、新情况的敏感性;善于捕捉信息,抓住商机。

第二,良好的心理素质——自信、热情、开放的心理和能够承受挫折的心理。

第三,高尚的职业道德——实事求是,真诚可信;公正无私,光明磊落;勤奋努力,精益求精。

第四,合理的知识结构——文明经商知识;相关法律知识;经营业务知识;汽车专业知识、市场行情变化、熟悉汽车销售程序、环节和票据、财务等运作手续;善于应用经销技能(熟悉消费者心理,讲究商务洽谈和语言艺术)。

第五,全面工作能力——宣传表达能力;社会交往能力;自控应变能力;创新开拓能力。

第六，团队精神——顾全大局、服从分配；和谐相处、乐于助人；维护社会利益、企业利益、消费者利益和企业社会形象。

然后安排具体的招聘工作。经销商可以通过各种途径招聘，包括由现有营销人员推荐、利用人才市场、通过媒体刊登招聘广告等。挑选过程可以是一次非正式的单独面谈，也可以采用各种能力测试、经历调查等，从众多应聘人员中挑选最优秀的人选。

9.4.2 岗位培训

1. 培训汽车销售人员的必要性

据不完全统计，近几年人才市场需求排行榜中，市场营销一直位居榜首，而汽车市场营销专业人员的需求量在其中占据了很大的比重，至今仍呈不断扩大，持续上升之势，汽车销售人员已是一支数量可观的队伍。由于多年来计划经济运行模式，重生产技术，忽视经营销售，所以汽车营销队伍无论从数量上还是质量上都远不能满足社会主义市场经济对汽车营销的要求。

(1)营销人员文化业务素质上有很大差距

汽车营销技术性很强，要求营销人员懂管理、懂营销、懂技术。不论是生产企业还是流通企业，现有的营销人员在这几方面都存在不小的差距，有些业务人员连汽车基本性能表中列出数字的含义都不懂，也不明白营销过程中的基础知识，很难胜任现代营销工作。

(2)经验营销远不能适应新的发展要求

原有的汽车营销人员多年来在计划经济运行方式下工作，形成的一套“官商”的习惯理念和作风一下子很难改掉，而现有的汽车营销单位很多是家族经营起步的企业，这与当前社会主义市场经济下搞营销，在指导思想、工作方针、工作方法、工作作风上是很不适应的。因此汽车销售人员必须不断学习、培训提高，才能适应新形势的要求。

(3)培养技贸结合型人才

现代汽车营销工作需要懂经济、懂技术的技贸结合型人才。从现有营销队伍分析，真正学过汽车专业的人很少，很多是学其他专业转行的，不懂汽车技术；而学过汽车专业的人又不懂经营销售和管理。即使从学校出来的正规大中专以上毕业生，也有知识不全面、动手能力差，要进行培训提高的过程。因此，要造就一大批合格的汽车销售人员，就要培训技贸结合型的人才，既懂经营销售方面的知识，又要懂汽车结构原理和维护保养方面的技术知识，两者缺一不可。

(4)汽车营销和管理队伍的法制观念亟待提高

汽车销售人员工作在汽车销售第一线，在为企业创利的同时还要遵守社会主义商业道德，维护消费者的合法权益，要贯彻中央有关政策法令，如《反不正当竞争法》《公司法》和各种税收规定等，以及国家对汽车营销的特殊规定，如轿车经营权，反对就地倒买和随意大幅度涨价的规定，不允许经营走私车，拼装车和假冒配件产品的规定。由于近年来汽车营销队伍发展较快，新人较多，对许多政策规定不熟悉，也有待培训提高。

2. 新招聘的销售人员，应进行必要的培训

培训方法主要有讲课、讨论、示范、岗位实训以及以老带新等。日本丰田汽车公司将录用的营销人员送到设在公司本部的培训中心接受为期三天的培训。以后每年4—6月定期开展培训。培训期内,新的销售人员接受从营销入门到交货全部营销过程的培训。由于丰田汽车公司的销售人员工作十分出色,被日本企业界誉为最有销售能力的丰田"销售军团"。1990年,法国雪铁龙公司在Villeipinte开办的一个商业培训国际中心(CIFC),也取得了良好的效果。对销售人员的培训内容应包括:

第一,公司的历史、经营目标、组织机构设置、财务状况等公司各方面的情况。

第二,公司汽车产品的型号、性能、制造过程、技术工艺特点、产品配置等汽车产品情况。

第三,各种类型的消费者的购买动机、购买习惯、购买行为特点等目标消费者情况。

第四,竞争对手的战略、策略、实力等相关竞争对手情况。

第五,汽车市场营销的基本原理和工作要点。

第六,营销的工作程序、岗位职责及岗位之间的相互配合和衔接要领。

第七,销售人员的气质、风度、礼仪、社交能力等综合素质的培训。

9.4.3 考核与报酬

考核是调动销售人员积极性的必不可少的管理手段。它关系到销售人员的报酬、调动、工作量的增减等问题。销售人员的目标和定额是监督考核的主要方法,如完成销售量、利润、费用率、开发新用户数量、访问次数等。这些既是对销售人员的考核指标,又是监督销售人员的方法。企业营销主要负责人还可以通过走访用户,函电征询等了解销售人员的工作和服务情况,以便做到全面考核和考核全面。另外,工作能力评价,思想、道德、品质评价,工作态度评价等也应逐项考核。

尽管有的销售人员不需要企业的监督就会竭尽全力地工作,并且热爱本职工作,具有自强自律的主动工作精神,但是企业不能疏忽激励措施,激励措施做得好,才会更好地调动大多数销售人员的工作积极性,激发他们的工作潜力。激励措施包括报酬激励措施和辅助激励措施两种。

报酬激励措施有销售人员的薪金和佣金,以及一些其他的福利,如带薪假期、无偿用车等。

辅助激励措施有很多。定期的销售会议为销售人员提供了一个社交场所,一次摆脱日常例行性工作的休息,是一个重要的沟通和激励方法。销售竞赛提供旅游、现金等奖品以激励销售人员比平常更努力地工作。总之,公司可以采用"固定工资加奖金""挂钩提成利润""基础工资加提成"等多种报酬方式去激励销售人员并获得满意的效果。

9.4.4 评价

公司必须对销售人员的工作业绩加以考核和评价,以作为激励促销人员的标准,也可为企业制订营销战略提供必要的依据。另外,公司应及时向销售人员反馈对其评价的标准和结果,以使他们能尽力按照公司的目标和要求去改进工作。

1. 评价的信息来源

公司获取销售人员工作业绩的信息来源主要是销售报告,如销售人员岗位工作计划、区域营销计划、访问报告等,其他来源有消费者与其他销售人员的评价意见、主管领导的综合考察等。

2. 评价的方法

(1)现在与过去销售额的比较

就是把销售人员目前的成绩与过去的成绩进行比较,从而获得被考核销售人员工作进展的直接指标。

(2)消费者满意评价

通过信件调查表或电话访问收集消费者对销售人员服务的意见,用以作为对销售人员激励的依据之一。

(3)销售人员品质评价

销售人员品质评价包括销售人员对企业、产品、消费者及竞争对手的了解程度,对岗位职责、有关法律法规制度的执行情况。

思考题

1. 汽车促销的含义是什么?汽车促销工具有哪些?
2. 举例说明广告策略的重要意义?
3. 什么叫汽车营业推广?如何选择和制订汽车营业推广的方案?
4. 汽车人员推销的特点有哪些?
5. 请你谈谈当前汽车营销人员的总体状况以及进行营销人员培训的必要性?

第10章 整车·配件·二手车营销实务

学习要点

1. 整车的销售、配件供应、二手车交易是汽车营销领域的现有的和正在培育发展中的三大主要销售业务，本章通过学习掌握三大业务的操作程序，架起从市场营销理论到营销实践的通道和桥梁，培养学生的动手能力。

2. 掌握三大业务流程的共性流向规律和各自的特殊方面，特别要抓住与消费者直接关联的操作环节，做到能够举一反三，灵活运用。

据调查报告反映，许多学习汽车服务工程专业的学生，在学校学习的理论知识成绩大多在中上等水平，但到了工作岗位后，往往找不到岗位工作的切入点，出现了理论和实践结合的暂发性“空白”和“停顿”，造成了不必要的负面影响。

本章选择了汽车市场营销中市场涉及面最宽、消费群体最广，业务量最大的汽车整车销售、汽车配件供应，二手车交易三项业务进行操作程序的系统讲解，旨在为大家搭建一座可直接进入运营实践的通道和桥梁。

10.1 汽车整车营销实务

汽车整车销售指的是汽车生产企业将汽车整车产品批发(供应)给各类经销商，以及经销商将产品销售给最终消费者的整个流程(其中相关附属的售后服务内容在第12章介绍)。由此，整车销售业务分为汽车生产企业和经销商两部分。

10.1.1 汽车生产企业整车销售操作过程

1. 汽车生产企业整车销售业务的一般流程框图(图10.1)

图中“经销商”列了5个，也可以是多个。

2. 操作步骤

汽车生产企业通过其销售公司或其总代理商(以下统称供应商)负责生产企业所制造的所有产品的销售工作。前者隶属生产企业，后者属于独立核算的经营者(或与生产企业相互参股的企业)，其组织机构设置大致相同，一般设有业务部门、市场部门、财务部门、计划采购部门、储运部门等，基本职能是完成整车销售的整个流程，包括进货、验收、运输、存储、定价、销售等环节。

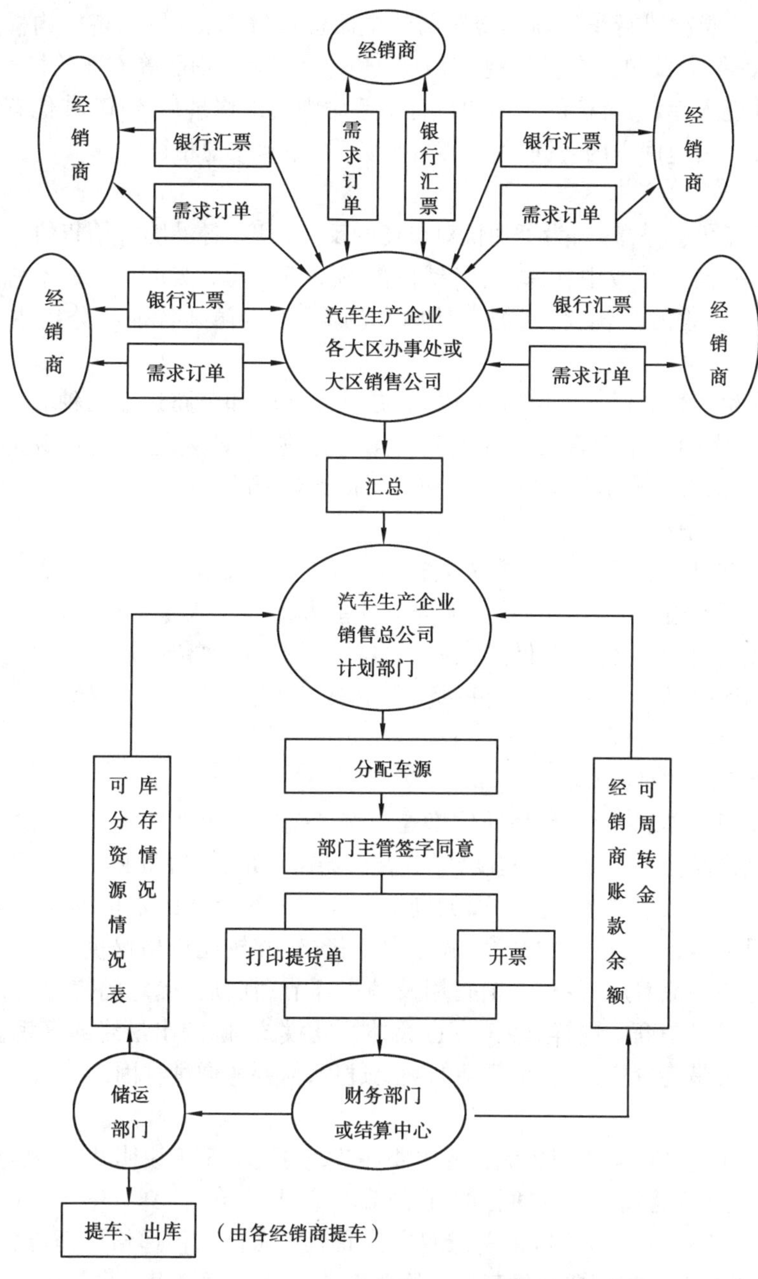

图 10.1　汽车生产企业整车销售业务的一般流程

(1)进货

生产企业的计划部门汇总经销商的月订单、周订单等指导性订单，并根据实际库存资源、市场环境及同期对比等指标，制订出具有指导生产性质的月计划订单、周计划订单，上报给汽车生产企业总部，企业根据订单汇总信息，调整物料和生产节拍，生产出产品提供给厂销售公司。

(2)验收

汽车生产企业制造出的产品下线后，一般直接送往厂销售公司的仓库。入库前，厂销售公司的质检人员要进行车辆新车交车前的全面检查(PDI)。厂销售机构检查的项目和指标差别很大，但大致包括车辆外观、动力性、舒适性、随车物品等方面的检查。PDI 检查合格的车辆才能入库，不合格的车辆如只有小毛病则就地修理后入库，其他有明显缺陷的车辆在注明原因后返回厂内。同时，清点入库数目，做到账物相符。

(3)运输

由于市场竞争日益激烈，为了加快对市场的反应速度，各品牌厂销售机构开始陆续在全国各地建立分销中心或中转库，使经销商能够就近提车，减少用户或经销商的提车时间。因此，经过验收的车辆，将根据各地库存的需要，运输到各地的分销中心或中转库存储。

我国汽车生产企业通常采用的运输方式是铁路运输和公路运输两种。随着物流业的发展壮大，一些大的轿车销售公司开始实行第三方物流，即委托专业的物流公司进行运输，这样可以节约人力成本和运输成本，使资源得到合理的运用。

(4)存储、进出库

汽车运送到目的地后，接收员首先要核对运输凭证，根据凭证清点数目，同时，检查每辆车的外形是否有破损、刮伤等，验收无误后才能办理汽车入库手续。入库后的汽车，应按车型摆放在一起，有条件的要做到“一车一位”。场地中要留有足够的通道作为消防和进出通道。出库时，提车人必须持有提货单、发票等凭证，经核对所提车辆与提货单一致才可放行。

(5)定价

价格是价值的体现，确定产品的价格是市场营销中一个非常重要、非常敏感的环节。它直接关系到产品受市场接受的程度，影响着市场需求量、销售量和企业利润的多少。它涉及生产者、经销商、消费者等多方面的利益。我国汽车企业的定价模式通常是：厂家根据核算的产品成本，加上适度的利润，确定出厂价格，并按此价格提供给厂销售公司。厂销售公司再考虑物流费用、各种营销费用及销售环节利润后，确定销售价格，并按这个价格将车辆销售给经销商。同样，经销商也大体按此模式，确定出最终的零售价格。当然，汽车在各环节的最终价格，是一个复杂的确定过程，需要考虑种种因素。

(6)销售

销售是厂销售公司整车销售流程的主要环节，参照图 11.1 说明其一般常用的步骤。

第一步：经销商将需要立即执行的订单(临时需求订单)传真给生产企业各大区分公司办事处，由办事处(大区公司)汇总或双方协商后稍做修改传递给厂销售公司总部计划部门。同时，经销商需将汇票原件直接送给办事处(大区公司)由办事处确认后，将汇票复印件传真给计划部门，作为分车时的财务依据之一。

第二步：分车是指将某一车型、数量且存储于某一车库的车辆具体分配给指定的经销商。如果经销商的财务状况在合同规定的范围内，且当天库存情况能够满足其订单要求，计划部门就根据订单进行完全分车，所分车辆的存储地要力争是离经销商最近的中转库，如果中转库库存不足，就分总部的库存资源；如果当天库存资源不能满足所有订单的需要，则计划部门就根据经销商所在市场的重要程度、经销商等级及订单先后次序等因素综合考虑,对不能完全满足的订单,再和经销商进行协商是否可以更换车型或数量,若经销商同意,则分车给经销商,否则暂停该订单的执行,请厂生产部门安排生产。所有的分车结果,应由计划部门主管核准签字同意。

第三步:分车后的结果由财务部门核实车价,然后开票,同时,打印提货单,提货单上主要打印车型、数量、购货单位、送达地址等信息。如果有的厂各级销售机构在分车时可以做到分给某一经销商某一车位或VIN码(企业自己编制的一种描述车辆配置的编码体系)的车,则提货单上还需打印车位、VIN码等信息。

第四步:提车员根据提货单的信息入库找车,将提货单上指定的车辆提走。如果提货单上的送达地址不在本地,则还需填写运输凭证,以委托运输商进行运输,运输商将货送达后,经销商应在运输凭证上签字,运输商凭此回执向供应商结算运费。

第五步:汽车整车产品售后服务是泛指客户接车前、后,由汽车销售部门为客户所提供的所有技术性服务工作。它可能在售前进行(如整修车辆等),也可能在售时进行(如车辆美容和按照客户要求为用户进行的附件安装和检修,以及根据企业的需要对客户所进行的培训、发放技术资料等)。但更多的是车辆售出后,按期限所进行的质量保修、日常维护、维修、技术咨询及配件供应等一系列服务工作。

10.1.2 汽车经销商整车销售操作步骤

1. 经销商汽车销售业务基本流程(图10.2)

整车销售是指顾客在选购汽车产品时,经销商帮助顾客购买到汽车所进行的所有服务性工作。经销商必须具备相应的资质条件,如工商部门核准的经营范围、注册资金、经营场地以及人员配置等。在整个销售过程中,销售人员应遵循一定的服务规范为顾客提供全方位、全过程的服务,尽量满足顾客要求,确保顾客有较高的满意度,提高顾客对所销产品的品牌忠诚度,而不能“一卖了事”,更不能不负责任地把产品推销给顾客,甚至欺骗顾客。

2. 销售原理

(1)展现自我

购物时,消费者更喜欢接近主动、热情、值得信赖的销售人员。所以要求员工首先表现出诚意和热情,营造出友好洽谈的氛围。

(2)宣传产品的价值和优势

消费者会对产品的特点(例如经济性、可靠性、舒适性、稳定性、款式造型的时尚性等)感兴趣,所以应该向消费者说明该品牌汽车的优越性。

(3)宣传公司

汽车产品是耐用产品,所以顾客关心公司从交车到售后的所有服务。因此,除了说明公司的经营宗旨、用户服务制度和售后服务系统外,更重要的是不论在电话上还是在展示厅内,所有的员工都应该表现得有亲和力,礼貌待客,以良好的精神面貌赢得信任。让消费者满意是员工的基本素质。

3. 在销售过程中,销售人员一般应起到以下作用

(1)代表公司形象

销售人员的每个行为都关系到公司的声誉。因此,作为公司的代表,销售人员着装最

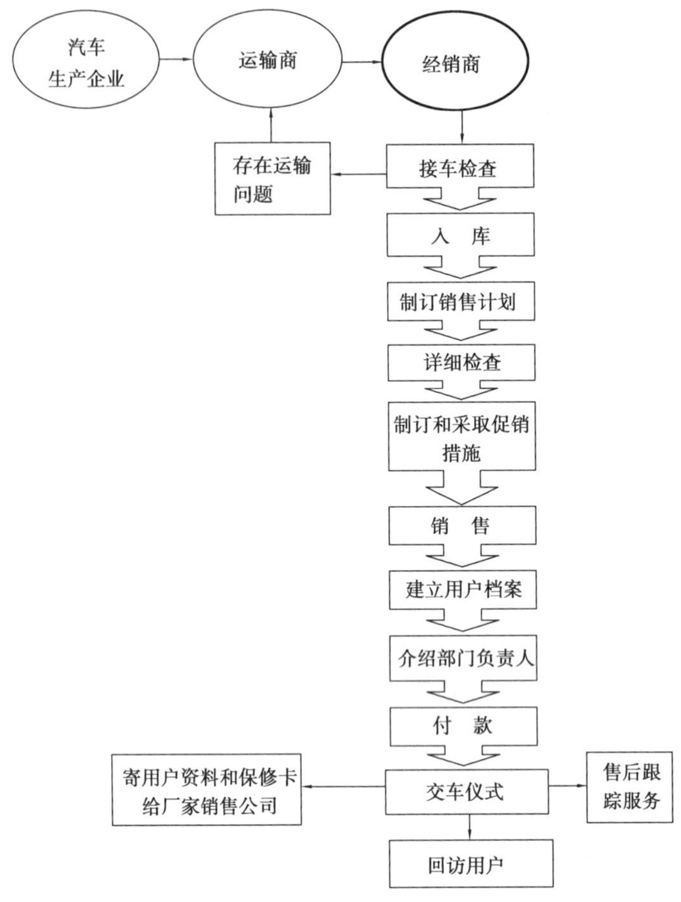

图 10.2 经销商汽车销售业务流程

好统一、大方，言谈举止文明、得体。

(2)创造需求

销售人员不仅找到需要汽车的消费者，还能使那些对车没有真正兴趣的人确信拥有汽车的好处，从而引导和激发其购买欲望。

(3)市场研究

通过了解本市场区域内用户的需求和市场竞争对手，企业可以更好地开展销售活动。同时，也为生产厂家开发更好的产品。

(4)获得利润

销售商的目标是获得利润，而销售是实现这一目标的途径。

4.销售人员的一般要求

着装整齐、态度和蔼、专业知识丰富、营销技巧高明，这是对销售人员的一般要求。

为了培养良好的企业营销，日本企业可谓不遗余力。而通行的做法是将社训的意识融入每个员工的思想深处。这也是日本企业几乎皆有“社训”的原因。如本田技研工业公司以“三满意”为社训，即生产者对自己生产的本田产品满意、经销商对经销的本田产品满意、顾客对买到的本田产品满意。本田公司上下为了达到三满意，形成了锐意研发新技术和开发新产品，努力提高产品质量和性能，为生产出世界上一流的产品而奋斗不息的风气。

10.1.3 销售过程

1. 发展潜在顾客

销售的业绩因销售人员所拥有的潜在顾客(包括可能成为的潜在顾客)的数量的不同而不同。销售人员为达到销售目标,应该充满热情并找到足够的潜在顾客,然后通过产品推介、推销等方法使潜在顾客变成最终用户。确定潜在顾客具有三个前提是购买能力、购买欲望和购买的必要性。

发展潜在顾客的方法:如在经销区域内,散发宣传资料,询问、收集潜在顾客的信息并上门拜访或电话交谈,尽可能地促使他们参观展示厅;举办展示会等其他活动;建立顾客发展档案;老顾客推荐促销,等等。顾客推荐资料一般由经销点的销售经理管理和控制。

对潜在顾客的管理。潜在顾客以及有可能成为潜在顾客的顾客是销售网点最重要的客户资源,应建立必要的顾客管理制度,以保障潜在顾客不至于流失,便于进一步发展。

顾客管理的内容包括:

①潜在顾客的识别和分类。潜在顾客的识别,通常根据在销售活动中收集的关于个人和车辆状况的信息,判断和识别顾客的购买意向(感兴趣的车辆、购买的意向以及对展销产品的兴趣)。

②购买能力(职业、收入、资产、资金的储蓄)和需求(家庭情况变化或车型的损坏、淘汰)。

③使销售会谈适时展开,应将潜在顾客按其可能转化的程度或预计的购买时间进行分类,确定拜访的频率。经常性的拜访可以建立人际关系,推销自己,提供信息(邀请参观展览、经营产品的介绍、公司介绍、新产品介绍等)发现顾客的需求。通常,人们期望第三次拜访时,能够签订销售合同。汽车这种较昂贵的商品,在签订销售合同之前,推销员可能还需进行多次拜访,这样的拜访也被视为再次拜访。

2. 业务洽谈技巧

(1)会谈问候的技巧

一般要求言谈举止适应顾客的个性,用顾客习惯的方式向顾客问好,记住顾客的姓名并在称呼对方时使用,行为自然大方,彬彬有礼。与顾客初次会面时,要进行自我介绍,创造使顾客们感到无拘无束的气氛。要善于打破沉默,掌握询问顾客的时机,找到顾客感兴趣的话题。如果是多位顾客的话,应判断谁是具有决定权的购买者,把精力主要集中到他的身上。

(2)询问的技巧

询问是为了尽可能了解顾客,以便为顾客推荐合适的产品,估计顾客对购买产品的渴望程度,发展与顾客的关系。询问之前,对准备提出的问题要有充分的准备,如询问顾客的兴趣爱好,生活方式,有何需要等。

(3)推荐的技巧

了解顾客的需要,就可以向顾客推荐他最满意的产品。当顾客提出问题时,应予以认真解答。

(4)示范的技巧

在进行必要的讲解说明后,说服顾客自己试车。

(5)回答顾客问题的技巧

特别是顾客有反对意见时,要弄清楚反对意见是真实存在还是有其他原因,用事实说明问题。

3. 交车与付款

当交车与付款时机来临时,推销会谈过程中的艰苦谈判和成交时的紧张气氛得以缓解。不过,如果进展得不顺利,销售员没有履行在销售洽谈中的承诺,那么顾客就不会再信任推销员,业务就有可能终止,顾客甚至会把自己不愉快的经历宣传出去。因此,交车和付款可以视为与顾客保持另一种良好关系的开始,不要简单交车了事,给予令人满意的说明,重视顾客的反应,只有这样顾客才会对该产品感到满意。

交车与付款过程可分为这样几步:

①交车准备环节,要做好通知交车日期、检查车辆、确认必要的文件和安排付款等工作;

②付款环节,可以提前支付和交车时付款,根据已签订的销售合同接受现金和支票;

③交车环节,无论是在展厅内交车,还是送货上门,都要求做到将销售主管或用户联系人介绍给顾客、检查车辆和附件、说明正确的操作和驾驶方法、介绍服务项目、填写交车检查表;

④其他工作,如为了保持客户资源,需要建立用户档案、进行客户回访、调查用户满意度等。

10.2 汽车配件的销售实务

10.2.1 采购

1. 第一环节:汽车配件进货渠道与货源的比较鉴别

(1)进货渠道

汽车零部件生产企业数量占汽车工业企业的绝大多数,企业规模参差不齐,产品质量悬殊较大,把好进货单,防止"病从口入"是第一个环节。汽车配件销售行业大都从这些生产厂家进货,在进货渠道的选择上,应立足于以优质名牌配件为主。但为适应不同层次的消费者的需求,也可进一些非名牌厂家的产品,可按 A、B、C 顺序选择。

A 类厂是全国有名的整车配套厂,这些厂知名度高,产品质量优,多是名牌产品。这类厂应是进货的重点渠道。其合同签订形式,可采取先订全年需要量的意向协议,以便于厂家安排生产,具体按每季度、每月签订供需合同,双方严格执行。B 类厂虽生产规模知名度不如 A 类厂,但配件质量还是有保证的,配件价格也比较适中,订货法与 A 类厂不同,可以只签订短期供需合同。C 类厂是一般生产厂,配件质量尚可,价格较前两类厂低。这类厂的配件可作为进货中的补缺。订货方式也与 A、B 类厂有别,可以电话、电报要货,如签订供需合同的话,以短期合同为宜。但必须注意,绝对不能向那些没有进行工商注册、生产“三无”及假冒伪劣产品的厂家订货，否则，既损害消费者的权益，也损害企业的社会信誉。

(2)货源鉴别

汽车配件质量的优劣，关系到销售企业的经营大计。汽车配件产品涉及范围广泛，要对全部零配件做出正确和科学的质量结论，中、小型汽配销售企业难以具备所需的全部测试手段。企业要根据自身的实际情况，添置必备的技术资料和通用检测仪具，如自己所经营的主要车型的主机厂的图样或汽车配件目录，各类汽车技术标准等，这些资料都是检验工作的依据。此外，购置如游标卡尺、千分尺、百分表、千分表、量块、V 形架、平板和万能电器试验台、硬度计、磁力探伤仪等通用检测量仪，都具有一般通用检测能力。

(3)检验方法

一般的汽车配件销售企业没有完备的检测手段，但可根据不同的配件种类采取以下不同的鉴别方法，并综合运用。

①目测法。查看文件资料、表面包装和商标，目测产品表面质量(零配件的细小裂纹可通过敲击听音加以判断)，以此可以识别配件优劣。

②经验法。检查配件表面硬度是否达标、结合部位是否平整、几何尺寸有无变形、总成部件有无缺件、转动部件是否灵活、装配记号是否清晰、胶接零件有无松动、配合表面有无磨损等。

③比较法。用标准零件与被检零件做比较，从对比中鉴别被检零件的技术状况。

④现场法。派出本企业检测人员到供货厂家，利用厂家的检测手段对拟对合同供货产品进行双方认可的质量鉴定。特别是首次进入供货渠道的厂家，必须进行这一步。

⑤送检法。所谓送检就是把上述产品按抽样方法抽取样品送到县以上质量监督检测部门进行检验，并获取具有法律效力的检测报告。下述三种情况宜采用送检法：

A. 进货批量大货值较高，批次较多的厂家产品；

B. 用户退货和投诉较多的厂家产品；

C. 供需双方对质量有争议的产品。

2. 第二个环节：进货方式和进货量的确定

(1)进货方式

汽车配件销售企业在组织进货时，要根据企业的类型、各类汽车配件的进货渠道以及汽车配件的不同特点，合理安排组织进货。

①集中进货。企业设置专门机构或专门采购人员统一进货，然后分配给各销售部(组、分公司)及连锁经营成员单位销售。集中进货可以避免人力、物力的分散；可以加大进货量以受到供货方重视；可以根据批量差价降低进货价格；可以节省其他进货费用。

②分散进货。由配件销售部(组、分公司)自设进货人员，核准的定点进货厂家和在核定的资金范围内自行采购。

③集中进货与分散进货相结合。一般是外埠采购及其他非固定进货关系的一次性采购。方法是由各销售部(组、分公司)提出采购计划，由业务部门汇总审核后集中采购。

④联购合销。由几个配件零售企业联合派出人员，统一向生产企业或批发企业进货，然后由这些零售企业分销。此类型多适合小型零售企业之间或中型零售企业代小型零售企业联合组织进货。这样能够相互协作，节省人力，凑零为整，拆整分销，并有利于组织运

输,降低进货费用。

(2)进货量

控制进货量是汽车配件销售企业确定每次进货多大数量为最佳进货量的业务活动。在进货时不能只考虑节约哪一项费用,必须综合分析,以销定进,勤进快销。进货量的控制方法有定性分析法和定量分析法两种,其中定量分析方法又有经济批量法和费用平衡法。

①定性分析法。用定性分析法确定进货量要注意以下几点:

摸清市场情况,找出销售规律,确定进货重点。不少汽车配件的需求量是按一定的规律变化的,须在市场调查的基础上分析实际销售数量和有关因素的影响,从而找出销售规律,以便确定进货重点。其方法将历年的月销售量抽样绘制成销售曲线图,从曲线图中分析出配件销售的5种现象:平稳性、趋向性、周期性、季节性、随机性,据以制订相应的进货对策,以达到准确、及时的估算和预测,防止脱销断货和超储积压。例如,对于销售上升的配件,应保证常年销售不断档;对于具有平稳性、周期性、季节性的配件,应根据实际情况,做出进货计划,并注意旺季进货、季末销完;对于受随机因素影响的配件,则采取按用户预约登记,及时组织进货的方式。

遵循供求规律,合理确定进货数量。对供求平衡、货源正常的配件,应采取勤进快销、多销多进、少销少进,保持正常周转库存;对于供大于求、销售量又不大的配件,要少进,采取随进随用、随销随进的办法;对暂时货源不足、供不应求的紧俏配件,要开辟新的货源渠道,挖掘货源潜力,适当多进,多进多销;对大宗配件,则应采取分批进货的办法,使进货与销售相适应;对高档配件,货值较高的总成件要根据当地销售情况,少量购进,随进随销、随销随进;对销售面窄、销售量少的配件,可以多进样品,加强宣传促销,严格控制进货量。

按照配件的产销特点,确定进货数量。常年生产、季节销售的配件,应掌握销售季节,季前多进,季中少进,季末补进;季节生产、常年销售的配件,要掌握生产季节,按照企业常年销售情况进全进足,并注意在销售过程中随时补进;新产品和新经营的配件,应根据市场需要少进试销,宣传促销,以销促进,力求打开销路;对于将要淘汰的车型配件,应少量多样,随用随进。

按照供货单位的远近,确定进货数量。当地进货,可以分批次进货,每次少进、勤进;外地进货,适销商品多进,适当储备。要坚持“四为主,一适当”的原则,即以本地区紧缺配件为主,以具有知名度的传统配件为主,以新产品为主,以名牌优质品为主,品种要丰富,数量要适当。

按进货周期确定进货时间。进货周期,就是每批次进货的间隔时间,每批次进货能够保证多长时间的销售,这就是一个周期。进货周期的确定需要保证汽车配件销售的正常需要,又不使汽车配件库存过大,要坚持以用定进、勤进快销的原则,要考虑配件销售量的大小、配件种类的多少、距离供货单位的远近、配件运输的难易程度、货源供应是否正常、企业储存保管配件的条件等因素。合理的进货周期,可使每次进货数量适当,既加速资金周转,又保证销售正常进行。

②定量分析法。随着市场经济的发展和汽车保有量的快速增长,汽车配件的经销网点不断增加,用定性分析法测算一个市场区域的需求量难度很大,预测结果也不准确。一般应以各经销商的传统用户的需求量为依据,进行保守性的定量测算,适当加一个增长系

数。用定量分析法确定进货量有以下两种方法：

A. 经济批量法。采购汽车配件既要支付采购费用，又要支付保管费用。每次采购量越少，采购的次数越多，采购费用支出也就越多。反之，每次采购量越少，保管费用就越少。由此可以看出，采购批量与采购费用成反比，与保管费用成正比。根据这一原理可以用经济进货批量法来控制进货批量。所谓经济进货批量是指在一定时期内，进货总量不变的前提下，求得每批次进多少，才能使进货费用与保管费用之和（即总费用）减少到最小限度。

B. 费用平衡法。此法是以进货费用为依据，将存储费用累积和进货费用比较，当存储费用累积接近但不大于进货费用时，便可确定其经济进货量。

$$存储费用 = 销售量 \times 单价 \times 存储费用率 \times (周期 - 1) \tag{10.1}$$

10.2.2 仓储

汽车配件绝大部分是金属制品，此外还有橡胶制品、工程塑料、玻璃、石棉制品等。有的配件精度很高，精密配件不能随便拆换，例如柴油机的喷油泵芯套和喷油嘴；有的不仅保管期限短，而且对保管的温度有一定的要求，例如补胎胶。汽车是一种技术含量很高的产品，近年来许多高、精、尖的技术都在汽车上应用，如计算机、电喷系统、安全气囊、防抱死系统等，对配件储存提出了更高的要求。

目前，汽车配件销售企业经营的产品逐渐增多，如各类汽车美容用品、各种油类、液类、车蜡、油漆以及各种摩托车配件等。为了保管好各种汽车配件及其横向产品，必须根据其不同的性质、特点区别对待，妥善地处理好在入库、保管和出库中发生的一系列技术问题。

1. 第一个环节：验收

(1) 入库验收的主要内容

入库验收是配件进入仓储管理的准备阶段，把好“收货关”就是为提高仓储管理打下良好的基础，具体工作包括数量与质量验收两个方面。数量、品种、规格的验收，应与运单、发货票及合同的规定相核定，开箱或打开包装检查，在运输过程中有无损坏和丢失。质量验收，首先查验装箱单和合格证是否齐全，而后按技术标准或合同规定的标准进行抽检，凡仓库能自检的，由仓库负责，需要技术部门或专业部门检验的，应通过他们检验并出具检验合格证明，才能点收入库。还应注意验收配件的原厂合格证所列内容是否完整，是否相符并与配件包装一一对应，妥善保管，以便日后对质量问题交涉和索赔。

(2) 验收入库的程序

①点收大件。仓库保管员根据入库单所列的收货单位、品名、规格、型号、等级、产地、单价、数量等各项内容，逐项进行认真查对、验收，并根据入库配件的数量、性能、特点、形状、体积，安排适当货位，确定堆码方式。

②核对包装。在点清大件的基础上，对包装物上的商品标志和运输标志，要与入库单进行核对。只有在实物、商品和运输标志、入库凭证相符时方能入库。经过核对检查，如果发现票物不符或包装破损异状时，应将其单独存放，并协助有关人员查明情况，妥善处理。

③开箱点验。凡是出厂原包装的产品，一般开箱点验的数量为5% ~10%。按入库单所列内容进行核对验收并查验合格证，经全部查验无误后才能入库。

④归堆建卡，安排货位。归堆时一般按"五五堆码"原则（即五五成行、五五成垛、五五成层、五五成串、五五成捆）的要求，排好垛底，并与前后左右的垛堆保持适当的距离。批量大的，可以另设垛堆，但必须整数存放，标明数量，以便查对。建卡时，注明分堆寄存位置和数量，同时在分堆处建立分卡。

⑤上账退单。根据进货单和库、架、排、号以及签收的实收数量逐笔逐项登账，并留下入库单据的仓库记账联，作为原始凭证保留归档。另外两联分别退还业务和财务部门，作为业务部门登录商品账和财务部门充账的依据。

2. 第二个环节：保管

（1）配件管理分类统一

①按部、系、品种系列分库。即所有配件不分车型，一律按部、系、品种顺序，分系集中存放。凡是品名相同的配件，不管是什么车型，都放在一个库内，这种管理方式的优点是仓容利用率高，而且比较美观，便于根据仓库的结构适当安排储存品种。缺点是顾客提货不太方便，特别是零星用户提少量几件货，也要跑几个库，再就是保管员在收发货时容易发生差错。

②按车型系列分库。即按所属的不同车型分库存放配件，例如，分别设东风牌汽车配件库、解放牌汽车配件库、桑塔纳汽车配件库等。这样存放，顾客提货比较方便，又可以减少保管员收发货的差错。缺点是仓容利用率较差，对保管员的业务技术水平也要求较高。

③在一个库区内同时储存属两个或两个以上单位的配件时，也可以按单位设专库储存。但不论是按部、系、品种系列还是按车型系列，无论是按单位设专库储存还是两个或以上单位混合储存，都要为单位建卡和立账，要与这些存货单位的分类建账结合起来，实行对口管理，这样便于工作联系和清仓盘点，也有利于提高工作效率。

④大件、重件（如驾驶室、发动机、前后桥、大梁等）都要统一集中储存，以便充分发挥仓库各种专用设备，特别是机械吊装设备的作用，不仅可以提高仓容利用率，而且还可以减轻装卸搬运工人的劳动强度，提高劳动效率。

（2）安全堆码美观整齐

仓库里的配件堆码必须贯彻安全第一的原则，同时还要做到文明生产。配件的陈列堆码，一定要讲究美观整齐，具体要做到以下几点：

①安全"五距"。库内货垛与内墙的距离不得少于0.3 m，货垛与柱子之间不得少于0.1 m，货垛相互之间一般为0.5 m，货架相互之间一般为0.7 m。库外存放时，货垛与外墙的距离不得小于0.5 m，这样既可以避免配件受潮，同时又减轻了墙脚负荷，保证了库房建筑的安全。

②实行定额管理。库房的储存量指标应有明确规定，实行定额管理，每立方米的存放质量不得超过设计标准的90%，以保证库房建筑安全达到设计使用年限，同时也保证了库存物资和人员的安全。

③堆码美观整齐。堆垛要稳，不偏不斜，货垛货架排列有序，上下左右中摆放整齐，做到横看成行，竖看成线。包装上有产品标志的，堆码时标志应一律朝外，不得倒置，发现包

装破损,应及时调换。

④质量较轻,体积较大的配件应单独存放。堆码时要注意适当控制堆码高度,不要以重压轻,以防倾倒。

(3)仓容利用经济合理

各种配件体积质量相差很大,形状各异,要把这些体积、质量、形状不同的配件安排适当,以求得最大限度地提高仓容利用率。如前后桥、发动机、驾驶室等重件、大件,可以放在地面耐压力强、空间高、有起吊设备的库房。此外,还要根据配件的性能、特点和外形,配备一定数量的专用货架和格架等。为提高单位面积利用率,可设高层货架或在普通货架区的货架最上面一层铺盖楼板,以储存质量轻的配件。

(4)卡物相符、服务便利

提高卡物相符率的关键是认真执行"五五堆码"和"有动必对"的原则,其中最重要的是"有动必对"。每当发完一批货,必须将卡片的结存数量与库存实物结存数量进行核对,一定要保证卡片的结存数与仓库的实物结存数相符。另外要搞好每月、每季或每半年一次的定期清点盘库。服务便利的基础是配件堆码要讲究科学性,一定要遵循"五五堆码"的原则。大批量的配件,可设分堆、建分卡,力求整数,并分层标明细数,便于做到过目成数,使发货、核对方便。

3. 第三个环节:出库

汽车配件出库标志着储存保管阶段的结束,把好"出货关"是全库管理工作的重要一环。

(1)出库的程序

①核对单据。业务部门开出的供应单据(包括供应发票,转仓库单,商品更正通知单,补发、调换、退货通知单等)是仓库发货、换货的合法依据。保管员接到发货或换货单据后,先核对单据内容、收款印戳,然后备货或换货,如发现问题,应及时与有关部门联系解决,在问题未弄清前,不能发货。

②备货。备货前应将供应单据与卡片、实物核对,核对无误,方可备货。备货有两种形式:一种是将配件发到理货区,按收货单位分别存放并堆码整齐,以便复点,另一种是外运的大批量发货,为了节省人力,可以在原垛就地发货,但必须在单据上注明件数和尾数(即不足一个原包装箱箱装的零数)。无论采用哪种形式,都应及时记卡、记账、核对结存实物,以保证账、卡、物相符。

③复核、装箱。备货后一定要认真复核,复核无误后,用户自提的可以当面点交。属于外运的可以装箱发运。在复核中,要按照单据内容逐项核对,特别要注意一个整包装体的内装数量,不要搞混,然后将单据的随货同行联和配件一起装箱。如果是拼箱发运的,应在单据的仓库联上注明,如果编有箱号的,应注明拼在几号箱内,以备查乱。无论是整箱或拼箱,都要在箱外写上运输标志,以防止在运输途中发错。

④报运。配件经过复核、装箱,查号码后要及时过磅称重,然后按照装箱单内容逐项填写清楚,报送运输部门向承运单位申请准运手续。

⑤点交和清理。运输部门凭装箱单向仓库提货时,保管员先审查单据内容、印章以及经手人签字等,然后按单据内容如数点交。点交完毕后,随即清理现场、整理货位,腾出空位以备再用。用户自提的一般不需备货,随到随发,按提单内容当面点交,并随时结清,做

到卡、物相符。

⑥单据归档。发货完毕后，应及时将提货单据（盖有提货印章的装箱单）归档，并按照其时间顺序，分月装订，妥善保管，以备查考。有条件的应同时录入计算机，并存备份。

(2)出库的要求

①凭单发货。仓库保管员要凭业务部门的供应单据发货，但如果单据内容有误，填写不合规定、手续不完备时，保管员可以拒绝发货。

②先进先出。保管员一定要坚持“先进先出、出陈储新”的原则，以免造成配件积压时间过长而变质报废。因为汽车更新换代很快，配件制造工艺也在不断地更新，如果积压时间过长，很可能因为产品老、旧而淘汰报废。

③及时准确。一般大批量发货不超过两天。少量货物，随到随发。凡是注明发快件的，要在装箱单上注明“快件”字样。发出配件的车型、品种、规格、数量、产地、单价等，都要符合单据内容。因此，出库前的复核一定要细致，过磅称重也要准确，以免因超重发生事故。

④包装完好。配件从仓库到用户中间要经过数次装卸、运输。因此，一定要保证包装完好，避免在运输途中造成损失。

⑤待运配件。配件在未离库前的待运阶段，要注意安全管理。例如，忌潮的配件要加垫，有些配件（一般指化学杂质和油液用品）要放在避光通风处。总之，配件在没离开仓库之前，保管员仍然要保证其安全。

10.2.3 销售

汽车配件营销企业要将销售业务看作最重要的业务环节，企业的一切活动都应围绕着销售进行。在汽车配件市场竞争日趋激烈的情况下，销售业务开展得如何，对企业的生存和发展起着举足轻重的作用。

1.第一个环节:把握配件销售的特征

(1)专业性

现代汽车不断融合着多种高新技术，其每一个零部件都具有严格的型号、规格、工况标准。一辆汽车在整个运行周期中，约有3 000种零部件存在损坏和更换的可能，所以经营某一个车型的零配件就要涉及许多品种规格的配件。即使同一品种规格的配件，由于有许多厂家在生产，在产品的品质、价格等方面差别很大，甚至还存在假冒伪劣产品。业务人员既要掌握商品营销知识，又要掌握汽车配件专业知识、汽车材料知识、机械识图知识、学会识别各种汽车配件的车型、规格、性能、用途以及配件的一般商品检验知识。相对于一般生活用品而言，汽车配件营销是汽车售后服务的主要领域，供应配件就是售后服务。经营必须与服务相互配套，融为一体。特别是技术服务。

(2)广泛性

随着我国汽车社会保有量的快速稳定增长，汽车配件的销售网点迅速增加，汽车配件经营已成为我国网点分布广泛、经营范围广泛的一个典型流通行业，在全部汽车产品经销商中，从事汽车配件及汽车用品的企业占到总数的80%，用“每个地方都有汽车配件市场或汽车城，每个城市都有汽配一条街，每条商业街区都有汽车配件或汽车用品商品”来描述一点也不为过。

(3)季节性

一年四季、春夏秋冬给汽车配件销售市场带来不同季节的需求。在春季,为适应在雨天行驶,各种挡风玻璃、车窗升降器、电气雨刮器、挡泥板等部件特别多。在夏季和早秋季节,因为气温高,发动机机件磨损大,对火花塞、汽缸垫、进排气门及冷却系部件等需求特别多。调查资料显示,季节性需求所带来的销售额,占总销售额的三成到四成。

(4)地域性

我国国土辽阔,地理环境的差异也给汽配销售市场带来地域性的不同需求。在山地高原,因载荷大、山路多、弯道急、坡度斜,汽车钢板弹簧就易断、刹车皮磨损快、易失去作用,变速部件、传动部件、减震器部件也易损坏,需要更换总成件较多。在城镇,汽车启动和停车次数较频繁,其所需启动、离合、制动、电器设备等部件的数量就较多。

(5)差异性

一是汽车配件销售领域是假冒、伪劣产品配件产品和优质的"正牌产品"共存、共"荣"的行业,产品质量差异性和价格的差异性很大;二是从事配件营销的单位规模和管理水平差异很大,既有超市规模,也有一人小店。

另外,由于汽车配件经营品种多样化以及汽车故障发生的随机性,经营者要有相应规模的铺底流动资金并将大部分资金用于库存储备和商品在途资金占用。

2.第二个环节:经营方式

(1)从零售店经营的品种数目看

①专业店。也叫专卖店,专门经营某一个汽车公司或某一种车型的汽车配件。国外多数汽车公司的配件都实行专卖。专卖店要么属于汽车公司,要么与汽车公司(或其他经销站、代理商)是合同关系。

②混合店。一般直接从各生产厂家或汽车公司进货,经营品种涉及各个汽车厂家各种车型的配件。

③超级市场。不仅规模大、品种全、价格合理、知名度高,而且还从事批发业务。这类市场的辐射力很强,形成以超级市场为中心的经营网络。例如,上海汽车工业零部件总汇,堪称国内第一流汽车配件经销店。

(2)从零售店的经营权看

一般零售店都是独立的。但连锁店不同,一般同实力强,规模大的汽车配件专营公司连锁,由汽车配件公司对其进行规划、管理、技术指导、提供信息,并优惠供应配件。

(3)从零售店的集中程度看

①分散形式。汽车配件零售店一般分散在各个地方,特别是客、货集散地周围,有的一地多家、有的别无分号就此一家。

②汽车配件一条街。这种"一条街"在我国许多城市都存在,一般位于生产资料,机电产品聚集区和较有影响的汽车生产厂商附近,或在用户习惯采购的汽车贸易公司、汽车企业销售机构周边。

(4)从零售店的综合程度看

多数零售店只是经营汽车或摩托车配件以及相关五金工业品,但也有综合性很强的大型零售店,有些类似于超级市场。这类大型店提供的服务不仅是经营各类汽车配件和汽车用品,还向客户提供加油、占领食宿和休闲娱乐等多种服务。

对于汽车配件流通企业来讲,汽车配件的主要销售方式是门市销售,无论是大用户,还是零星购买,门市供应都是最基本、最直接的流通渠道。一般称门市销售部门为门市部、营业部,也有的称销售中心、销售部(公司)等。门市一般应选在交通方便、顾客比较集中,且停放车辆方便的地方。一个较大的汽车配件销售企业往往在一个地区设立多个门市部,或跨地区、跨市设立门市部。在有多个门市部时,相互间的分工至关重要。有的按车型分工,如经营解放、东风或桑塔纳、捷达、奥迪配件等;有的实行综合经营,不分车型;有的二者兼有,即以综合经营为基础,各自又有一两个特色车型。

3. 第三个环节:门市销售是主体

(1)门市销售的柜组分工方式

在一个门市部内部,各柜组的经营分工,一般有按品种系列分柜组和按车型分柜组两种方式。

①按品种系列分柜组。经营的所有配件不分车型,而是按部、系、品名分柜组经营。如经营发动机配件的柜组叫发动机柜组。经营通用工具及通用电器的柜组叫通用柜组。经营化杂配件的叫化杂件柜组等。

这种柜组分工方式的优点是能够结合商品的本质特点,比较适合专业化分工的要求。如金属机械配件归为一类、化杂件归为一类、电器产品归为一类,这种划分方式有利于经营人员深入了解商品的性能特点、材质、工艺等商品知识。汽车配件品种繁多,对于营业员来说,学会自己经营的那部分配件品种的商品知识,比学会某一车型全部配件的商品知识容易,这样能较快地掌握所经营品种的品名、质量、价格及通用互换常识。尤其在进口维修配件的经营中,由于车型繁杂,而每种车型的保有量又不太多,按品种系列分柜组比较好。再就是某些配件的通用互换性,哪些品种可以与国产车型的配件通用,往往需要用户提供,有的则需要从实物的对比中得出结论。如果不按品种系列,而按车型经营,遇到上述情况,就有许多不便。

②按车型分柜组。按不同车型分柜组,如分成桑塔纳、富康、捷达、奥迪、东风、解放柜组等,每个柜组经营一个或两个车型的全部品种。

中小型企业及个体用户,大多拥有一种或几种车型,这些中小型用户的配件采购计划往往是按车型划分,所以一份采购单只集中到一个柜组的一两个柜台,便可解决全部需要。另外,按车型分工还可与整车厂编印的配件样本目录相一致,当向整车厂提出要货时,经营企业可以很便利地编制以车型划分的进货计划。按车型分柜组,根据社会车型保有量统计数据,把进货、销量库存、资金占用、费用、资金周转几项经济指标落实到柜组,在此基础上实行利润包干形式的经济责任制,有利于企业管理的规范化。

这种方法也有缺点,那就是每个柜组经营品种繁多,对营业员的要求高,他们需要熟悉所经营每种车型商品的性能、特点、材质、价格及产地等情况,这不是一件很容易的事。而且当一种配件可以通用几个车型时,往往容易造成重复进货、重复经营。

两种柜组分工方式各有利弊,可根据具体条件决定。

(2)门市橱窗陈列和柜台货架摆放

对汽车配件门市部来讲,陈列商品十分重要。通过陈列摆放样品,可以加深顾客对配件的了解,以便选购。尤其对一些新产品和通用产品,更能通过样品陈列起到极大的宣传作用。

①门市的商品陈列。包括橱窗商品陈列、柜盒货架商品陈列、架顶陈列、壁挂陈列和平地陈列等。

——橱窗商品陈列。即利用商店临街的橱窗专门展示样品，是商业广告的一种主要形式。橱窗陈列商品要有代表性，体现出企业的特色，如主营汽车轮胎的商店，要将不同规格、不同结构的轮胎巧妙地摆出来，再配上醒目的广告词，美观大方、引人注目。

——柜盒货架商品陈列。也叫作商品摆布，它具有陈列，销售、更换频繁的特点。展台、柜台、货架陈列是营业员的经常性工作，汽车配件中如火花塞、皮碗、修理包、各类油封等小件商品，适合此类陈列方式。

——架顶陈列。即在货架的顶部陈列商品。特点是它用上部空间位置，架顶商品陈列的视野范围较高，顾客容易观看，这种方式一般适合相关产品，如全损耗系统用油、美容清洗剂等商品的陈列。

——壁挂陈列。一般是在墙壁上设置悬挂陈列架来陈列商品，适用于质量较轻的配件，如轮辋、皮带等。

——平地陈列。即将体积大而笨重、无法摆上货架或柜台的商品，在营业场地的地面上陈列，如电瓶、发动机总成、离合器总成等。

②商品陈列的货架摆放及注意事项。要将商品摆得成行成列、整齐、有条理、多而不乱、易于辨认。陈列的商品要明码标价。商品随销随补，不断档、不空架，把所有待销售的商品展示在顾客面前。摆放商品要定位定量，不要随便移动，以利于营业员取放、盘点，提高工作效率。按商品的品种、系列、品质等级等有规律地摆放，以便用户挑选。把使用上有联系的商品摆放在一起陈列，这样能引起顾客的联想，能够产生销售上的连带效应。

(3)门市销售中的几个问题

①门市销售不等于坐等客户。当前汽车配件市场供大于求，市场竞争十分激烈，门市销售除了日常的接待客户外，还应通过走访、邀请、电话、信函等交流手段熟悉用户联络感情，与购货比较集中的单位，如公交公司、汽车运输公司、出租车公司、厂矿车队、修理厂等，加强联系，熟悉其主管人员、主办人员、车数、车型保有情况，建立用户档案，根据汽车配件的消耗规律判断其进货计划，使销售工作有的放矢。

②对用户货款结算应持谨慎态度，避免拖欠和造成重大损失。货款结算方式有现金收讫、转账支取、托收承付、担保延期付款等方式。但除关系密切、信誉好的用户外，宁可薄利，也应及时回笼货款。

③研究制订合理的销售价格体系。销售中如何发挥价格杠杆作用，根据市场需求变化、进货成本，在不违背国家有关规定的前提下，灵活定价。根据市场行情变化，适当调高低值易耗品、畅销品、名优产品价格，但凡代理销售生产厂家产品的企业应征求厂家意见。适当调低滞销商品价格，必要时为调整库存结构加速资金周转，可亏本或保本出售。对批发价商品要根据购买数量、成本进行核算，薄利多销。在整个销售中要学会算大账、算总账，有赔有赚，以盈补亏，这样可以消化呆滞积压配件造成的经济损失，盘活资金，给企业的发展注入活力，但应防止采取低价倾销的不正当竞争行为。

④对优质服务要有全面认识。门市销售不单单是面带微笑、热情待客，更重要的是练好“内功”。每个用户，特别是大用户购买配件时，总是希望在一个公司能满足其所需的全

部配件，且质好价宜。因此，门市销售就必须在品种、质量、价格上下功夫。营业员必须根据汽车配件车型多、品种繁、专用性强等特点，不但要懂得所经销配件的通用互换情况，而且还要了解同一车型、不同代产品的配件。否则，就会造成本来可以通用互换的不同车型的配件，不能实现销售，降低了用户的满足率，同时还会造成因不知道同一车型、不同代产品不能通用的知识所带来的销售错误。所以营业员必须学会识别各种配件的车型、名称、规格、用途，掌握汽车配件基本知识。只有这样才能为用户提供满意的咨询导向和售后服务，与用户建立起牢固的感情纽带。

⑤理顺进销关系。以门市销售情况、库存数量及各品种销售走向安排进货，按汽车配件消耗规律组织营销，进货与销售不能脱节。一旦预见到将会发生品种短缺，应立即联系进货，保证常规易损、易耗配件的充足供应，最大限度地满足用户需求。今后的发展趋势是门市销售记账实现办公现代化，利用计算机准确快捷地统计出各品种销售情况，可更好地理顺进销关系，提高工作效率。

⑥对门市销售业务既要考核经济效益，更要注重考核社会效益。一般对考核经济效益比较重视，主要指标是考核“纯利润”，对配件商品供应率（即用户购品满足率）却不太重视。配件商品供应率是一项反映企业在当地市场上销售品种对用户的满足程度，尤其是对本企业所经营的、当地保有量大的车型配件的满足程度。考核办法是，在一段时间内抽取某些有代表性的老用户采购单，把采购单上的品种总数作为分母，把本企业所能满足的品种总数作为分子得出的数据再乘以100%。这个百分数越大，说明本企业的品种覆盖率越高，社会效益越好，同时也扩大了销售，促进了经济效益的提高。

⑦接待并处理好用户退换货业务。用户退换商品一般有两种情况：一是因商品质量不合乎要求而退换；二是由于所购商品不适合应用而退换。不论哪种情况，都应给予妥善处理。遇到第一种情况，首先必须验明是否确属本企业售出的商品，并经证明质量状况是否符合标准，然后由商店按规定处理。遇到第二种情况，也要首先验明是否确属本企业售出的商品，再查验商品有无损坏，并在规定退换期内，报请商店负责人按规定退换。对于不符合退换规定的，应耐心解释。

⑧完整地向顾客介绍汽车配件及其质量保修规定。顾客在购买汽车配件时，有时并不十分清楚所购配件在使用时的注意事项，营业员应详细向顾客介绍该配件的功能、性能特点及使用方法，有时还须示范或让顾客亲自试用。有条件的话，可向顾客分发产品使用说明书。营业员应对汽车配件的产地、质量、特点等有较深的了解，积极如实地向顾客介绍。同时，对有些配件还应介绍其质量保修规定，这也是顾客十分关心的问题，如保修年限、承保范围、费用分担等问题，还应向用户发送质量保修卡。

（4）提高汽车配件商品供应率

配件商品供应率有两个方面的影响因素：一是所经营商品品种结构问题，即所规定的经营商品结构是否合理，是否适应市场的需求；二是现有商品结构中的每个具体商品的存量问题，额定存量能否在数量、质量、价格、供货时间等方面满足市场需求。要提高配件商品供应率应从以下两方面着手：

①重视配件商品结构的调整。在一定的条件下强化管理，合理调配资金，提高资金保证程度，向适应和满足市场需求靠拢，不断改善和拓宽商品结构，提高商品供应率。这种商品结构，不能一劳永逸，应根据不断变化的市场需求，定期进行调整，并要注意积累经

验，摸索经营规律，知其然，更要知其所以然，这样就能不断增强经营主动权。

②注意研究每一种配件商品在用户使用中的失效形式和自身如何科学调整库存结构和经营品种，形成合理的存量。商品存量一般采用定额管理办法进行管理、调控、处理。商品存量的不正常情况主要表现是商品超储、积压、损坏和短缺脱销这两个方面。这两种情况往往是同时并存，经常出现。商品的超储积压比较直观，容易发现，它的后果主要是使某些商品被压死，造成资金沉淀，仓储费用增加，甚至损失商品资金，危害性十分明显。而商品短缺、脱销、供应率下降的情况，有时容易被忽视或出现矫枉过正的现象。

对一个汽车配件经营企业来讲，提高配件商品供应率是一项参与市场竞争的重要手段。如果配件商品供应率差，客户的需求屡屡得不到满足，将会发生两种效应：一是“泼水效应”，即老客户一去也许再不回头；二是“失火效应”，即连累适销对路商品的销售，甚至由于客户之间的相互宣传，产生客户转移的连锁效应。

10.3 二手车价格评估的基本方法

二手车价格评估是二手车交易的核心问题和前提条件。无论是卖出还是买入二手车，交易双方都希望能够了解一些基本的价格评估方法。与此同时，还希望了解一些汽车报废方面的基本法规，否则“花钱买老驴”，买到报废或即将报废的汽车，对购车人来说，会造成不同程度的心理压力和经济损失。

二手车的价格评估同其他资产评估一样，也应该按照《国有资产评估管理办法》的规定，采用重置成本法、现行市价法、收益现值法和清算价格法等四种基本方法进行，其中最常用的是重置成本法。

10.3.1 重置成本法

1. 重置成本法的概念

重置成本法是指在现有条件下重新购置一辆全新状态的被评估车辆所需的全部成本（即完全重置成本，简称重置全价），减去该被评估车辆的各种陈旧贬值后的差额作为被评估车辆现时价格的一种评估方法。其基本计算公式可表述为：

$$\text{被评估车辆的评估值} = \text{重置成本} - \text{实体性贬值} - \text{功能性贬值} - \text{经济性贬值} \tag{10.2}$$

或：

$$\text{被评估车辆的评估值} = \text{重置成本} \times \text{成新率} \tag{10.3}$$

从上式可看出，被评估车辆的各种陈旧贬值包括实体性贬值、功能性贬值和经济性贬值。

重置成本是购买一项全新的与被评估车辆相同的车辆所支付的最低金额。按重新购置车辆所用的材料、技术的不同，可把重置成本区分为复原重置成本（简称复原成本）和更新重置成本（简称更新成本）。复原成本指用与被评估车辆相同的材料、制造标准、设计结构和技术条件等，以现时价格复原购置相同的全新车辆所需的全部成本。更新成本指利用新型材料、新技术标准、新设计等,以现时价格购置相同或相似功能的全新车辆所支付的全部成本。一般情况下,在进行重置成本计算时,如果同时可以取得复原成本和更新成本,应选用更新成本;如果不存在更新成本,再考虑用复原成本。

2. 影响二手车价值的因素

和其他机器设备一样,汽车的价值也是一个变量,它随其本身的运动和其他因素变化而相应变化。影响汽车价值量变化的因素,除了市场价格以外,还有以下三个因素:

(1) 车辆的实体性贬值。实体性贬值也叫有形损耗,是指车辆在存放和化学原因而导致的车辆实体发生的价值损耗,即由于自然的作用而发生的损耗。旧车一般不是全新状态的,因而大都存在实体性贬值。确定实体性贬值,应依据车辆的新旧程度,包括表体及内部构件、部件的损耗程度。假如用损耗率来衡量,一项全新的车辆,其实体性贬值为零;而一项完全报废车辆,其实体性贬值为100%;处于其他状态下的车辆,其实体性贬值率则位于这两个数字之间。

(2) 车辆的功能性贬值。功能性贬值是科学技术的发展导致的贬值,又可细分为一次性功能贬值和营运性功能贬值。一次性功能贬值是由于技术进步引起劳动生产率的提高,现在再生产制造与原功能相同的车辆的社会必要劳动时间减少,成本降低而造成原车辆的价值贬值。营运性功能贬值是由于技术进步,出现了新的、性能更优的车辆,致使原有车辆的功能相对新车型已经落后而引起的价值贬值。具体表现为原有车辆在完成相同工作任务的前提下,在燃料、人力、配件材料等方面的消耗增加,形成了一部分超额运营成本。

(3) 车辆的经济性贬值。经济性贬值是指由于外部经济环境变化所造成的车辆贬值。所谓外部经济环境,包括宏观经济政策、市场需求、通货膨胀、环境保护等。经济性贬值是外部环境而不是车辆本身或内部因素所引起的达不到原有设计的获利能力而造成的贬值。外界因素对车辆价值的影响不仅是客观存在的,而且还相当大,所以在旧机动车的评估中不可忽视。

3. 重置成本及其估算

重置成本分复原重置成本和更新重置成本。一般来说,复原重置成本大于更新重置成本。在选择重置成本时,应选择更新重置成本。选择更新重置成本的原因:一方面,随着科学技术的进步,劳动生产率提高,新工艺、新设计被采用;另一方面,新设计、新工艺制造的车辆无论是其使用性能,还是生产成本都会优于旧的机动车辆。在资产评估中重置成本的估算方法很多。对于车辆评估定价,一般采用如下两种方法:

(1) 直接法

直接法也称重置核算法,它是按待评车辆的成本构成,以现行的市价为标准,计算被评估车辆重置全价的一种方法。也就是将车辆按成本构成分成若干组成部分,先确定各组成部分的现时价格,然后相加得出总待评估车辆的重置全价。

重置成本的构成可分为直接成本和间接成本两部分。直接成本是按现行市价的买价,加上运输费、购置附加费、消费税、人工费等。间接成本是指购置车辆发生的管理费、专项贷款发生的利息、注册登记手续费等。以直接法取得的重置成本,无论国产车还是进口车,尽可能采用国内现行市场价作为车辆评估的重置成本全价。

旧车重置成本全价的构成一般分为下述两种情况:

第一种情况，属于所有权转让的经济行为，可按被评估车辆的现行市场成交价格作为被评估车辆的重置全价，其他费用略去不计。

第二种情况，属于企业产权变动行为（如企业合资、合作和联营，企业分设、合并和兼并等），其重置成本构成了除考虑被评估车辆的现行市场购置价格以外，还应考虑国家和地方政府对车辆加收的其他税费（如车辆购置附加费、车船使用税等），一并计入重置成本全价。

（2）物价指数法

物价指数法是在旧机动车辆原始成本基础上，通过现时物价指数确定其重置成本。计算公式为：

$$车辆重置成本 = 车辆原始成本 \times \frac{车辆评估时物价指数}{车辆购买时物价指数} \quad (10.4)$$

或：

$$车辆重置成本 = 车辆原始成本 \times (1 + 物价变动指数) \quad (10.5)$$

如果被评估车辆是淘汰产品或进口车辆，咨询不到现时市场价格时，物价指数法是一种很有用的方法。运用物价指数法时须注意：

①一定要先检查被评估车辆的账面购买原价。如果购买原价不准确，则不能用物价指数法。

②用物价指数法计算出的值，即为车辆重置成本值。

③运用物价指数法时，现在选用的指数往往与评估对象规定的评估基准日之间有一段时间差。这一时间差内的价格指数可由评估人员根据近期的指数变化趋势结合市场情况决定。

④物价指数要尽可能选用有法律依据的国家统计部门或物价管理部门以及政府机关发布和提供的数据，也可以采用有权威性的国家政策部门所辖单位提供的数据。

4. 实体性贬值及其估算

车辆的实体性贬值是由于使用和自然力损耗形成的贬值。实体性贬值的估算，一般可以采取以下两种方法：

（1）观察法。观察法也称为成新率法，是指对评估车辆，由具有专业知识和丰富经验的工程技术人员对车辆的实体各主要总成、部件进行技术鉴定，并综合分析车辆的设计、制造、使用、磨损、维护、修理、大修理、改装情况和经济寿命等因素，将评估对象与其全新状态相比较，考察由于使用磨损和自然损耗对车辆的功能、技术状况带来的影响，判断被评估车辆的有形损耗率，从而估算实体性贬值的一种方法。

（2）使用年限法。计算公式为：

$$车辆实体性贬值 = 重置成本 \times 有形损耗率 \quad (10.6)$$

$$车辆实体性贬值 = (重置成本 - 残值) \times \frac{已使用年限}{规定使用年限} \quad (10.7)$$

（公式中的残值，是指旧机动车辆在报废时净回收的金额，在鉴定中一般略去残值不计。）

5. 功能性贬值及其估算

（1）一次性功能贬值的测定

目前在市场上能购买到的且有制造厂家继续生产的全新车辆，一般采用市场价，即可认为该车辆的功能性贬值已包含在市场价中了。这是最常用的方法。从理论上讲，同样的车辆其复原重置成本与更新重置成本之差即是该车辆的一次性功能性贬值。但在实际评估工作中,具体计算某车辆的复原重置成本是比较困难的,一般采用更新重置成本(即市场价)作为其一次性功能贬值。

在实际评估时经常遇到的情况是,待评估的车辆其型号是现已停产或是国内自然淘汰的车型,这样就没有实际的市场价,只有采用参照物的价格用类比法来估算。参照物一般采用替代型号的车辆。这些替代型号的车辆其功能通常比原车型有所改进和增加,故其价值通常会比原车型的价格要高。故在与参照物比较时,用类比法对原车型进行价值评估时,一定要了解参照物在功能方面改进或提高的情况,再按其功能变化情况来测定原车辆的价值。总的原则是被替代的旧型号车辆其价格应低于新型号的价格。这种价格有时是相差很大的。评估这类车辆的主要方法是设法取得该车型的市场现价或类似车型的市场现价。

(2)营运性功能贬值的估算

测定营运性功能贬值的步骤为:

①选定参照物,并与参照物对比,找出营运成本有差别的内容和量值。确定原车辆尚可继续使用的年限。

②确定原车辆尚可继续使用的年限。

③查明应上缴的所得税率及当前的折现率。

④通过计算超额收益或成本降低额,计算出营运性贬值。

6. 经济性贬值及其估算

经济性贬值是由机动车辆外部因素引起的。外部因素不论多少,对车辆价值的影响不外乎两类:一是营运成本上升;二是车辆闲置。由于造成车辆经济性贬值的外部因素很多,并且造成贬值的程度也不尽相同。因此,在评估时只能统筹考虑这些因素,而无法准确计算所造成的贬值。其评估的思考方法如下:

①估算前提。车辆经济性贬值的估算主要以评估基准日以后是否停用、闲置或半闲置作为估算依据。

②已封存或较长时间停用,且在近期内仍将闲置,但今后肯定要继续使用的车辆最简单的估算方法是按其可能闲置时间的长短及其资金成本估算其经济贬值。

③根据市场供求关系估算其贬值。

7. 重置成本法的优缺点

重置成本法体现了买卖双方都能公正合理,此法在二手车价格评估的基本方法中推荐为首选。

其优点是:比较充分地考虑了车辆的损耗,评估结果更趋于公正合理;有利于旧机动车的评估;在不易计算车辆未来收益或难以取得市场(旧机动车交易市场)参照物条件下可广泛应用。

采用重置成本法的缺点是工作量较大,且经济性贬值也不易准确计算。

10.3.2 现行市价法

1. 现行市价法的概念

现行市价法又称市场法、市场价格比较法,是最直接、最简单的一种评估方法。这种方法的基本思路是:通过市场调查,选择一个或几个与评估车辆相同或类似的车辆作为参照物,分析参照物的构造、功能、性能、新旧程度、地区差别、交易条件及成交价格等,并与评估车辆一一对照比较,找出两者的差别及差别反映在价格上的差额,经过调整,计算旧机动车辆的价格。

2. 现行市价法应用的前提条件

①需要有一个充分发育、活跃的旧机动车交易市场,有充分参照物(多个类比对象)可取。在旧机动车交易市场上旧机动车交易越频繁,与被评估相类似的车辆价格越容易获得。

②参照物及其与被评估车辆可比较的指标、技术参数等资料是可收集到的,并且价值影响因素明确,可以量化。

3. 采用现行市价法评估的步骤

(1)收集资料

收集评估对象的资料,包括车辆的类别、名称、车辆型号和性能、生产厂家及出厂年月,了解车辆目前使用情况、实际技术状况以及尚可使用的年限等。

(2)选定旧机动车交易市场上可进行类比的对象

所选定的类比车辆必须具有可比性,可比性因素包括:

①车辆型号。

②车辆制造厂家。

③车辆来源,是私用、公务、商务车辆,还是营运出租车辆。

④车辆使用年限、行驶里程数。

⑤车辆实际技术状况。

⑥市场状况。指的是市场处于衰退萧条期还是复苏繁荣期,供求关系是买方市场还是卖方市场。

⑦交易动机和目的。车辆出售是以清偿为目的还是以淘汰转让为目的;买方是获利转手倒卖还是购买自用。不同情况交易作价往往有较大的差别。

⑧车辆所处的地理位置。不同地区的交易市场,同样车辆的价格有较大的差别。

⑨成交数量。单台交易与成批交易的价格会有一定差别。

⑩成交时间。应尽量采用近期成交的车辆作类比对象。由于市场供求关系变化的影响,价格有时波动很大。

(3)分析、类比

综合上述可比性因素,对待评估的车辆与选定的类比对象进行认真的分析类比。

(4)计算评估值

调整差异,做出结论。

4. 现行市价法的计算方法

(1)直接法

直接法是指在市场上能够找到与被评估车完全相同的车辆的现行市价,并依其价格直接作为被评估车评估价格的一种方法。

(2)类比法

类比法是指评估车辆时,在公开市场上找不到与之完全相同的车辆,但能找到与之相类似的车辆,以此为参照物,并依其价格再做相应的差异调整,从而确定被评估车辆价格的一种方法。所选参照物与评估基准日在时间上越近越好，实在无近期的参照物，也可以选择远期的，再做修正。类比法的基本计算公式为：

评估价格 = 市场交易参照物价格 + 评估对象比交易参照物优异的价格差 - 交易参照物比评估对象优异的价格差额 (10.8)

或： 评估价格 = 参照物价格 × (1 ± 调整系数) (10.9)

用市价法进行评估，了解市场情况是很重要的，并且要全面了解。了解的情况越多，评估的准确性越高，这是市价法评估的关键。用市价法评估应该说已包含了该车辆的各种贬值因素，包括有形损耗的贬值、功能性贬值和经济性贬值。因而，用市场法评估不再专门计算功能性贬值和经济性贬值。

5. 采用现行市价法的优缺点

(1)现行市价法的优点

①能够客观反映旧机动车辆目前的市场情况，其评估的参数、指标直接从市场获得，评估值能反映市场现实价格。

②评估结果易于被各方面理解和接受。

(2)现行市价法的缺点

①需要公开及活跃的市场作为基础。然而我国旧机动车市场还只是刚刚建立，发育不完全、不完善，寻找参照物有一定的困难。

②可比因素多而复杂，即使是同一个生产厂家生产的同一型号的产品，同一天使用，由不同的使用强度、使用条件、维护水平等因素，其实体损耗、新旧程度都各不相同，导致评估难度增加。

10.3.3 二手车鉴定估价报告书的撰写

二手汽车鉴定估价报告书是二手车交易市场完成某一鉴定估价工作后，向委托方提供说明鉴定估价的依据、范围、目的、基准时间、评估方法、评估前提和评估结论等基本情况的公正性的工作报告，是二手车交易市场履行评估委托协议的总结。报告不仅反映出二手车交易市场对被评估车辆作价的意见，而且也确认了二手车交易市场对所鉴定估价的结果应负的法律责任。

1. 撰写鉴定估价报告的基本要求

国家国有资产管理局以国资办以〔1993〕55号发布了《关于资产评估报告书的规范意见》，对资产评估报告书的撰写提出了比较系统的规范要求。结合二手车鉴定估价的实际情况，概括如下：

①鉴定估价报告必须依照客观、公正、实事求是的原则由二手车交易市场独立撰写，如实反映鉴定估价的工作情况。

②鉴定估价报告应有委托单位的全称或个人的姓名、二手交易市场的全称和印章，二手车交易市场法人代表或其委托人和二手车鉴定估价师的签字，以及提供报告的日期。

③鉴定估价报告要写明评估基准日，并且不得随意更改。所有在估价中采用的税率、费率、利率和其他价格标准，均应采用基准日的标准。

④鉴定估价报告中应写明估价的目的、范围、二手车的状态和产权归属。

⑤鉴定估价报告应说明估价工作遵循的原则和依据的法律法规，简述鉴定估价过程，写明评估选用的方法。

⑥鉴定估价报告应有明确的鉴定估算价值的结果，鉴定结果应有二手车的成新率。估价结果应有二手车原值、重置价值、评估价值等。

⑦鉴定估价报告还应有齐全的附件。

2. 二手车鉴定评估报告书正文的基本内容和编写办法

(1)依据

①国务院发布的《国有资产评估管理办法》(1991 年 91 号令发布)。

②原国家国有资产管理局发布的《国有资产评估管理办法实施细则》(国资办〔1992〕36 号)。

③评估立项批文。

④相关的报废标准和届时出台执行的政策法规。

⑤当地的有关规定。

⑥原始购车发票、有关合同、协议、法院出具的判决书、裁定书、调解书。

⑦产权证明材料。

(2)鉴定评估目的。

(3)评估范围和评估基准时间。

(4)评估前提，如采用的评估标准、评估方法等。

(5)鉴定评估结论。

3. 二手车鉴定估价报告附件的内容

(1)产权证明文件。

(2)评估立项批文。

(3)二手车鉴定评估登记表、作业表。

(4)鉴定估价的计算说明(采用的具体方法、计算过程)。

10.4 二手车交易实务

10.4.1 二手车的几个概念

1. 二手车

二手车是指从办理完注册登记手续到达至国家汽车报废标准之前需进行所有权转移的汽车(包括三轮车、低速载货汽车)、挂车和摩托车。在进行二手车交易时，买卖双方都应了解交易的相关规定、要办的手续、交易的费用等。

2. 二手车交易

二手车交易是指二手车经纪公司或汽车销售公司从事收购、销售二手车的经营活动。目前，我国二手车交易正处于培育发展的起步阶段，主要有三种方式：①在规定的专业市场内进行交易，这是主要形式；②在4S店进行二手车置换；③通过拍卖会或网上竞拍进行交易。

我国的绝大多数二手车是在二手车交易市场内完成的，二手车交易市场是指依法设立、为买卖双方提供二手车集中交易和相关服务的场所。二手车交易市场是个场地概念，不能直接从事二手车经营活动，只有市场内经工商部门核准的经营公司才能从事二手车买卖。

二手车交易必须在批准的二手车（有的地方称为旧机动车交易市场）交易中心、有二手车经营业务的汽车交易中心或4S店进行。工商行政管理部门凭上述机构的交易凭证予以验证，车管部门据此办理转籍过户手续。

3. 二手车的交易行为

二手车交易行为包括二手车的鉴定评估、经销、经纪、拍卖等。

①二手车鉴定评估是指二手车鉴定评估机构对二手车技术状况及其价值进行鉴定评估的经营活动。正如本章10.3节所讲，这是二手车进行经销、经纪、拍卖的前提条件。

②二手车经销是指二手车经销企业收购、销售二手车的经营活动。

③二手车经纪是指二手车经纪机构以赚取佣金为目的，为促成他人交易二手车而从事居间、行纪或者代理等经营活动。

④二手车拍卖是指二手车拍卖企业以公开竞价的形式将二手车转让给最高应价者的经营活动。目前，很多大城市都开设了网上竞拍业务。

4. 二手车交易的分类

传统意义上的旧车交易通常分为两种：一是买卖双方直接达成交易；二是通过中介人、经纪公司进行交易。其缺点是由于时间精力有限，车主只能与有限的几家经纪公司洽谈。

二手车拍卖是许多国家普遍采用的一种交易方式，拍卖具有公开、公正、公平的特点，由此产生的价格比较接近于市场价格，在美国、日本等发达国家大多数旧车交易都是通过拍卖的方式完成的。国内新的二手车政策中也提到今后旧车拍卖的交易方式将是一种发展趋势。

一般情况下，参加网上竞卖的消费者要将车辆开到旧车市场，并对其相关手续进行检验后签订委托书，才能确定竞卖日期。

10.4.2 二手车交易前需注意的事项

1. 确认二手车交易的合法性

在收购或购买二手车时，首先要确定拟交易的二手车是否属于可交易车辆，由于我国的二手车市场尚未形成规范的运行体系，因此可能存在一些问题。如在交易中可能遇到“黑车”“翻新车”“事故车”“拼装车”“准报废车”等，一旦成交将会损害购车者的权益。在购买时一定要严加防范，层层把关，避免上当。

根据《二手车流通管理办法》商务部、公安部、工商总局、税务总局2005年第2号令，下列车辆禁止经销、买卖、拍卖和经纪：

——已报废或者达到国家强制报废标准的车辆；在抵押期间或者未经海关批准交易

的海关监管车辆;在人民法院、人民检察院、行政执法部门依法查封或扣押期间的车辆;通过盗窃、抢劫、诈骗等违法犯罪手段获得的车辆;发动机号码、车辆识别代号或者车架号码与登记号码不符,或者有凿改迹象的车辆;走私、非法拼(组)装的车辆;不具有下列凭证的车辆:《机动车登记证书》、《机动车行驶证》、有效的机动车安全技术检验合格标志、车辆购置税完税证明、养路费缴付凭证、车船使用税缴付凭证、车辆保险单;在本行政管辖区以外的公安机关交通管理部门注册登记的车辆;国家法律、行政法规禁止经营的车辆;国家法律、行政法规禁止经营的车辆。

2. 车主办理二手车出售业务所要提交的证件

为避免买到报废车或组装车,应对旧车进行身份验证,主要是查看该车行驶证副页上是否盖有年检章,没有这个章的车,很可能是报废车;核对该车车身的 VIN 与行驶证上登记的车架号是否一致,如果不一致,很有可能是报废后的拼装车。

(1)车主居民身份证原件和复印件(单位车辆还应提供有效期内的法人代码证书原件和复印件、单位出具的委托书及代理人的身份证原件和复印件);

(2)《机动车登记证》;

(3)《机动车行驶证》;

(4)原始购车发票或上次过户发票;

(5)购置附加税缴纳凭证;

(6)养路费缴纳凭证;

(7)车船使用(牌照)税缴纳凭证;

(8)车辆保险单;

(9)委托他人办理,须持原车主身份证原件和具有法律效力的委托书。

3. 办理《机动车登记证》

根据 2001 年 10 月 1 日起实施的《中华人民共和国机动车登记办法》,在我国境内道路上行驶的机动车,应当按规定经机动车登记机构办登记,核发机动车号牌、《机动车行驶证》和《机动车登记证书》,未办理机动字号牌和《机动车行驶证》的机动车辆不准上路。

注意:《机动车登记证》是机动车所有权凭证,具有证明产权的性质,办理过户时必须出具。机动车所有人申请办理机动车各项登记业务时均应出具《机动车登记证书》;当登记信息发生变动时,机动车所有人应当及时到车辆管理所办理相关手续;当机动车所有权转移时,原机动车所有人应当将《机动车登记证书》随车交给现机动车所有人。

《机动车登记证》同时也是机动车的"户口本",所有机动车的详细信息及机动车所有人的资料都记载在上面,证书上所记载的原始信息发生变化时,机动车所有人应携带证件到车管所变更登记。这样,"户口本"上就有机动车从"生"到"死"的一套完整记录。2001 年 10 月 1 日以后购买的新车都已经办理了此证,但之前购买的车没有此证,卖车时可以由收车的二手车(旧机动车)经纪公司代办,但需本人前往,或本人直接到车管所办理,并且都必须携带《机动车行驶证》,并开车前去办理。

现在,一些较大的二手车(旧机动车)交易市场也可以办理《机动车登记证》,其基本步骤见表 10.1。

表 10.1　办理《机动车登记证》的步骤

第 1 步:拓号。本市过户的二手车要各拓一张发动机号和车架号(VIN),要转籍到外地的二手车要各拓两张。
第 2 步:由工作人员看车后,填验车评估单。
第 3 步:由本人填写技术参数表。
第 4 步:出示《机动车行驶证》、验车单、拓号单和参数表,转籍到外地的车还要交行驶证复印件和拓号给办证的工作人员查看车辆有无违章。如果有要先交清罚款。
第 5 步:填写《补领、换领机动车牌证申请表》。
第 6 步:将身份证原件及复印件(单位车辆应提交有效期内的法人代码证书原件和复印件及经办人的身份证原件和复印件)、《机动车行驶证》原件及复印件、《补领、换领机动车牌证申请表》、拓号单、技术参数表等交给办证工作人员。
第 7 步:上述证件准确无误,办证人员会发给申请人一张回执单。
第 8 步:3 个工作日后不必开车,凭回执单即可领回《机动车登记证》。

10.4.3　收购和出售二手车

为了保证货源,扩大交易量,二手车经纪公司得到车源消息后,应该迅速和车主取得联系,公司上门或是车主开车到公司进行收购交易,对二手车进行正常的检测和评估以后,公司给卖车方一个合理价位,收购的价格是二手车经纪公司的买入价。

为了能以较高价格卖出二手车,也为了保证二手车的安全使用,二手车经纪公司会对收购上来的车辆进行简单翻新和必要的维修。翻新时,首先彻底清洗整车,这种清洗包括对整车外部、发动机以及车内饰的清洗,特别是有些沟槽等隐蔽部位甚至要清洗干净,对严重划痕的部位还要补漆。此外,还要对整车进行简单的检测和维修,对于严重损坏或可能是今后使用隐患的零部件要进行更换,最常见的一般要更换磨损明显的轮胎、制动器摩擦片、脚垫等。

总之,应尽可能排除车辆原有的故障,该维护的部位要维护,该维修的部位要维修,提高旧车的价值,使将要售出的旧车不仅外观看上去亮丽如新,而且车的安全可靠性也得到提高。这些工作完成之后,卖出的价格要比收购价格高出许多,接着,就可以标价售车了。

通常,一辆车从收购到最终售出一般会在一两个星期之内完成,高档车如奔驰、宝马可能会超过一个多月。如果由于各种原因超过这个周期,专业经纪公司的利润会大打折扣,有些甚至要赔本。特别是在新车价格不稳定,新车价格不断下调的过程中,如果对市场把握不准,可能会对公司造成一定经济损失。

选购二手车的消费者购车时,在每辆车上都会看到一个标价,这是二手车经销商或经纪公司出让这款车的报出价格,但往往此标价都高于最终的交易价格。消费者在看完车以后,一般会根据自身的经验和市场行情讨价还价,最终达成共识,交费后开具过户发票,完成交易。

《二手车销售统一发票》由二手车交易市场、经销企业或拍卖企业开具。二手车经销企业销售、拍卖二手车时,应当按规定向买方开具《二手车销售统一发票》;进行二手车直接交易和通过二手车经纪机构进行二手车交易的,应当由二手车交易市场经营者按规定向买方开具《二手车销售统一发票》。该发票为一式五联计算机票。计算机票第一联为发票联,印色为棕色;第二联为转移登记联(公安车辆管理部门留存),印色为蓝色;第三联为出入库联,印色为紫色;第四联为记账联,印色为红色;第五联为存根联,印色为黑色。存根联、记账联、入库联由开票方留存;发票联、转移登记联由购车方记账和交公安交管部门办理过户手续。二手车交易完成后,现车辆所有人凭二手车发票,按法律、法规有关规定办理转移登记手续。

二手车交易市场或二手车拍卖公司在办理过户手续过程中需要收取二手车交易管理费,二手车鉴定评估机构收取评估费的,应另外由其开具地方税务局监制的服务业发票,《二手车销售统一发票》价款中不应包括交易管理费和评估费。

交易完成以后,一方面要注意原车主是否退保,根据保险相关条款的规定,在保险期限内保险车辆转卖、转让、赠予他人,被保险人应书面通知保险人办理批改手续,未办理批改手续,保险人不承担赔偿责任(见本书第 4 章)。所以,如果没有退保,一定要马上办理保险批改手续;另一方面一定要尽快办理过户手续。

10.4.4 二手车过户

二手车交易完成以后,注册登记的机动车所有权已经发生了变更,新的车辆所有人应当在机动车所有权变更之日起 30 天内,填写《机动车过户、转出、转入登记申请表》,向机动车管辖地车辆管理所或旧机动车交易市场申请过户登记,并交验车辆,最终改变《机动车行驶证》上登记的车主姓名和身份证号码等,这称为二手车过户。有时,车辆只是所有权在直系亲属之间的变更,不存在买卖关系,可以凭直系亲属的证明,不必缴纳过户费就可以直接办理过户手续。过户后不足半年不准再次过户。

二手车过户对于新老车主而言都非常必要。否则,如果汽车出现违章、肇事、需要保险理赔等都会遇到麻烦,也不便于每年的年检、缴纳各项税费等。

过户分为公对公、公对私、私对公和私对私几种方式,依据不同过户方式,需提供以下资料办理过户手续:

(1)卖方身份证原件和复印件。

(2)买方身份证原件和复印件。

(3)单位车辆卖或买,需提供年审有效期内的法人代码证书原件和复印件,单位公章。

(4)过户时如果卖方不能亲自到场,需由卖方填写《授权办理旧机动车交易、过户委托书》,并将上述相关证件交给代理人,代理人要携带本人身份证原件和复印件。

(5)《机动车登记证》原件及复印件。

(6)卖方车辆的原始购置发票或上次过户发票(可以是复印件)。

(7)《机动车行驶证》原件和复印件。

(8)解除海关监管的机动车,应当提交监管海关出具的《中华人民共和国海关监管车辆解除监管证明书》。

过户的基本步骤如表 10.2 所示。

表 10.2　二手车过户的基本步骤

第 1 步:由交易中心工作人员查看车况并填写验车单。
第 2 步:出示《机动车行驶证》,查违章,如有违章先交清罚款。
第 3 步:填写《过户表》和《旧机动车交易合同》。
第 4 步:将前面提到的所有需提供的资料以及验车单、《过户表》、《旧机动车交易合同》交工作人员查验,如果资料无误将接受过户受理,退还《机动车登记证》原件,并发卖方一个过户专用卡。
第 5 步:领取经工商验证后的原件资料。
第 6 步:凭过户专用卡、《机动车登记证》原件和过户发票交二手车交易管理费。
第 7 步:给机动车拍照。
第 8 步:提供过户发票、《机动车行驶证》原件和复印件、买卖双方身份证原件和复印件(或法人代码证书原件和复印件)、车辆照片等变更行驶证。在北京,如果是城八区内的过户,或郊区内的过户,过户后不需要更换车辆号牌的,可以在旧车市场办理手续;如果是市区与郊区之间的过户,或需要更换车辆号牌,到新车主所在地车管所分所办理。

上述过户步骤中提到缴纳的二手车交易管理费,是指二手车市场按定额收费的方法收取二手车交易中的管理费用。轿车按照不同的排量和已使用年限,货车按不同的载重量范围,采取不同的收费标准,并对每种车型有最高和最低限价。

二手车交易市场和二手车经纪公司还要建立交易过户档案,内容包括交易凭证、《二手车销售统一发票》的存根联、记账联、入库联、原始发票复印件、买卖双方身份证复印件(法人代码证书复印件)、如果汽车作过评估还要提交评估定价人的相关信息等。

10.4.5　二手车销售步骤

二手车销售过程和新车销售过程区别不大。但由于二手车的独特性以及二手车的展示方式,因此销售过程要做一些较小的调整。二手车销售的步骤如下:

第一步,招呼顾客:

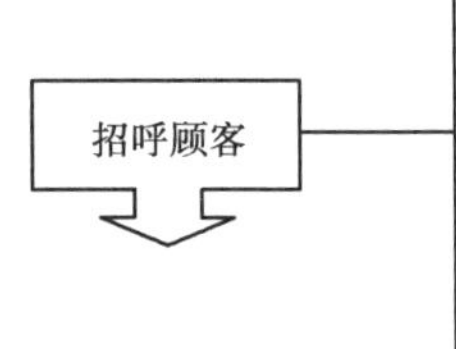

初步接触二手车的潜在顾客与接触新车顾客不同,和二手车顾客接触通常发生在当他或她观注展示中的某一辆二手车时。销售人员应等顾客已经看过了展示中的一些受其观注的二手车后再打招呼。招呼顾客过于匆忙只会让顾客感到烦躁。一旦招呼顾客,就应像招呼新朋友一样,欢迎、介绍以及出示自己的业务卡这些工作都必须和招呼新车顾客一样。

第二步,询问和面谈:

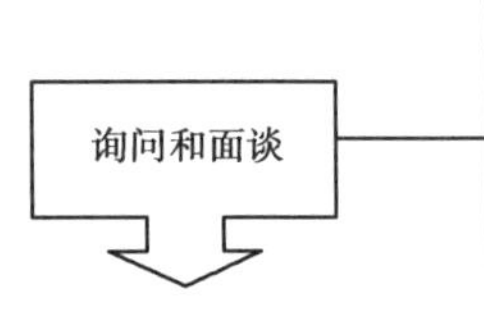

询问顾客对二手车的有关需要和期望是整个销售过程必不可少的一部分,但也不一定是整个销售过程所分出的完全独立的一部分。营销人员首先要知道:顾客是否想购买二手车及一些相关的内容,等等。

第三步，介绍自己、介绍企业、介绍产品：

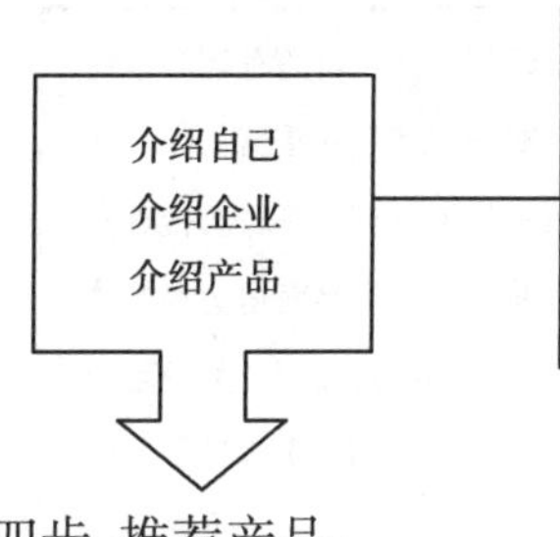

在销售过程中，营销人员还要积极提供顾客感兴趣的关于本公司、销售人员和产品的有关情况。这些情况应包括销售人员自己的经历（重点是营销二手车的阅历）。此外，销售人员还应谈到本公司以及营销服务宗旨，以确保顾客对营销人员的信任和经销商的信赖。

第四步，推荐产品：

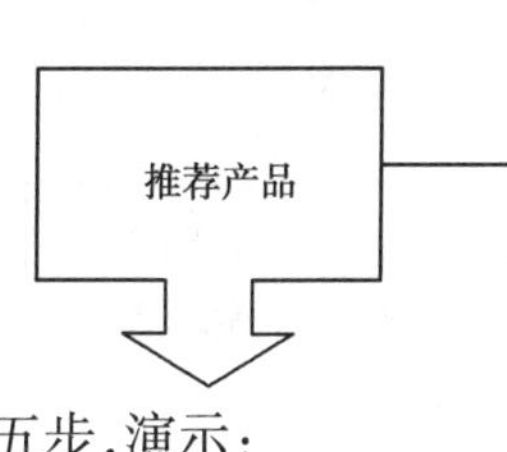

一旦顾客选定车辆，销售人员就应发动这辆车驶出展台停泊的位置，以便顾客和销售人员有足够的空间绕车走动，全面检查车辆。就像营销人员为新车作六点走动介绍一样，以同样的步骤为二手车作介绍。

第五步，演示：

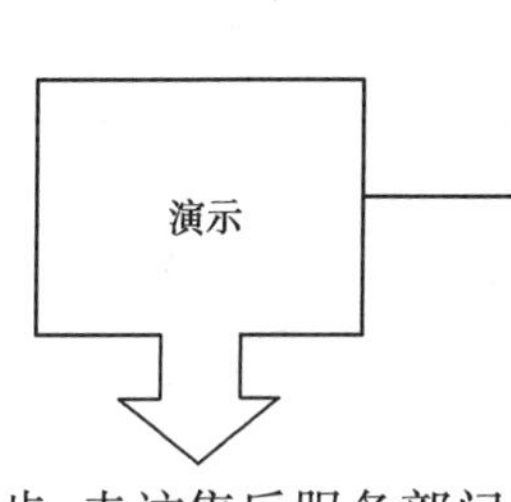

观察完后，下一步自然是邀请顾客坐进车子进行演示性驾驶（销售人员应确保顾客愿意驾车试试看）。当然，驾驶还得由销售人员先进行，并且在驾驶途中要不断变换使用车辆主要的功能、总成。事先应有设计好的演示路线，包含各种路况，但要确保安全。

第六步，走访售后服务部门：

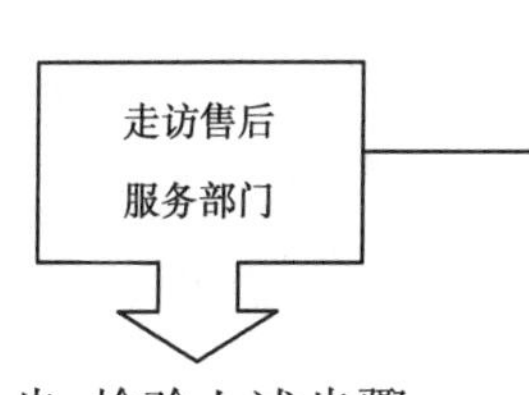

演示驾驶返回经销店后，应专门引导顾客去售发服务部门，也可以在演示驾驶返回途中将示范车停在服务部的附近。顾客走访非常重要，以便顾客相信经销商有能力、有规定提供售后服务。

第七步，检验上述步骤：

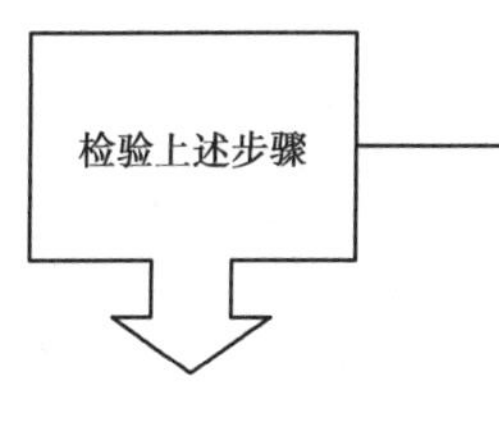

此时，销售人员需要安排顾客休息、饮茶，暂时中断一下销售过程，以便有时间让顾客和销售人员都能在回顾中做出决策。这个中断正是顾客做出决定所需要的。如果上述情况都正常，销售人员可以继续以下的步骤；如果情况出现变故，销售人员和经理就应该采取能够达成交易的措施。

第八步，签约：

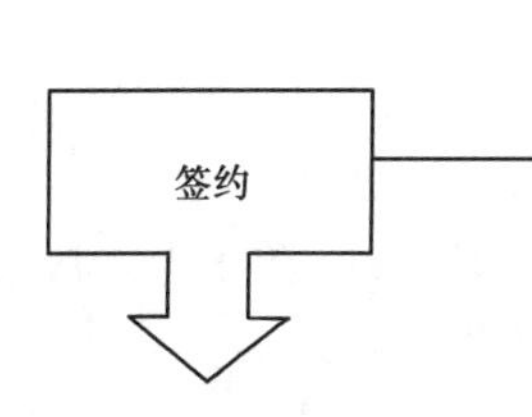

签约是销售过程自然的延续，它将关于车辆交易的所有的口头协议都变成书面的。这时候销售人员还要报价。很多情况下，资深销售人员和经验少的销售人员的区别主要就在于报价能力的高低。价格和付款方式写在文件上，通常都称之为“买方报价”。保质期以及顾客的其他权利和要求都将被讨论。

第九步，交货：

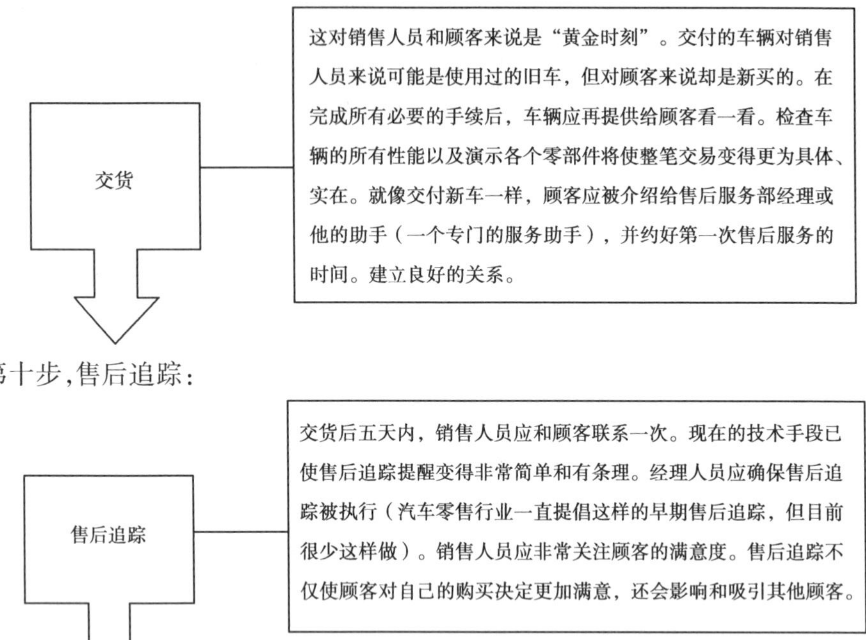

第十步，售后追踪：

售后追踪

交货后五天内，销售人员应和顾客联系一次。现在的技术手段已使售后追踪提醒变得非常简单和有条理。经理人员应确保售后追踪被执行（汽车零售行业一直提倡这样的早期售后追踪，但目前很少这样做）。销售人员应非常关注顾客的满意度。售后追踪不仅使顾客对自己的购买决定更加满意，还会影响和吸引其他顾客。

10.4.6　二手车置换

为了维护新车经销商的品牌、信誉，确保二手车的质量，以旧车换新车即置换需要做好以下几项工作。

1. 认证二手车

①确认车辆是否符合质量认证的资格。

②对该车进行检测和整修。

③对车辆进行认证。

④4S 店或旧车经纪公司对认证的二手车进行销售。

2. 旧车置换新车的流程

置换新车的流程主要包括以下四个环节：

①客户到汽车授权服务中心提出置换要求。

②服务中心对旧车进行检测，根据检测结果，参考市场等因素，确定成交价格；二手车成交价格可直接抵冲部分新车车价。

③客户认可成交价格后，由销售顾问陪同选购新车。

④客户缴纳新车价格减去旧车评估价格的价款即可。

3. 置换过程中的注意事项

①新车牌照

新车仍使用原旧车牌照，经销商代办退牌手续和新车上牌手续；新车上新牌照的，经销商亦可代办手续。

②贷款置换

如果旧车贷款尚未还清,可由经销商垫付还清贷款,款项计入新车需交货款。

③售后服务

经销商应尽可能提供可选择的替换车、求援、异地租车等多项个性化服务项目,方便客户,密切关系。

思考题

1. 请你说出汽车生产企业和汽车经销商整车销售步骤。
2. 汽车配件销售包括哪些环节?
3. 二手车价格评估有哪些方法?如何撰写二手车鉴定估价报告书?
4. 办理二手车过户手续需要哪些资料?

第11章　汽车营销模式

学习要点

1. 初步掌握系统了解现行的汽车市场营销模式。
2. 系统了解正在培育成长中的新型汽车市场营销模式。
3. 学会根据特定的市场环境和企业的自身条件、选择、组合、优化市场营销模式。

汽车市场营销模式对汽车企业开拓汽车市场、建立有效运营机制具有举足轻重的作用。随着汽车市场的不断发展,汽车市场营销模式发生了深刻变化,现行的营销模式受到了冲击,与国际接轨的现代营销模式被引入国内,进入市场并在培育发展中得到了创新,使我国汽车市场营销模式呈现出多元化特征。

汽车营销模式分为两类:一类是现行的汽车营销模式;一类是现代汽车营销模式。

11.1　我国现阶段实行的汽车市场营销模式

本节简要介绍当今比较通行的几种汽车市场营销模式,重点介绍特许经营的理念和规范标准。

11.1.1　代理制

代理制是营销领域中的虚拟经营模式,通过代理制借助中间商的分销系统来销售产品,这是一种已被证明且非常有效的分销网络模式。与汽车生产需要专业化分工协作一样,汽车的销售也要走专业化协作的道路。从对世界各大汽车公司销售渠道的分析中,可以看出代理商组成的销售网已成为各大汽车公司的重要销售渠道。

代理制的优点:

第一,可实现产销分工,调动生产厂家和销售代理商两方的积极性。产销分离,可以减轻企业的负担,降低企业的经营成本,分担企业的经营风险。

第二,销售专业化,有利于提高销售效率,符合市场经济体制的要求。

第三,销售专业化,可以使代理商集中精力做好销售工作,销售网点可以更多、更贴近用户,使销售活动更灵活主动,适应市场变化。

随着改革的深化,以及加入 WTO 后,国内外市场的接轨,代理制已经显示出它的专业化优势。一些有经营实力、有一定规模的销售网络主渠道为将来的批发代理奠定了基础。私有经销商的产生与发展,也将为零售代理创造条件。

我国汽车生产企业推行代理制可采用如下方式:一是产销双方协商签订特约经销性质的代理协议;二是由代理商全权代理一个地区的销售业务;三是把生产企业的部分经销站改造成代理商。

随着经销形势的不断发展,代理制的形式和内容将不断完善和丰富。

11.1.2 品牌专营

品牌汽车专营是指由汽车生产企业向经销商授权,只经营销售专一汽车品牌,向消费者提供全方位服务的汽车营销模式。

品牌专营模式是目前各大厂商发展的重点。这种专用模式适合于实力比较强的一些汽车生产厂家,他们生产的汽车产品系列全、款式多,可以在很大程度上满足不同消费者的需求,比如上海大众、广州本田、上海通用、一汽等国内厂家,目前已经开始构建自己的品牌营销模式。这些专卖店集整车销售、零配件供应、维修服务和信息反馈功能于一体,即"四位一体(4S)模式"。该模式从根本上体现了服务的专业化、方便化、优质化。

品牌专营模式有利于整顿混乱的营销局面,强化营销资质认定,规范了汽车交易行为。由于责任明确、产品售后服务更有保障,对于广大消费者来说利大于弊。这种销售队伍的优胜劣汰可以起到净化汽车流通市场的积极作用,有利于促进汽车工业的健康发展。

11.1.3 特许经营制

特许经营(Franchise)也称为经营模式特许(Business Format Franchise)或特许连锁(Franchise Chain)。特许经营是一种营销产品(服务、技术)的体系,是基于在法律和财务上分离和独立的当事人(特许人和受许人)之间紧密而持续的合作基础之上的营销产品(服务、技术)体系,依靠特许人授予单个受许人权利,并附以义务,以便其使用特许人的概念进行经营。此项权利经由直接或间接财务上的交流,许可受许人在双方签订的书面特许合同的框架之内,使用特许人的商号、商标或服务标记、经营诀窍、商业技术方法、持续体系及其他工业知识产权。

特许经营在本质上是一种连锁经营的市场销售分配方式,其基本特征如图 11.1 所示。

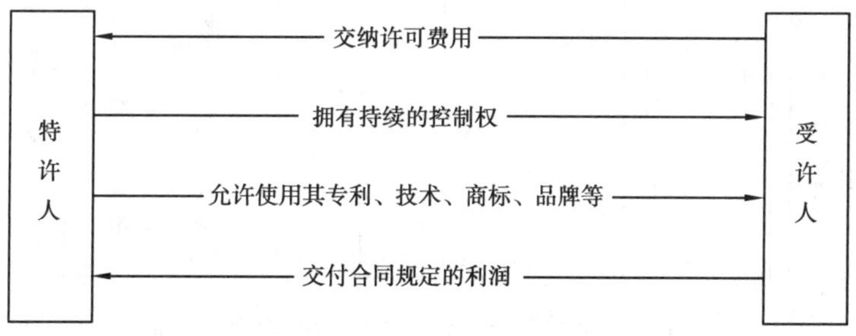

图 11.1 特许经营基本特征

目前国内汽车市场上,以“四位一体”为核心的特许经营模式以其自身的优势和与我国国情的良好匹配,赢得了国内汽车生产销售企业和用户的一致认可。图 11.2 的数据体现了其出众的认同度和强大的生命力。

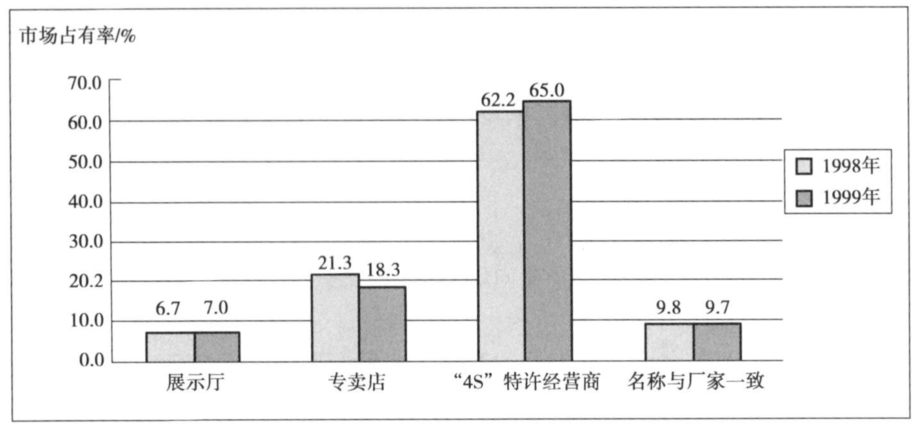

图 11.2　特许经营模式与其他经营模式的认同度比较

特许经营体系主要有四方面的标准要求:

1. 特许经销商的资质标准

(1)依法成立的民事主体,具备独立承担民事责任的能力,并且是具有汽车经营权的企业法人。

(2)具有相当的汽车经销经验,从事汽车交易达一定年限,并具有良好的经营业绩。

(3)总注册资金不得少于人民币 150 万元。

(4)申请者必须持开户银行 AA 级以上的信誉证明。

(5)必须具备以实物或货币形式为所经销的商品作担保或抵押的能力。

2. 4S 标准

特许经营四位一体(4S)经营模式的标准如图 11.3 所示。

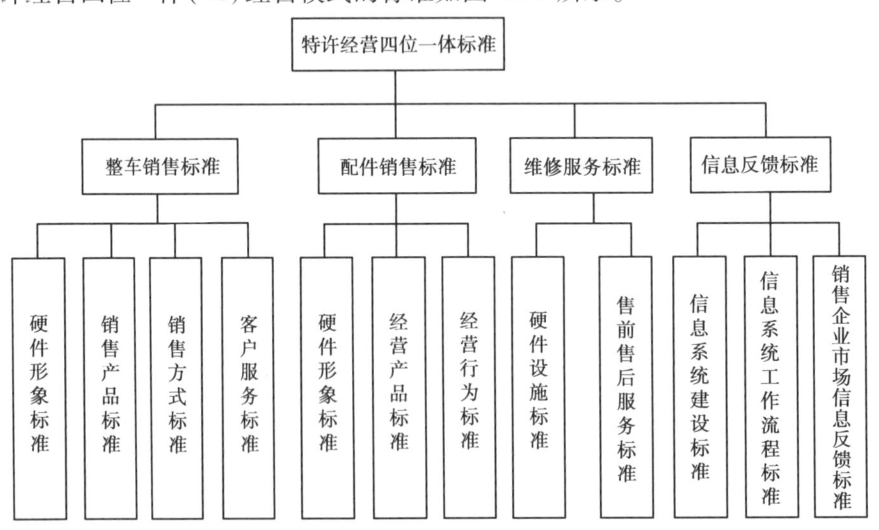

图 11.3　特许经营四位一体(4S)经营模式标准

3. **营销标准:“八大统一”**

(1)统一收购

大宗汽车货源,均须由汽车贸易公司及各地的分销中心的相关部门统一收购,零散货源可由各地网点自行收购,并报总部备档。

(2)统一检测

对汽车的检测均由各地网点(含特许经销商网络和集团公司自有网络)按公司制订的相关标准统一检测。

(3)统一评估

聘请专家进行鉴定指导,开发汽车交易鉴定估价系统,在对汽车进行评估时均以此系统为标准。对不同品牌、不同车型、不同地区、不同使用年限、不同破损程度的汽车制订出符合实际的国家指导价格。

(4)统一价格

统一各地的汽车交易税费,在统一估价的基础上,做到在任何市场,任何经办人员对同一辆车的报价相同。

(5)统一广告

全国范围内的广告活动,由该汽车贸易公司市场部统一规划布置各网点执行,局限于某一区域的广告活动则由当地网点视活动大小报当地分销中心和集团公司总部批准执行。

(6)统一配送

各地流动的汽车资源,由公司统一组织配送。

(7)统一运行

全国的特许经营网点和公司自有网络的运行、日常行为参照公司制订的相关标准,出现突发事件视严重程度和情况紧急程度报各地分销中心和集团总部批示。

(8)统一促销

统一执行促销行为的办法和标准同“统一广告”。

4. **资金结算与财务管理标准**

(1)资金结算标准

特许经销商在办理现款购车业务时,应以银行汇票或本票等形式将车款汇入汽车贸易公司或其地区分销中心指定的账号,关于各种车型的现金折扣和贴息罚息政策详见该汽车贸易公司财务部颁布的有关规定。

特许经销商在办理融资性销售业务时,包括买方信贷、分期付款和批量租赁业务,应按该汽车贸易公司所属的金融服务部的有关资金结算的规定执行。

(2)财务管理标准

①特许经销商企业内部应建立起规范的会计机构及良好的会计稽核制度。

②特许经销商应根据汽车贸易公司财务部提供的会计软件进行账务处理,按期提供汽车贸易公司需要的会计信息。

③特许商应定期编制各项财务报表,做好各项财务收支的计划、控制、分析和考核工作。

④特许经销商固定资产折旧使用快速折旧法,其折旧标准不受地方政府和母体公司

会计制度的限制。

⑤特许经销商应积极开拓融资渠道。

11.1.4 连锁经营

连锁经营是流通产业结构的调整由许多中小企业通过组织上和经营上的联合而形成的经营网络。连锁店的经营业务在不同程度上受总店的控制。其主要特点一是经营理念的统一;二是经营管理的统一;三是企业识别系统及经营商标的统一;四是商品和服务的统一。其管理制度相当标准化,规模适当、数量较多、分布面广,能获得规模经营的各种利益。如通过统一的连锁形象能提高和扩大商店规模经营的声誉,通过大量采购能降低进货成本,市场信息比较充分,有利于随时了解消费者的需求变化,做出相应的变动。

连锁经营的王国美国,由于流通系统比较简单,其连锁经营型的分类也比较简单明了。美国的分类一般分为两大类:一类是“商品商标型连锁经营”,简称 P&T 型连锁;我国的所谓“供应连锁”即属于此种类型;另一类是“经营模式型连锁经营”,简称 BF 连锁。占到全部连锁经营店的四分之三以上。

日本由于有它独特的流通体系,且比较复杂,因此,也有一套它自己的分类方式,一种叫正规连锁 RC/直营连锁;另一种叫自愿连锁 VC/自愿加盟;第三种叫特需连锁 FC/特需加盟。

在我国汽车市场与国际接轨,美日等发达国家的连锁模式已被引进结合中国的国情有所取舍,有所发展,主要有三种类型,即正规连锁、自由连锁和特许连锁。

正规连锁是指在由总部出资同一资本控制下的众多分散经营的店铺组合。其特点是所有的店铺都由其总部直接控制,实行统一采购、统一定价、统一核算、统一配送、统一外观形象,各门店实际上只具有销售的功能。自由连锁是指由许多独立经营的加盟店出资,外观形象基本一样的小店铺自愿联合、统购分销、相互协作、约束力松散的连锁组织形式,加盟店有较大自主权。特需连锁是以总部为主加盟店为辅,由加盟店出资,但合同约束力强,加盟时间多为一年以上,外观形象完全一样。

11.1.5 汽车城

汽车城即汽车交易市场,集纳众多的汽车经销商和汽车品牌于同一场地,形成集中的多样化交易场所。它不仅便于消费者购车时比较选择,而且具有服务快捷、管理规范的优点,是集咨询、选车、贷款、保险、上牌、售后服务于一体的汽车营销新模式。此外,汽车城内热烈的交易气氛和规模经营所营造的良好购车氛围,以及由此产生的示范效应,再加上与之毗邻的相关汽车服务市场的繁荣,都是汽车城有别于其他汽车营销模式的独特优势。

比如国内的亚运村汽车交易市场、上海国际汽车城等。国际著名的汽车城,如美国的底特律、日本的丰田市、德国的沃尔夫斯堡等,它们大多依托当地发达的汽车制造业,把汽车贸易、物流、服务多功能集于一体,并发挥起文化交流和产业集聚的效应,进行功能外延,成为集汽车贸易中心、博览中心、物流中心、研发中心、信息中心、服务中心和文化交流中心为一体的综合性汽车服务场所。

11.1.6 二手车市场

二手车泛指已在公安局车管部门上完牌照的机动车。二手车是汽车商品一个重要的组成部分，是汽车流通中的一个重要环节，二手车市场能够满足买卖双方的需要，方便交易并且为新车增加市场容量提供了支持条件，二手车市场的培育和发展影响着整个汽车行业的发展。因此，二手车市场有着广阔的发展潜力和前景。

二手车交易主要涉及车辆技术鉴定和整修、价值评估、交易服务三个环节。

11.1.7 汽车超市

它与专卖店最大的不同之处在于：汽车超市可以代理多家汽车品牌，可以提供多种品牌的选择和服务。

11.1.8 租赁业务

开展汽车租赁业务，对用户而言，可使用户在资金短缺的情况下，用少部分现钱而获得汽车的使用权。汽车投入使用后，用户用其营利所得和其他收入在几年内分期偿付租金，最终还可以少量投资得到汽车的产权，可以使用户避免货币贬值的风险；对运输经营者而言，租赁业务可使用户享受加速折旧、税前还贷、租金计入成本、绕过购车手续等优惠；对汽车生产厂家来说，可以拓宽销售渠道，增加汽车的生产。

11.2 整合营销

11.2.1 整合市场营销的定义

整合营销一词的英文缩写为 IMC，目前它的中文表达不完全一致，如混合营销沟通、整合营销传播、整合营销沟通等，比较起来，采用“整合营销传播”这一术语似乎更好。在论述 IMC 定义时，广告主、广告公司、媒体机关、学术研究者等的观点及定义都不同，表 11.1 表示了从不同角度出发的 IMC 理论研究。

表 11.1 IMC 的各种观点列表

从广告主的角度看 IMC	以广告、推销、公共关系等多种手段传播一贯的信息，整合传播战略，以便提高品牌和产品形象
从媒体机构的角度看 IMC	大型的媒体公司在 20 世纪 80 年代吞并了别的媒体机构成为庞大的多媒体机构。所以不是个别的媒体实施运动，而是以多种媒体组成一个系统，给广告主提供更好的服务

续表

从广告公司的角度看 IMC	不仅是广告,而且灵活运用必要的推销、公共关系、包装等诸多传播方法,把它们整合起来,给广告主提供服务
从企业研究者或经营战略研究者的角度看 IMC	使用资料库,以争取更多的消费者。从消费者立场出发进行企业活动,并构筑传播方式,以容易接受的方法提供消费者必要的信息。关注消费者的购买行为,实施能够促进与顾客良好关系的传播活动

11.2.2 整合营销是在整合营销传播的基础上提出来的

1. 整合营销传播

美国广告协会和美国西北大学整合营销传播教授舒尔茨对整合营销传播的定义为:"这是一个营销传播计划概念,要求充分认识用来制订综合计划时所使用的各种附加价值的传播手段——如普通广告、直接反应广告、销售促进和公共关系,并将之结合,提供具有良好清晰度、连贯性的信息,使传播影响力最大化。"这一定义的关键在于使用各种促销形式使传播的影响力最大化。也有专家认为,整合营销传播需要有"大构想"去制订营销促销计划,协调各种传播机构,要求企业在了解包括促销的所有营销活动及如何与顾客沟通的基础上,制订整合营销传播策略。

2. 整合营销

在早期对整合营销传播界定的基础上,近年来舒尔茨又对整合营销的含义做了进一步的完善和发展,提出"整合营销就是一种适合于所有企业中信息传播及内部沟通的管理体制,而这种传播与沟通就是尽可能与其潜在的客户和其他一些公共群体(如雇员、立法者、媒体和金融团体)保持一种良好的、积极的关系"。整合营销既是一种营销手段、理念和营销模式,更是一种沟通手段和管理体制,对外具有有效管理的作用。因此,在整合营销被广泛应用于企业营销的基础上,舒尔茨又重点强调企业内部管理信息的整合和对外传播信息及渠道的整合,并认为这才是整合营销战略的发展趋势和基本的发展方向。

3. 整合营销战略

可以发现,整合营销战略应该是以由外而内的战略为基础,以整合企业内外部所有资源为手段,以消费者为核心而重组企业的管理行为和市场行为。这不仅要求企业要变单一分散传播手段为多种综合式的传播手段;坚持"一个观点,一种声音"的原则,要求与消费者及客户建立持久良好的关系,尤其是建立顾客品牌关系;同时要求企业每一位员工都参与到营销传播中来,并致力于价值链的建设,要求提高传播的效率,必须将传播信息转化为具体概念、影响和声音。只有以整合营销为基础重整企业的营销和整体管理战略,才能使企业各部门的每个职员和各职能部门都负起沟通的责任,使企业发出的所有信息都起到加强企业形象的作用,并最终实现塑造独特的企业形象,创造最大的品牌价值这一整合营销的终极目标。

整合营销传播理论一经产生就得到了广泛的应用。整合营销理论是在1997年前后开始传入我国的，并在中国一些大型企业得到实际的应用，对中国企业经营界、企业咨询界、广告界影响都极为深刻。整合营销传播战略的目的就是使企业所有的营销活动在市场上针对不同的消费者，进行“一对一”的传播，形成一个总体的、综合印象和情感认同。这种消费者细分是建立相对稳定、统一印象的过程，就是塑造品牌，即建立品牌影响力和提高品牌忠诚度的过程。整合营销战略抓住了这种“定制化营销”的趋势。

11.2.3 整合营销战略的应用

整合营销含义的演变过程表明，其创始者已经赋予了整合营销以新的内涵，结合整合营销理论的最新进展，可以将整合营销在企业中的实施与应用分为以下几个层面。

首先，整合营销既是一种新的营销思想和理念，更是一种管理思想和管理理念，是企业发展战略和经营战略的重要部分。

其次，整合营销又是一种管理体制和管理手段。作为一种管理体制，就是将整合从市场营销部门的行为提高到整个公司的行为，使其成为企业经营战略的基础。

最后，整合营销还是一种新的营销理念和营销模式，是在产品同质化和市场营销手段相互模仿、市场趋于饱和、消费者难以分辨优劣的背景下，企业实现差异化和赢得更多顾客的营销理念和营销模式。

在全员营销时代，整合营销战略既是企业开展市场营销活动的利器，也是企业管理中整合各种有效资源，实现企业发展的有效手段。通过长期研究和实践证明，整合营销不仅对于大企业，特别是对于那些资源有限、竞争力弱，而又处于完全竞争市场中的中小企业，也具有十分重要的应用价值。整合营销理论在这类企业中既可作为一种营销理念和营销手段，更可以用作一种管理理念、管理体制和管理手段，从而使发展了的整合营销可以得到更充分的实施。

11.2.4 我国企业实施整合营销的必要性

1. 市场的需要

我国的汽车生产企业面对的是世界级的对手——实力庞大的跨国公司。其优势在于营销管理规范，运作系统完善，市场控制能力一流，市场策划手法稳健。它们曾以传统的营销方式打入中国市场，获益良多。现在又实施客户关系管理，整合营销传播，顾客忠诚战略，更是如虎添翼。如果我们不做好准备，不强化自我营销能力，一旦大量跨国公司涌入，我国企业很可能将被挤到同质化的低利润市场，甚至有可能失去市场。

2. 吸引消费者的需要

当今信息时代，媒体众多，信息庞杂，消费者无所适从。其中企业和市场规模不断扩大，存在着产品、技术、营销手段同质化的问题，而且比西方国家有过之而无不及。在同一卖场，同类的产品摆上货架，售前、售中、售后服务大都如出一辙，消费者难分优劣。在这样的情况下，企业需要调整传播手段，强调差异化的传播，并对各种传播手段加以整合，使企业向消费者传递的信息和谐一致。创造营销和传播的差异化，可以赢得更多的消费者。

3. 培育品牌忠诚度的需要

全球经济趋向一体化,市场主动权向顾客转移,品牌和品牌营销重要性不断突出,使企业对市场营销传播的整合已不再是可选择性的,而是一条强制性的必走之路。今天这样一个注意力经济时代,被称为眼球经济的时代,忽视传播是难以建立品牌形象和企业形象的,更别说消费者对企业品牌的忠诚度。而中国目前企业品牌的感召力是有限的。

对于我国企业来说,整合营销传播有较强的适用性。中国企业目前要么是没有现成的成熟营销模式,要么属于改变现有营销模式所需付出的代价较低,这两种情况都适合推行整合营销传播。而且,中国文化的整体观较强,在整合方面更为自然,更为适合。

11.2.5 我国企业实施整合营销的途径

1. 树立整合营销观念

整合营销是一种新的营销方式,但它是整合基础上的营销。因此,企业应首先树立系统化、一体化的管理思想。站在消费者的角度,对企业内部的管理流程和外部的相关利益群体进行整合。

2. 构建立体传播体系

整合营销强调与顾客进行全面沟通,而不是单纯以促销手段吸引消费者的关注。它通过综合协调地使用各种传播方式,与消费者进行双向沟通,建立"一对一"的营销关系。

3. 人力资源的开发

整合营销传播把责任加到每一个人的肩上。它需要具有团队精神的人员,需要他们具有整体责任感,并善于承担新的责任。

11.2.6 整合营销下不同层次战略的联结

整合营销的目的在于创造顾客和企业的双赢模式。企业从4Cs出发,在顾客需求驱动下,按照消费者需求,开发和生产提供给消费者合适的产品,并以顾客愿意付出的成本控制产品成本和确定合适的价格,以满足顾客购物的便利性为先决条件进行产品的分销,并通过持续一致地与顾客保持双向沟通来发现顾客需求和实现顾客需求。

如何使顾客得到满足的同时,又使企业目标得到实现呢?这要求通过整合营销把企业战略、企业营销战略和营销沟通战略联结和协调起来,通过整合营销把顾客利益,顾客需求纳入到企业管理体系之中,把顾客需求和顾客利益转化为企业利益和企业目标。

1. 企业各层次战略必须协调一致

根据企业经营活动所涉及的范围及各种业务流程,可把企业分为三个层次:企业、营销和营销沟通,这三个层次之间是相互联系的。

企业战略是最高决策行为,但企业战略决策不可能在真空中进行,必须以战略业务单位为基础。

成长战略的目标是最大限度地扩大销售和提高市场份额,比较重要的战略组合要素是营销、研发和工程。维持战略的目标是尽量减少、避免销售额减少和市场份额下降,相应的战略组合要素是营销、工程和人事。收获战略的目标是利润最大化、相应战略组合要素是制造、人事和会计。创新战略的目标是市场领先,相应的战略组合要素是营销和研发。放弃战略的目标是现金流量最大化,相应战略要素是财务。

营销作为企业战略要素之一,必须与企业战略很好地联结起来。营销战略受企业战略目标的控制。营销是企业战略组合要素,同时营销也有自己的战略,营销战略可分为成本领先,标新立异和目标集中三种战略,它们可以单独使用,也可以结合起来使用。

2. 企业各层次战略必须与消费者需求、欲望和认知相一致

营销战略就是要考虑如何比竞争对手更好地满足顾客需要。企业把顾客的需要转化为企业生产的产品,产品只是满足顾客欲望和需求的载体。需要和欲望的满足是通过合适的产品利益来实现的。顾客需要衣服,就想购买皮尔·卡丹上装;需要食品,想得到一个汉堡包;需要通过买豪车来被人尊重,就购买一辆梅赛德斯轿车。因此,营销战略是通过向顾客提供产品,以特定产品利益来满足其特定需要而实现的。品牌与消费者关注的利益的有机结合是营销战略的核心问题。

沟通战略则是解决如何根据消费者认知状态和购买行为,把有关品牌和相关利益"塞进"消费者心里,形成品牌偏好。因此,沟通方式和沟通信息必须与消费者购买行为和消费者原有的知识和经验一致。

11.2.7 整合营销条件下的营销创新

1. 消费观念创新,确立感性营销观念

消费者感性要求的提出是市场发展的必然结果。这种趋向表现在商品上,要求借助于商品实现情感寄托、个性展示、感情交流的需要,它显示出市场的发展已进入一个新的阶段。面对感性消费时代的来临,企业必须更新营销观念,把重点从量的生产到质的生产最终转变到感性商品上来,使商品能够满足消费者的某种感情消费。感性营销是一种以市场需求为导向研究消费者心理活动及变化,从而进行抉择的市场营销观念。它是将传统的经营倒转过来,首先了解消费者的市场需求,然后确定满足需求的具体商品形式,最后生产产品并将其推向市场。

2. 产品价值创新,改变商品价值构成

价值创新的目的在于重新改变商品的价值构成,使其在较低成本的基础上满足消费者对于价值的期望,因此,价值创新既包括成本控制又包括创造产品之外的价值。在传统的营销过程中企业往往把商品生产的成本作为最主要的定价基础,消费者也把获得具体的商品作为度量价值的依据。在感性消费的条件下,通过整合营销传播,在企业与消费者沟通的基础上建立的商品的价值结构已发生了明显的变化,除了产品价值之外,商品的价值更多地表现在服务价值、人员价值、品牌价值上。

要实现价值创新,企业必须进行经营观念的调整,建立以客户为中心的经营策略,从而降低成本,使企业运行更符合市场法则,实现市场份额的扩大、利润的增长。

3. 配套服务创新,开创知识型服务

随着市场的发展,当今社会已经从工业经济时代进入服务经济时代,服务不仅是消费过程中不可缺少的内容,而且也将主导消费与市场营销的方向。目前对于售后维修服务业一般都比较重视。许多企业将其列为服务承诺制的主要内容,采取切实措施,取得很大成效,受到广大消费者的普遍欢迎。然而随着高科技进入千家万户,那种类似上门安装、送货到户、负责保修等服务形式已不能满足更多消费者的需要。广大消费者迫切需要厂家提供知识服务,尤其希望有专门的机构和人员开展便捷的技术指导。

4. 沟通方式创新,改善企业与消费者关系

在未来的营销背景条件下,企业与消费者之间的关系将决定营销的成败。当企业与消费者处于一对一的状况下,传播将会是建立及维持关系不可缺少的要素。营销即是基于传播建立企业与消费者之间进行沟通的途径。如果企业与顾客没有达成双向的沟通,双方关系破裂,消费者就有可能拂袖而去;而一旦进行有效的沟通,使消费者对企业的品牌形成一定的品牌忠诚度,企业的产品就能顺畅而持续地销售出去,从而实现企业的营销目标。

5. 经营战略创新,全方位实现顾客满意

随着全球市场信息化和一体化趋势的日益强劲,消费者需求、市场竞争、品质观念等发生着根本性的变化,由此一种全新的经营战略——顾客满意战略日益受到全球企业界和理论界的关注。在美国,从汽车业到银行、旅游等服务性行业等,现都开始发布顾客满意度排行榜。顾客满意营销战略的核心是提高顾客对本企业产品服务及形象的满意程度。这一经营观念有别于过去的顾客至上、顾客是上帝的观念。顾客满意战略中的顾客是一种广义的概念,其不仅包括终端消费者而且包括与企业合作的经销商乃至社会大众。因为任何消费者都是社会中的消费,社会群体中的任何一方的不满都可能对营销造成损害。

11.2.8 网络整合营销理论

在当前的后工业化社会中,第三产业中服务业的发展是经济主要的增长点,传统的以制造为主的正向服务型发展,后工业社会要求企业的发展必须以服务为主,必须以顾客为中心,为顾客提供适时、适地、适情的服务,最大程度上满足顾客需求。互联网络作为跨时空传输的"超导体"媒体,可以为顾客提供及时的服务,同时互联网络的交互性可以了解顾客需求并提供针对性的响应,因此可以说互联网络是消费者时代中最具魅力的营销工具。

互联网络对市场营销的作用,可以通过对4Ps(产品/服务、价格、分销、促销)结合发挥重要作用。利用互联网络,传统的4Ps营销组合可以更好地与以顾客为中心的4Cs(顾客、成本、方便、沟通)相结合。

1. 产品和服务以顾客为中心

由于互联网络具有很好的互动性和引导性,用户通过互联网络在企业的引导下对产品或服务进行选择或提出具体要求,企业可以根据顾客的选择和要求及时进行生产并提供及时服务,使得顾客跨时空得到满足所要求的产品和服务;另一方面,企业还可以及时了解顾客需求,并根据顾客要求组织及时生产和销售,提高企业的生产效益和营销效率。

2. 以顾客能接受的成本定价

传统的以生产成本为基准的定价在以市场为导向的营销中是必须摒弃的。新型的价格应是以顾客能接受的成本来定价,并依据该成本来组织生产和销售。企业以顾客为中

心定价,必须测定市场中顾客的需求以及对价格认同的标准,否则以顾客接受成本来定价是空中楼阁。企业在互联网络上则可以很容易实现,顾客可以通过互联网络提出接受的成本,企业根据顾客的成本提供柔性的产品设计和生产方案供用户选择,直到顾客认同确认后再组织生产和销售,所有这一切都是顾客在公司的服务器程序的导引下完成的,并不需要专门的服务人员,因此成本也极其低廉。

3. 产品的分销以方便顾客为主

网络营销是一对一的分销渠道,是跨时空进行销售的,顾客可以随时随地利用互联网络订货和购买产品。

4. 压迫式促销转向加强与顾客沟通和联系

互联网络上的营销是一对一和交互式的,顾客可以参与到公司的营销活动中来,因此互联网络更能加强与顾客的沟通和联系,更能了解顾客的需求,更易获得顾客的认同。

11.3 关系营销——企业与微观市场环境要素的互动

关系营销(Relationship Marketing),由美国市场营销学家杰克逊在20世纪80年代中期提出,是把营销活动看作一个企业与消费者、供应商、分销商、竞争者、政府机构及其他公众发生互动作用的过程,其核心是建立和发展与这些公众的良好关系。企业与顾客之间的长期关系是关系营销的核心,是保持和发展这种关系营销的重要内容。

11.3.1 关系营销的概念和特征

1. 概念

所谓营销,是把营销活动看作一个企业与消费者、供应商、分销商、竞争者、政府机构及其他公众发生互动作用的过程,其核心是建立和发展与这些公众的良好关系。

2. 本质特征

(1)双向沟通

在关系营销中,沟通应该是双向而非单向的。只有广泛的信息交流和信息共享,才可能使企业赢得各个利益相关者的支持与合作。

(2)合作

一般而言,关系有对立与合作两种基本状态。只有对立和合作才能实现协同,因此合作是"双赢"的基础。

(3)双赢

关系营销旨在通过合作增加关系各方的利益,而不是通过损害其中一方或多方的利益来增加其他各方的利益。

(4)亲密

关系能否得到稳定和发展,情感因素起着重要作用。因此关系营销不仅要实现物质利益的互惠,还必须让参与各方能从关系中获得情感的需求满足。

(5)控制

关系营销要求建立专门的部门,用以跟踪顾客、分销商、供应商及营销系统中其他参与者的态度,由此了解关系的动态变化,及时采取措施消除关系中的不稳定因素和不利于关系各方利益共同增长因素。此外,通过有效的信息反馈,也有利于企业及时改进产品和服务,更好地满足市场的需求。

11.3.2 关系营销的实施

1.顾客关系营销的实施

这里的顾客泛指购买与使用本企业产品和服务的个人、机构,具体包括使用本企业产品和接受本企业服务的消费者、分销商、政府、社会团体等。

(1)设立顾客关系管理机构

建立专门从事顾客关系管理机构,选派业务能力强的人担任该部门总经理,下设若干客户经理。客户经理的职责是制订长期和年度的客户关系营销计划,制订沟通策略,定期提交报告,落实公司向客户提供的各项利益,处理可能发生的问题,维持同客户的良好业务关系。

(2)个人联系

个人联系即通过营销人员与顾客的密切交流,增进友情、强化关系。比如,有的市场营销经理经常邀请客户的主管经理参加各种娱乐活动,双方关系逐步密切。

(3)频繁营销

频繁营销规划也称为老主顾营销规划,指设计规划向经常购买或大量购买的顾客提供奖励。奖励的形式有折扣、赠送商品、奖品等。通过长期的、相互影响的、增加价值的关系,确定、保持和增加来自最佳顾客的产出。

(4)俱乐部营销规划

俱乐部营销规划指建立顾客俱乐部,吸收购买一定数量产品或支付会费的顾客成为会员。

(5)顾客化营销

顾客化营销也称为定制营销,是根据每个顾客的不同需求制造产品并开展相应的营销活动。其优越性是通过提供特色产品、优异质量和超值服务满足顾客需求,提高顾客忠诚度。

(6)数据库营销

顾客数据库指与顾客有关的各种数据资料。数据库营销指建立、维持和使用顾客数据库以进行交流和交易的过程。数据库营销是一种借助先进技术实现的"一对一"营销,可看作顾客化营销的特殊形式。数据库中的数据包括现实顾客和潜在顾客的一般信息、交易信息、促销信息、产品信息等。数据库维护是数据库营销的关键要素,企业必须经常检查数据的有效性并及时更新。

(7)退出管理

"退出"指顾客不再购买企业的产品或服务,终止与企业的业务关系。退出管理指分析顾客退出的原因,相应改进产品和服务以减少顾客退出。退出管理可按照以下步骤进行：

第一步，测定顾客流失率。

第二步，找出顾客流失的原因。按照退出的原因可将退出者分为：价格退出者、产品退出者、服务退出者、市场退出者、技术退出者、政治退出者。企业可绘制顾客流失率分布图，显示不同原因的退出比例。

第三步，测算流失顾客造成的公司利润损失。流失单个顾客造成的公司利润损失等于该顾客的终身价值，即终身持续购买为公司带来的利润。流失一群顾客造成的公司利润损失更应仔细计算。

第四步，确定降低流失率所需的费用。如果这笔费用低于所损失的利润，就值得支出。

第五步，制订留住顾客的措施。由于公司或竞争者的原因而造成的顾客退出，则应引起警惕，采取相应的措施扭转局面。

2. 内部关系营销的实施

企业的内部关系是指企业组织机构内部各组成元素之间的相互关系。内部市场营销是关系营销的重要组成部分，也是传统营销所忽视的部分。

(1)重视员工的关系

人乃企业之本，企业应切实关心员工的利益，培养员工的自豪感，增强企业的向心力和凝聚力。同时，员工是贯彻营销策略的最直接的一个环节。员工对公司、对营销策略的态度如何，直接关系到营销的成败。

(2)重视员工的利益

一方面，必须关心员工的物质利益；另一方面，精神激励也是一个重要的内容，也就是说应关心、引导并充分满足员工的精神需求。

(3)重视员工的培育

企业应该在招聘时让员工清楚地知道自己在企业中的定位，同时也明白进入企业后的发展方向。具体的做法是可以设立事业发展辅导服务中心，专为员工提供各种有关事业发展的讲座、录像带和书籍及符合员工个人程度的软件。

(4)重视沟通

企业应通过各种方式，及时让员工了解企业的经营状况，并且把员工的意见与建议迅速地反馈给相应的部门，以作为决策的依据。为了培养忠诚的员工，企业要通过对员工实行教育，使他们了解企业的使命、价值观、经营管理思想与优良传统，认识企业的文化，从而增强员工的凝聚力与向心力。企业在制订政策、制度和管理措施时，应多方面采纳意见；实施时，企业应通过收集员工委员会或员工个人的反馈意见、与辞职员工的谈话来评估这些措施。

(5)让员工参与管理

参与管理指从企业计划的制订到方案的拟订执行，由员工与管理层共同参与。一方面，为员工提供自我表现的机会，极大激发他们的创造力；另一方面，可以及早发现企业经营管理的意见分歧与执行障碍，从而提高企业的运作效率。

(6)重视部门间关系

一个部门和其他部门共同进行的活动很可能会影响企业的成本行为和经营差别化，

从而带来竞争优势。这是因为，部门的整合可以节约成本；相互联系可以使相关部门的信息得以共享，从而提高活动的效率。

3. 竞争者关系营销的实施

在现代市场条件下，企业与竞争者对手之间的关系不是一方吃掉另一方，而是寻求共同利益，形成相互适应、相互协调、共同发展的和谐关系。关系营销理论注重于同竞争对手建立良好关系，谋求共同发展。

(1)竞争者的关系协调

企业必须正确认识到与竞争者之间发生冲突和对抗情绪是不可避免的，搞自我封闭是行不通的，企业要想得到长足的发展，必须要加强与竞争者之间的沟通。

①公平竞争

公平竞争不仅是一个行业繁荣发展的基础，也是协调竞争者之间关系的基本规范。作为不同的利益主体，为了避免被行业淘汰，企业与竞争者之间极有可能发生激烈的冲突和严重的对抗情绪等，但这种矛盾只能通过增强自身实力来解决，通过正当的、合法的、道德的手段去参与竞争，赶超竞争对手，只有这样，自身才会获得长远的发展。

②互相学习

互通有无、互相支持、互相学习能提高自己的竞争实力。管理经验、营销方法、财务流程等都是学习的内容。学习竞争者的经验一般是有偿的，可以把自己的顾客介绍给对方，支持或援助竞争对手的某一事业或活动等。需要注意的是，在学习的同时，应该合理控制信息流动，保护自身的竞争优势，防止对方得到我方应予以保护的关键信息。

③相互沟通

现代企业之间要求得长足的发展，搞自我封闭是不行的，必须要加强与竞争者之间的沟通。这种沟通可以是正式的，也可以是非正式的。

(2)竞争中的合作关系

企业必须具有强烈的竞争意识，认清其所面临的竞争对手及竞争威胁，但同时也必须要认识到合作的必要性和合作的价值，研究不同的竞争者与本企业之间的各种关系，并努力创造条件，发展并建立与他们的各种合作关系，在竞争过程中合作。

①确立合作伙伴

合作的首要条件是真诚，双方要诚心相待，否则不但达不到合作的良好效果，反而削减双方的实力。其次应明确合作的原因与目的，这样在合作的过程中就能“采其长，补己短”最终实现企业的战略目标。除此之外，在合作时对对方要有尽可能详细的了解，如对方合作的目的、对方的资金状况、对方的信用记录等。

②合作的类型

按照合作的主体划分，有行业竞争性合作、地缘性合作和规模经济性合作。

行业竞争性合作指一个或两个以上同行业企业共同组建一个作业中心，担负某一功能环节，各企业共同负担成本和风险，共同分享利益。

这里的地缘性主要指“商业中心”。对处于商业中心内的商业企业而言，应该采取正确的地缘性竞争战略。首先，企业要充分认识商业区域竞争的客观性和意义；其次，处于同一个商业区域内的企业，应尽量采取错位竞争的策略；再次，同一中心内的企业要共同认识本区域所处的地理位置，分析商圈的大小，认清本区域的竞争优势和特点，协调行动，通过联合行动、互补经营等形式，形成区域的特色，扩大区域的功能和营销能力；最后，树立整个区域的整体形象。

规模经济是一个重要的经济概念，对商业企业同样具有重要意义。一个商业企业是否具备必要的经济规模，往往在很大的程度上影响其竞争力。为了形成必要的经济规模，求得规模效益，企业可以通过自我扩张的方式，也可以通过企业并购的资产重组方式。合作竞争还可以有其他的战略，比如规避风险性联合战略、互补性联合战略等。

③建立恰当的关系

由于联盟伙伴之间往往存在着既合作又竞争的双重关系，双方应对联合与合作的具体过程和结果进行谨慎细心的谈判，摒弃偏见，求大同，存小异，增强信任。

(3)合作中的竞争关系

合作关系是竞争者关系的重要组成部分，可以充分利用对方的优势弥补自己的短处，推动竞争双方的发展。但企业在合作过程中应意识到，合作并非是全部，合作中仍要加强自身的竞争实力。

在合作过程中，企业要清醒地认识所面临的竞争环境，认清所面对的各种不同的竞争力量及自身的竞争实力，合作中不失自主性。

在合作过程中，一方面对于协议所要求的内容要诚心地合作；另一方面企业要合理控制信息流动，保护自身的竞争优势，防止对方得到我方应予以保护的关键信息，做出有损我方的行为。

多数的联盟协议规定，参与联盟的企业不得与联盟涉及的领域发生直接的竞争，因此在签署这个协议时务必谨慎从事，因为双方企业的战略地位在将来可能会发生巨大变化，与联盟发生冲突是双方所不愿看见的。联盟双方所拥有的技术应当进行适当保护。

(4)供应商关系营销的实施

供应商是指那些向企业提供各类产品以供企业进行生产或者销售活动的各经济单位。供应商关系营销就是要在精心挑选供应商的基础上与供应商建立长期紧密合作和互惠互利的关系，在产品开发、产品质量、制造、后勤、营销等方面进行全面的沟通与合作。

①建立供应商关系

重点是如何物色供应商，企业可重点考察供应商的技术实力、生产规模、管理水平、人才优势、商业信誉、质量保证、价格让渡及企业文化，同时还要分析供应商在其所在的行业中的竞争地位、市场占有、发展战略等，并根据自己对原料或配件需求的特点来选择优秀的供应商。对同一类产品的供应商选择在数量上要合适。

②维持供应商关系

企业应有计划、有组织地制订和推行供应商关系政策，并详细确立与政策一致的供应商关系目标和计划方案，从内部开始做出改善供应商的努力。企业必须与供应商进行有效的双向沟通，相互交流，促进了解。可采取的方法有个别交流、互访活动、定期或不定期召开供应商会议等。

③与供应商共同发展

在正常情况下，企业能够从供应商那儿获得较多好处，但要考虑到，在非正常情况下，如过度的价格竞争、行业结构的改变等，供应商处在逆境之时，企业要尽可能给供应商以支持，如资金支持、技术援助等，帮助供应商渡过难关。

(5)关系营销实施的影响者

企业的影响者包括政府、企业所在地的社区及新闻媒体、公共事业等其他的一些公众团体,他们对企业的生存和发展有着重要的影响。

①实行 CI 战略,塑造企业形象

CI 战略是一项系统工程,它与企业的经营战略紧密相关,其核心组成部分是包括理念识别、行为识别和视觉识别三个子系统的企业识别系统。通过这一识别系统,将一个企业与其他企业区别开来,并培养起公众对该企业的信赖感和认同感,从而增强企业的竞争力,推动企业的发展。CI 战略是通过对企业的精神特征、行为表现、外部标志等,组成整体形象的诸多因素的具体设计,把企业的整体形象推向社会,并努力使公众认识、认可企业的整体形象。

②积极与政府部门沟通

首先,企业要了解各级政府部门机构设置,各部门机构的权力、职能、工作范围和运作程序,对企业业务主管部门的情况进行了重点了解和掌握,并与政府主管部门及其人员建立和保持良好的关系;其次,要及时了解国家的方针政策、法律法规,分析政策的变动原因和趋势,向企业提供领导有用的决策资料。同时,企业应积极参与政府管理部门的各项活动,听取政府对企业的评价和看法,并积极主动地向有关部门汇报,提出建设性意见,协助政府及时调整在政策制订和实行过程中的问题,达到相互了解,互相支持。

③做一个为社区公众所接受、爱戴的“好公民”

社区是否接受企业取决于企业是否给社区带来利益和企业与社区公众关系的和谐程度。因此企业应了解社区的政治、经济、文化各方面的情况,与社区团体建立和保持良好的关系,主动向社区公众通报企业的情况,并表达向社区的发展做出贡献的良好愿望;同时,要将这良好的愿望付诸行动。如维护和美化社区的环境,安置下岗人员就业,资助失学儿童,资助教育、文化、福利、体育等公益事业,维护社会治安,通过企业带动社区经济的发展。

11.3.3 网络关系营销理论

关系营销是 1990 年以来备受重视的营销理论,它主要包括两个基本点:在宏观上,认识到市场营销会对范围很广的一系列领域产生影响,包括顾客市场、劳动力市场、供应市场、内部市场、相关者市场以及影响者市场(政府、金融市场);在微观上,认识到企业与顾客的关系不断变化,市场营销的核心应从过去的简单的一次性交易关系转变到注重保持长期关系上来。企业是社会经济大系统中的一个子系统,企业的营销目标要受到众多外在因素的影响,企业的营销活动是一个与消费者、竞争者、供应商、分销商、政府机构和社会组织发生相互作用的过程,正确理解这些个人与组织的关系是企业营销的核心,也是企业成败的关键。

关系营销的核心是保持顾客,为顾客提供高度满意的产品和服务价值,通过加强与顾客的联系,提供有效的顾客服务,保持与顾客的长期关系。并在与顾客保持长期关系的基础上开展营销活动,实现企业的营销目标。实施关系营销并不是以损伤企业利益为代价的,根据研究,争取一个新顾客的营销费用是老顾客费用的 5 倍,因此加强与顾客的关系并建立顾客的忠诚度,可以为企业带来长远的利益,它提倡的是企业与顾客双赢的策略。

互联网作为一种有效的双向沟通渠道,企业与顾客之间可以实现低费用成本的沟通和交流,它为企业与顾客建立长期关系提供有效的保障。这是因为,首先,利用互联网,企业可以直接接收顾客的订单,顾客可以直接提出自己的个性化的需求。企业根据顾客的个性化需求利用柔性化的生产技术最大限度满足顾客的需求,为顾客在消费产品和服务时创造更多的价值。企业也可以从顾客的需求中了解市场、细分市场和锁定市场,最大限度降低营销费用,提高对市场的反应速度。其次,利用互联网企业可以更好地为顾客提供服务和与顾客保持联系。互联网不受时间和空间限制的特性能最大限度方便顾客与企业进行沟通,顾客可以借助互联网在最短时间内以简便方式获得企业的服务。同时,通过互联网交易,企业可以实现对整个从产品质量、服务质量到交易服务等过程的全程质量的控制。

另一方面,通过互联网企业还可以实现与企业相关的企业和组织建立关系,实现双赢发展。互联网作为最廉价的沟通渠道,它能以低廉成本帮助企业与企业的供应商、分销商等建立协作伙伴关系。如前面案例中的联想电脑公司,通过建立电子商务系统和管理信息系统实现与分销商的信息共享,降低库存成本和交易费用,同时密切双方的合作关系。

11.4 绿色营销与网络营销

11.4.1 绿色营销

1. 绿色营销的概念和特征

(1)概念

绿色营销是在绿色消费的驱动下产生的。所谓绿色消费,是指消费者意识到环境恶化已经影响其生活质量及生活方式,要求企业生产、销售对环境影响最小的绿色产品,以减少危害环境的消费。

绿色营销指的是企业在充分满足消费需求,争取适度利润和发展水平的同时,注重自然生态平衡,减少环境污染,保护和节约自然资源,维护人类社会长远利益及其长久发展。将环境保护视为企业生存与发展的条件和机会的一种新型营销观念及活动,它是指企业以环境保护观念作为其经营哲学思想,以绿色文化为其价值观念,以消费者的绿色消费为中心和出发点,力求满足消费者绿色消费需求的营销策略。

(2)特征

绿色营销是传统营销的延伸及发展,就营销过程而言,两者并无差异,都包括市场营销调研、目标市场选择、制订企业战略计划及营销计划、制订市场营销组合策略等。但如果对两者进行深入剖析,将会发现它们研究的焦点、输入的营销信息、目标顾客的需求,以及四大市场营销策略等方面,均显现出不同的特征。

绿色营销相对于传统营销而言,主要有以下几个方面的特征:

①营销的目标从最大限度地刺激消费转为追求可持续消费

绿色营销要求在可持续消费的前提下实施营销活动。

②营销服务的对象从消费者扩展到消费者和社会

在绿色营销中，企业在满足消费者需要的同时，其行为还必须符合环境保护的要求，符合社会合理、有序发展的要求。当消费者的需求与社会的需求相冲突时，企业的营销不能损害社会的利益，而应妥善处理好这一矛盾，协调好两者的关系。

③顾客的性质发生重大变化

传统营销仅仅把人看作消费者，其研究的出发点是如何通过营销活动及时满足其消费需要；而绿色营销研究的是如何通过企业的营销活动满足人的物质和精神等多方面的需求，研究如何从毫无约束的消费物质资源转向保护自然资源。

④需要的含义大大发展

传统营销所指的需要是消费者一般的欲望或需要。而绿色营销认为，人的需要和欲望是多样性的，除传统营销所指的需求之外，还力求满足消费者环保需求、消费者绿色消费需求等更多方面的需求。

⑤对顾客满意（简称 CS）进行重新定义

传统营销所指的满意集中于产品和服务在被消费时得到满意，而绿色营销要求达到的满意，不仅在产品被消费时，而且还包括提供产品时和产品被消费后。

⑥企业文化发生本质变化

在传统营销条件下，企业文化在本质上是竞争文化。在绿色营销概念下，企业实施绿色文化，既要求企业更多地注意人的导向和价值，也应把竞争对手更多地看作伙伴，尤其是环境保护的合作伙伴。

⑦为整体营销管理增加了新的内容

整体营销管理指企业应以实现顾客满足为出发点，管理营销和整个企业。在绿色营销概念下，企业在整体营销中必须考虑绿色产品与包装、产品生产和营销过程中的污染和废弃物，考虑原料和能源的节约，考虑企业的外部环境及供应商的环境业绩对企业的影响，并以此实施企业的整体管理。

2. 绿色营销的实施

汽车市场营销追求的绿色营销的实施是一个涉及面广的系统工程，需要政府、企业与消费者的协同作用，也需要广泛的国际性合作。

（1）政府、企业与个人的协同

①政府方面

首先，政府要树立替代能源战略、环境战略和可持续发展战略观念。可持续发展战略是指社会经济发展必须同自然环境及社会环境相联系，使经济建设与资源环境相协调，使人口增长与社会生产力发展相适应，以保证实现社会良性循环的发展。其次，政府要根据国情，参照国际惯例，不断完善绿色法规，对现行的环保法进行修改，制定保护自然环境的法律法规。最后，政府要制定绿色政策体系，诸如环境保护政策、绿色市场培育政策、清洁、替代能源政策、资金及税收支持政策、土地使用政策等。

②企业方面

首先，企业要树立绿色营销观念和绿色营销目标。其次，制订绿色营销战略。从全球绿色营销观念出发，协调环境、社会、企业的利益，制订出绿色营销战略。做到既有利于自然环境良性循环发展，又有利于满足消费者的现实及未来的绿色需求，从长远看，还要考虑企业合理的“绿色赢利”。最后,进行绿色营销策略整合,即考虑绿色消费者的需求与支付能力,从整体上设计与开发绿色产品,实施绿色产品定价、绿色产品广告宣传及绿色产品的分销。

③消费者方面

消费者要自觉树立环境观念及绿色消费观念,推动企业绿色营销的实施及促进政府绿色法规的制定、完善及执行。只有发挥政府、企业及消费者在发展绿色营销中的协调作用,才能促进我国企业绿色营销迅速、健康地发展。

(2)实行广泛的国际合作

由于自然环境的恶化是全球性的,如全球增温、出现温室效应、臭氧层受破坏、生物种类的灭绝、水源及空气污染等,因此,需要各国政府进行广泛合作,从全球及宏观方面保证企业绿色营销的开展。具体可从以下几方面着手:开展国际性合作;资讯和其他资源的整合;制定国际性立法来保护全球环境;教育人们为创造一个可持续发展的环境做出贡献;利用科技来解决全球环保问题。

11.4.2 汽车电子商务与网络营销

我国电子商务已进入实施阶段,利用好电子商务与网络营销模式会获得更多的商机。

1. 电子商务和汽车电子商务的概念、分类和功能

(1)电子商务

电子商务是指从售前服务到售后服务等商品交易的各个环节全部实施电子化、自动化、网络化的商务活动。对电子商务通常的理解是:通过互联网上的虚拟商店从事在线商品或服务的商业活动。

从广义来看,电子商务是指基于互联网的一切与数字化处理有关的经济活动。其不仅是企业面对消费者市场和组织市场的在线商业活动,还包括企业与政府机关、金融业界、科研院校等领域的业务联系。

(2)汽车电子商务

网络营销作为Internet起步最早的成功的商业应用,得到蓬勃和革命性的发展。随着网络营销发展的深入,它不再仅仅是营销部门的市场经营活动方面的业务,它还需要其他相关业务部门的配合。因此,局限在营销部门的Internet上的商业应用已经不能适应Internet对企业整个经营管理模式和业务流程管理控制方面的挑战。电子商务是从企业全局角度出发,根据市场需求来对企业业务进行系统规范的重新设计和构造,以适应网络知识经济时代的数字化管理和数字化经营需要。

(3)电子商务的层次与分类

①概念

电子商务是利用电子化手段从事的商业活动,它基于电子处理和信息技术,如文本、声音和图像等数据传输。主要是遵循TCP/IP协议,通信传输标准,遵循Web信息交换标准,提供安全保密技术。如果给出一个更简单系统的定义,电子商务是指系统化地利用电子工具,高效率、低成本地从事以商品交换为中心的各种活动的全过程。网络营销作为促成商品交换的市场交易实现的企业经营管理手段,它显然是企业电子商务活动中最基本、最重要的 Internet 的商业活动。

②层次

根据国际数据公司 IDC 的系统研究分析指出，电子商务的应用可以分为以下两个层次和类型：

第一个层次是面向市场的以市场交易为中心活动，它包括促成交易实现的各种商务活动，如网上展示、网上公关、网上洽谈等活动，其中网络营销是最重要的网上商务活动。

第二个层次是指如何利用 Internet 来重组企业内部经营管理活动，与企业开展的电子商务活动保持协调一致。

③分类

从不同商务群体角度可以将电子商务分成以下几类：

第一类：企业对消费者的电子商务。

第二类：企业对企业的电子商务。

其他类别还有 C2A、C2C 等电子商务模式。

(4)电子商务的功能

在信息时代电子商务显示出了强大的功能和明显的效益，正因如此，电子商务备受各行各业的重视，成为促进汽车工业发展和汽车消费的又一热点，各汽车企业应高度重视电子商务对本企业发展的推动作用。

①在企业采购中的功能

在组织市场上企业采购工作是一个复杂的多阶段过程。企业采购属于 B2B 电子商务模式，许多大中企业已经在专用网络上使用了电子数据交换来自动完成例行采购。

②在企业减少库存上的功能

企业与供应商之间传统的供应链动作效率很低，表现在每次供货量很大，每批供货间隔时间很长，其结果是企业的库存量很大，供应商对企业的商品需求不能做出快速的反应。

③在企业缩短生产周期方面的功能

市场竞争要求企业迅速地推出符合潮流的新产品来满足消费者的需求，这对汽车业界而言是极大的挑战。按传统的方式开发产品，周期为 5 ~6 年，日本企业采用并行工程研发方式将研发、生产和营销人员组织在一起进行工作，使周期缩短到 3 ~4 年，这样企业从采用先进技术的新颖性到款式的时尚性都占有先机，具有很大的竞争力。

④在企业更好地为客户服务方面的功能

许多企业利用互联网进行客户服务，在网上介绍产品、提供诸多有关产品的信息资料，进行交互式的咨询服务，在互联网上接受订单，并按协议或方便客户的方式进行付款和送货。销售服务部门建立客户管理系统，通过电话、Web 站点、传真、E-mail 等触发手段与客户进行交流，提供技术支持和售后服务。可以迅速地反馈客户在产品消费中的意见，能更好地使客户满意，节省大量的营销和服务费用。

⑤在企业降低产品价格方面的功能

通过互联网 Web 站点进行销售，新客户的增加，仅仅受到服务器容量的限制，其他附加费用很低。由于销售上升，企业通过信息网络系统及时进行采购和物资调配，缩短了生产周期，保证了向市场供货。电子商务的运作模式使企业在生产、营销服务上节省了可观的资金，降低了生产成本和营销成本，最终在产品价格竞争方面具有更大的空间。

⑥在企业寻求新的销售机会方面的功能

由于互联网在全球已进入普及阶段,各企业利用 Web 站点可以进入一个新的市场。Web 商务的特点是具有多媒体功能和交互能力,其页面能够显示各种彩色并附有音响的动画图像,可以很好地宣传、介绍企业的产品,客户可以利用浏览访问,允许来访者输入数据进行信息交流。企业通过 Web 站点与销售商接触、树立品牌形象,与客户进行交流,实现信息管理和分发,提供顾客服务、技术支持和网上销售。因此可以比传统商店获得更多的商机。

对于汽车行业而言,中、小型的汽车零部件制造厂家通过电子商务可以获得许多新的销售机会。

⑦在消费者购买商品中的功能

传统的消费者购买行为是进商店,货比三家,然后才是付款提货。

网上购货开辟了一个不同的模式,网上浏览虚拟商场可以取得精练而有价值的信息,可以迅速地了解数十家商场的商品情况,包括款式、功能及价格等。通过交互信息可以定制、增加功能、砍价,可以有多种付款方式选择,可以选择送货上门或在附近提货,可以得到咨询等各项服务。

⑧对社会的功能

电子商务的发展将进一步促进市场的繁荣,使经济实现全球化。信息产业是形成知识经济时代的核心,电子商务的发展将直接或间接地推动知识经济走向新的高点。在电子商务的发展过程中会出现许多新的行业和服务中介机构,例如物流公司和配送中心,它们将起到重要的中介作用。

电子商务为政府行政管理带来了新的模式,在安全管理、税收管理、法律保证、知识产权保护、隐私保护等方面提出了挑战。电子商务将创造出更安全、更合理、更方便的社会服务体系,从而推动经济的发展,使人民生活更加便利。

2. 汽车企业电子商务策略

(1)零部件企业发展电子商务的对策

信息技术的广泛应用和电子商务的发展可以为汽车企业拓展销售渠道、提高服务效率、降低采购营销成本、减少库存、优化库存结构,是汽车企业增强实力、融入经济全球化格局的必由之路。电子商务的应用将为我国汽车工业提供创新的机遇和无限的空间。

①建设网络基础设施

汽车零部件企业可利用电子商务网站来介绍自己的产品和服务,并在企业网站上发布企业的基本信息。还可以利用电子商务的交互性在自己的网站上建立诸如常见问题解答、聊天室等栏目,从而可方便汽车零部件企业与用户之间的相互交流,提升企业的服务质量。另外,还应积极地将自己的网站链接到其他门户网站或者著名的搜索引擎上,以提高访问量,这样可以最大限度地挖掘潜在用户。最终,汽车零部件企业可利用互联网的无时空限制使自己有更多的机会加入到世界汽车行业的全球采购网络中。

②建立企业核心业务管理(ERP)

汽车零部件企业应围绕着市场需求建立一个高效运作的后台——ERP 系统。通过 ERP 系统,可以将所有的部门和功能整合到一个应用软件系统中。通过共享的数据库,各部门之间可以很容易地共享信息,互相沟通。当从网上接到订单后,系统可以根据工厂产能和备料情况做好生产排程，并可立即告诉客户交货的时间和数量。利用 ERP 系统，汽车零部件企业可以保证及时供应高质量的零部件产品以及相应的服务，最终可以提升整个企业的运转效率，从而使得零部件企业与整车制造企业能够同步生产。

③建立客户关系管理（CRM）

目前，许多企业已经开始注意到必须以客户为中心开发产品和提供服务，才能获得更大的竞争优势。要想更好地为客户服务从而提升自己的竞争力就必须引入 CRM。通过 CRM，汽车零部件企业可以方便地寻找到新的客户，并为现有的老客户搞好服务，从而提升企业的价值。汽车零部件企业要想做好 CRM，应该按照以下流程运作：

第一步，搜集数据。利用高科技手段与多种渠道搜集客户资料并将它们整合成为单一的客户数据库。

第二步，分类与建立模式。借助分析工具与程序将搜集到的客户资料分成不同类型，并描述出每一类客户的行为模式。

第三步，进行活动测试。在企业根据上述模式设计出适合客户的服务与市场营销活动后，零部件企业可以通过客户中心或呼叫中心及时地反映活动效果，这样会有助于企业实时调整进一步的营销活动。

第四步，实行绩效分析与考核。CRM 可通过各种市场活动、销售与客户资料建立起一套标准化的考核模式，零部件企业可利用此考核服务与市场营销活动的施行成效，并及时发现实施过程中出现错误的原因。

（2）整车制造企业发展电子商务的对策

汽车整车制造企业可利用电子商务的交互性与无时空限制来进行新产品的开发，利用互联网将广大的消费者引入产品的构思中来，从而改变我国汽车过分模仿国外产品而不具备自主知识产权的现状。整车制造企业利用电子商务进行网上新产品开发主要从以下几个步骤展开：

①产品的构思

汽车整车制造企业可利用 Microsoft 的 Asp 技术再加上 SQLSERVER 数据库在自己的网站上建立“新产品构思”的交互性栏目。“新产品构思”包括登录客户的姓名、电话、地址、新产品构思细节以及新产品构思效果图等内容。当用户将自己的构思内容填入网页表单中的相应空白处后，单击页面中的“提交”按钮便可将用户所填写内容通过互联网传递到企业的后台“新产品构思”数据库中。

②构思的筛选及概念的形成

企业内部的专家们可从“新产品构思”数据库中查看到不同用户提交的产品构思信息。通过分析，筛选出符合本企业发展目标和长远利益并与企业资源相协调的产品构思。企业在筛选出构思的基础上对于产品的功能、形态、结构等进行详细的描述，使之在顾客心目中形成一种潜在的产品形象，即产品概念。

③新产品研制

汽车整车制造企业在新产品的研制过程中，可通过互联网与相应的汽车经销商和零部件供应商进行双向的沟通交流，通过相互合作可以最大限度地提高新产品开发的速度。

（3）售后市场发展电子商务的对策

随着我国汽车工业的蓬勃发展，汽车售后市场容量已经超过了整车销售的市场容量，汽车售后市场的服务水平的高低将直接影响到整个汽车销售市场的发展。因此，汽车售后连锁经营机构应重视电子商务的应用，具体做法体现在以下几个方面：

第一方面：连锁组织业务运营和信息交换。实施连锁组织内部的业务信息平台，通过广域的企业内部网和相应的信息系统为汽车售后连锁体系成员之间提供低成本、高效率、安全的业务往来，保障连锁体系低成本地跨地域扩张。

第二方面：组织内部管理。在汽车售后连锁网系统内的各组成部分中实行信息管理系统，从而起到强化内部管理、规范经营管理模式等作用。

第三方面：网上客户服务。可以利用互联网平台让客户从网上订购汽车用品、配件等，然后依托整个连锁体系开展对客户的直接销售和配送，并利用互联网延伸客户服务。

第四方面：网上采购。通过电子商务手段，及时收集市场、用户对产品的需求并进行分析汇总，做出采购决策，并在此基础上与汽配厂商、汽车用品厂家等供应商之间通过电子商务手段交付订单，处理订货信息。通过电子商务手段进行采购，能够大大缩短采购周期，降低采购价格。

3. 网络市场营销

网络营销的发展是伴随信息技术的发展而发展的，目前信息技术的发展，特别是通信技术的发展，促使互联网络形成辐射面更广、交互性更强的新型媒体，它不再局限于传统的广播电视等媒体的单向性传播，而且还可以与媒体的接受者进行实时的交互式沟通和联系。网络营销的效益是使用网络人数的平方，随着入网用户的指数倍增加，网络的效益也随之以更大的指数倍数增加。因此，企业如何在如此潜力巨大的市场上开展网络营销，占领新兴市场对企业来说既是机遇又是挑战，因为网络市场发展速度非常迅猛，机会稍纵即逝。

(1)网络营销的概念与特征

①概念

网络营销是企业营销实践与现代信息通信技术、计算机网络技术相结合的产物，是指企业以电子信息技术为基础、以计算机网络为媒介和手段而进行的各种营销活动(包括网络调研、网络新产品开发、网络促销、网络分销、网络服务等)的总称。简单地说，网络营销就是以客户需求为中心的营销模式，是市场营销的网络化。网络营销可以使企业的营销活动始终和3个流动要素(信息流、资金流和物流)结合并流畅运行，形成企业生产经营的良性循环。

②特征

A. 市场全球化。Internet 在全球范围内的迅速崛起给企业带来新的商机，使企业商业活动向着区域化、全国化、国际化、全球化发展，使企业面临着一个更广阔、更具有选择性的全球市场。

B. 服务跨时空化。企业通过网络一天24小时，每周7天永不停止地为顾客服务。对于每一个顾客无论其规模大小，无论位于世界的哪一个角落，只要联网，都可享受到全方位的服务。

C. 价格公开化。顾客可通过网络对所需的商品进行全球性的比较和选择，这样将大大提高价格的透明度，使价格竞争更加剧烈。

D. 渠道直接化。由于厂商通过网络直接与顾客进行联系，商品可直接从厂商到顾客手中，大大缩短了商品流通过程，使销售渠道更加直接化，加速了商品流、资金流、信息流。因此大大降低了中间商的作用。

E. 产品个性化。传统的营销产品都是规模生产而满足顾客的一般需求，顾客的个别需求却往往得不到满足。网络营销能够对顾客的个别需求做出一对一的反应，生产出富有个性的产品以满足顾客的个别需求。

(2)网络营销的运作方式

网络营销作为在Internet上进行营销活动，它的基本营销目的和营销工具是一致的，不过在实施和操作过程中与传统方式有着很大区别。

①网上市场调查

网上市场调查主要利用Internet的交互式信息沟通渠道来实施调查活动。它包括直接在网上通过问卷进行调查，还可以通过网络来收集市场调查中需要的一些二手资料。利用网上调查工具，可以提高调查效率和调查效果。Internet作为信息交流渠道，它成为信息海洋，因此在利用Internet进行市场调查时，重点是如何利用有效工具和手段实施调查和收集整理资料，获取信息不再是难事，关键是如何在信息海洋中获取想要的资料信息和分析出有用的信息。

②网上消费者行为分析

Internet作为信息沟通工具，正成为许多兴趣、爱好趋同的群体聚集交流的地方，并且形成一个特征鲜明的网上虚拟社区，了解这些虚拟社区的群体特征和偏好是网上消费者行为分析的关键。

③网络营销策略制订

不同企业在市场中处于不同地位，在采取网络营销实现企业营销目标时，必须采取与企业相适应的营销策略，因为网络营销虽然是非常有效的营销工具，但企业实施网络营销时是需要进行投入的且有风险的。同时企业在制订网络营销策略时，还应该考虑到产品周期对网络营销策略制订的影响。

④网上产品和服务策略

网络作为信息有效的沟通渠道，它可以成为一些无形产品，如软件和远程服务的载体，改变了传统产品的营销策略，特别是渠道的选择。作为网上产品和服务营销，必须结合网络特点重新考虑产品的设计、开发、包装和品牌的传统产品策略，如传统的优势品牌在网上市场并不一定是优势品牌。

⑤网上价格营销策略

网络作为信息交流和传播的工具，从诞生开始实行的就是自由、平等和信息免费的策略，因此网上市场的价格策略大多采取免费或者低价策略。因此，制订网上价格营销策略时，必须考虑到Internet对企业的定价影响和Internet本身独特的免费思想。

⑥网上渠道选择与直销

Internet对企业营销渠道有很大的影响。前面案例介绍的Dell公司借助Internet的直接特性建立的网上直销模式获得巨大成功，改变了传统渠道中的多层次的选择和管理与控制问题，最大限度地降低渠道中的营销费用。企业建设自己的网上直销渠道必须进行一定投入，同时还要改变传统的经营管理模式。

⑦网上促销与网络广告

Internet 作为一种双向沟通渠道,最大优势是可以实现沟通双方突破时空限制直接进行交流,而且简单、高效和费用低廉。因此,在网上开展促销活动是最有效的沟通渠道,但网上促销活动开展必须遵循网上一些信息交流与沟通规则,特别是遵守一些虚拟社区的礼仪。网络广告作为最重要的促销工具,主要仰赖 Internet 第四媒体的功能。网络广告作为在第四类媒体发布的广告,具有传统的报纸杂志、无线广播和电视等传统媒体发布广告无法比拟的优势,即网络广告具有交互性和直接性。

⑧网络营销管理与控制

网络营销作为在 Internet 上开展的营销活动,必将面临许多传统营销活动无法碰到的新问题,如网络产品质量保证问题、消费者隐私保护问题,以及信息安全与保护问题等。这些问题都是网络营销必须重视和进行有效控制的问题,否则网络营销效果适得其反,甚至会产生很大的负面效应,这是由于网络信息传播速度非常快,并且网民对反感问题反应比较强烈而迅速。

4. 企业网络营销站点

(1)企业网络营销站点类型

一般来讲,企业建立自己的网站总有其目的,根据侧重面的不同,可将企业网站分为五种类型:信息型、广告型、信息订阅型、在线销售型和技术支持服务型。这五种典型模式中的不同类型的站点,每一个都具有其独有的特性,也存在一定的差异,正是这些特性将它们与其他的类型区分开来。此外,许多站点对这五种典型网络营销模式中的几个进行了组合,形成了综合型站点。下面简要说明各类网站的基本特点。

①信息型站点

信息型站点(也称传单站点或是公告牌站点)的设计目的在于通过间接的途径获取经济效益,例如相关产品的销售和销售成本的降低。收益的根源在于通过网络建立起公众对其产品和服务的注意,从而增加现实当中的交易机会。与公路上的公告牌一样,这种站点的效果应当通过网民冲浪时的注目率以及他们受到的购买诱惑来衡量。

②广告型站点

网络电视、广播以及许多期刊性网站走的是广告模式的路子。所有的技术和信息内容编制所需的费用全都来源于广告收入。此时,消费者的注意力就成为网站价值的关键衡量标准。老练的广告商可以对一个网站进行评估并为其广告定价。

③信息订阅型站点

订购的费用可能按周、月或年来支付。最常使用的支付手段是信用卡,因为信用卡可以最方便地处理周期性电子事务。

④在线销售型站点

一个进行产品销售的网站实质上是一个电子版的产品目录。这些虚拟的店面通过精心编制的图片和文字来描述他们所提供的产品,进行促销活动,提供"网上购物车"系统以及在线交易系统。一旦产品被购买了,该网络企业就得安排产品销售的执行,包括运送和安装等。执行过程有时候是由网络企业来进行,有时候则是直接由生产商通过特定的配送机制来完成。

⑤售后服务型

互联网作为一种有效沟通渠道，许多企业都利用互联网提供技术支持服务与售后服务。特别对于一些IT类企业，经常需要对许多产品进行技术上说明，提供一些免费升级软件，利用互联网可以让客户自己在网站上寻求技术支持和售后服务。只有那些技术难度较大和专业知识要求较高的时候，才通过传统渠道进行解决。

(2)企业网络营销站点功能

一个结构完善的、设计合理的网络营销站点可以方便客户通过企业营销站点获取信息订购产品和寻求售后服务。在规划企业网络营销站点结构时，除具备一般站点应具有的站点结构位图(MAP)、站点导航、联系方式等基本功能外，还应该结合企业的网络营销目标进行综合设计。

①企业信息发布

这部分属于站点最基础的内容，它主要包括企业新闻、企业经营活动、重大事件信息发布，以及企业的概况和企业产品信息等。如金山网站中的栏目：产品介绍、公司简介、文摘报道、新闻、搜索等栏目。

②信息交流沟通

互联网最大的特点是可以进行双向沟通，一个友好的人性化网站一般都要提供顾客直接与企业进行沟通的渠道。如金山网站中的栏目：新闻组、论坛、注册和反馈，这些都是金山公司的用户或者业务伙伴与金山公司进行交流和沟通有效渠道，同时它们也是金山公司软件用户之间交流的虚拟社区。

③网上销售

利用互联网进行网上销售既可以减少交易费用，又可以直接与消费者进行沟通，有利于完善软件和产品功能。提供网上销售功能时，还要考虑提供功能类型，如果只是订货功能实现起来比较简单；如果是具有网上交易功能的，则网站还要提供网上支付功能。

④售后服务

售后服务是企业网站上经常提供的功能，设计时可以根据企业实际情况有选择性提供网上售后服务。

⑤个性化服务

为方便和吸引更多网民访问公司网站，更好为企业的顾客服务，还可以建设一些子站点为顾客提供更差异化的、满足顾客个性化需求的网站。如金山公司针对公司的产品文字处理软件、游戏软件、词霸等设有专门网站，同时为拓展新的业务，金山公司还建设了提供电脑咨询的金山卓越网站。

上述结构设置主要是针对生产类型企业，对于商贸型、服务型等其他类型企业的网络营销网还需要根据实际情况进行调整。

(3)企业网络营销站点规划

①企业网络营销站点规划步骤

企业建设网络营销系统是一项系统工程，它涉及企业管理各个层面，包括企业高层的战略决策方面、中层的业务管理和低层的业务执行。进行企业网络营销站点建设，要考虑的是结合企业业务管理和执行将它们整合在一起。

首先，考虑的问题是企业打算利用网站进行哪些活动，也就是考虑企业网站目标。常见的网站目标:为用户提供良好的用户服务渠道;试图销售更多的产品和提供更多的服务;向有兴趣的来访者展示一些信息。

其次,在确定站点的目标后,在规划的初始阶段,就应该尝试划定你的访问者范围,分析时要考虑访问者。预期网站的主要目标受众在哪些地区,哪些人口结构;访问这些接入互联网的带宽有多大,能否快速访问到网站内容;谁会使用你的网络页面。

再次,确定网站提供信息和服务。在考虑站点的目标和服务对象后,根据访问者的需求规划站点的结构和设计信息内容,规划设计时应考虑:按照访问者习惯规划站点的结构;结合企业经营目标和访问者兴趣规划网站信息内容和服务;整合企业的形象规划设计站点主要风格。

最后,在分析站点的战略影响和规划好站点的经营目标和服务对象后,就要规划如何组织建设网站。规划建设网站时,应该考虑这样四方面问题:是建立自己的网站或网页空间,还是采取其他方式(如委托建设);为网上营销方案预计投入多少资金;如何组织人员和有关部门参与网站建设;如何维护管理企业网络营销网站。

②企业网络营销站点内容规划

企业网络营销站点建设的目的有着很大不同,并非所有的企业都是直接靠网络营销站点去营利,绝大多数传统行业企业只是把网络营销站点当作一种宣传、广告、公关和销售补充工具而已。但也有一部分企业依靠建立网络营销站点,发展特殊网络营销营利业务。

合理安排网络营销站点的内容对企业至关重要。精心规划、及时更新的网络营销站点能让访问者忠诚地不断回访,提高站点知名度,使企业 Web 在整个营销体系中真正发挥作用。

③成本效益分析

企业网络营销站点的建设是一项长期发展计划,但如果投入成本过大而收益太小,势必影响它的持续发展,因此合理核算域名成本和收益,以保证成本收益为准则来支持结构合理的营销计划,避免提前过多浪费投入。站点的成本包括使用平台(主机服务器、网上服务器、连接硬件设备和支撑系统软件)和服务内容(创意及日常设计、应用软件设计、日常管理、内容版权等)。因此,应当加强对企业实施网络营销带来的效益进行核算,以确定企业下一步发展的目标,不至于因投资不够延误站点带来的商机。由于企业上网动机和目的不一样,很难制订出标准的测算方法,但企业可以根据上网前后对企业营销成本核算进行比较。

如果投资建立了一个十分吸引人的站点,但不对它进行及时更新,站点很快就会失去功效。因此,在核算站点的成本费用时,还要加入对网站进行维护的费用预算。

11.4.3 两个网络营销理论

(1)网络直复营销理论

根据美国直复营销协会(ADMA)为直复营销下的定义,直复营销是一种为了在任何地方产生可度量的反应和(或)达成交易而使用一种或多种广告媒体的相互作用的市场营销体系。网络作为一种交互式的可以双向沟通的渠道和媒体,它可以很方便地为企业与顾客之间架起桥梁，顾客可以直接通过网络订货和付款，企业可以通过网络接收订单、安排生产，直接将产品送给顾客。基于互联网的直复营销将更加吻合直复营销的理念。这表现在以下四个方面：

①直复营销作为一种相互作用的体系，特别强调直复营销者与目标顾客之间的"双向信息交流"，以克服传统市场营销中的"单向信息交流"方式的营销者与顾客之间无法沟通的致命弱点。互联网作为开放、自由双向式的信息沟通网络，企业与顾客之间可以实现直接的、一对一的信息交流和直接沟通，企业可以根据目标顾客的需求进行生产和营销决策，在最大限度满足顾客需求的同时，提高营销决策的效率和效用。

②直复营销活动的关键是为每个目标顾客提供直接向营销人员反映的渠道，企业可以凭借顾客反映找出不足，为下一次直复营销活动做好准备。互联网的方便性、快捷性使得顾客可以方便地通过互联网直接向企业提出建议和购买需求，也可以直接通过互联网获取售后服务。企业也可以从顾客的建议、需求和要求的服务中，找出企业的不足，按照顾客的需求进行经营管理，减少营销费用。

③直复营销活动中，强调在任何时间、任何地点都可以实现企业与顾客的"信息双向交流"。互联网的全球性和持续性的特性，使得顾客可以在任何时间、任何地点直接向企业提出要求和反映问题，企业也可以利用互联网实现低成本的实现跨越空间和突破时间限制与顾客的双向交流。这是因为利用互联网可以全天候提供网上信息沟通交流工具，顾客可以根据自己的时间安排任意上网获取信息。

④直复营销活动最重要的特性是直复营销活动的效果是可测定的。互联网作为最直接的简单沟通工具，可以很方便地为企业与顾客进行交易时提供沟通支持和实现交易平台，通过数据库技术和网络控制技术，企业可以很方便地处理每一个顾客的订单和需求，而不用管顾客的规模大小、购买量的多少，这是因为互联网的沟通费用和信息处理成本非常低廉。因此，通过互联网可以了解顾客需求，细分目标市场，提高营销效率和效用，实现以最低成本最大限度地满足顾客需求。

网络营销作为一种有效的直复营销策略，说明网络营销的可测试性、可度量性、可评价性和可控制性。因此，利用网络营销这一特性，可以大大改进营销决策的效率和营销执行的效用。有关网络直复营销理论的应用将在后面的网络营销渠道策略中进行详细介绍。

(2)网络营销理论

软营销理论是针对工业经济时代的以大规模生产为主要特征的"强势营销"提出的新理论，它强调企业进行市场营销活动的同时必须尊重消费者的感受和体验，让消费者能舒服地主动接收企业的营销活动。传统营销活动中最能体现强势营销特征的是两种促销手段：传统广告和人员推销。在传统广告中，消费者常常是被动地接收广告信息的"轰炸"，它的目标是通过不断的信息灌输方式在消费者心中留下深刻的印象；在人员推销中，推销人员有时根本不考虑被推销对象是否愿意和需要，只是根据推销人员自己的判断强行展开推销活动。

在互联网上，由于信息交流是自由、平等、开放和交互式的，强调的是相互尊重和沟通，网上使用者比较注重个人体验和隐私保护。因此，企业采用传统的强势营销手段在互联网上开展营销活动必适得其反，如美国著名 AOL 公司曾经对其用户强行发送 E-mail 广告,结果招致用户的一致反对,许多用户约定同时给 AOL 公司服务器发送 E-mail 进行报复,结果使得 AOL 的 E-mail 邮件服务器处于瘫痪状态,最后不得不道歉以平息众怒。网络软营销恰好是从消费者的体验和需求出发,采取拉式策略吸引消费者关注企业来达到营销效果。在互联网上开展网络营销活动,特别是促销活动一定要遵循一定的网络虚拟社区形成规则,有的也称为"网络礼仪(Netiquette)"。网络软营销就是在遵循网络礼仪规则的基础上巧妙运用达到一种微妙的营销效果。

思考题

1. 什么是四位一体(4S)? 谈谈你对这种营销模式的了解和看法。
2. 何为整合营销、关系营销? 二者有哪些特点?
3. 什么是绿色营销? 它有何现实意义?
4. 什么是网络营销? 它有何现实意义?

参考文献

[1] 李维谔,张国方.汽车市场营销理论与实践[M].北京:人民交通出版社,1997.

[2] 肖国普.现代汽车营销[M].上海:同济大学出版社,2002.

[3] 李怀斌.市场营销学简明教程[M].北京:经济科学出版社,2003.

[4] 刘霞,李小黎.营销其实很容易[M].北京:中国纺织出版社,2002.

[5] 陈宝玉,李颖,郑予捷.市场营销导论[M].北京:清华大学出版社 北京交通大学出版社,2006.

[6] 吴霖生,汽车商品学[M].上海:上海大学出版社,2005.

[7] 宓亚光.汽车售后服务管理[M].北京:机械工业出版社,2018.

[8] 陈玲,郝书俊,温晶媛.连锁经营管理原理与实务[M].北京:清华大学出版社,2018.

[9] 刘学明.汽车营销策划实务[M].上海:上海交通大学出版社,2012.

[10] 曹红兵.汽车及配件营销[M].北京:电子工业出版社,2018.

[11] 陈永革.汽车市场营销[M].北京:高等教育出版社,2012.

[12] 吴常红.汽车营销基础与实务[M].北京:北京邮电大学出版社,2013.